走向大唐

——山西北朝文明源流

山西文物精华丛书

山西省文物局◎编

张庆捷　张喜斌　王普军◎著

山西出版传媒集团

三晋出版社

作者简介

张庆捷

山西省考古研究所研究员，北京师范大学历史学院“双一流特聘教授”，德国慕尼黑大学古典文明研究中心特聘研究员，敦煌研究院丝路研究中心特邀研究员。多年从事汉唐考古和历史研究，独著或参与的著作主要有《太原隋虞弘墓》《黄河漕运遗迹——山西段》《民族汇聚与文明互动——北朝社会的考古学观察》《4 ~ 6 世纪的北中国与欧亚大陆》《胡商　胡腾舞与入华中亚人——解读虞弘墓》等，发表论文百余篇。

张喜斌

山西省文物局文物管理处主任科员，曾任职于山西省考古研究所，主要从事田野考古和文物保护管理工作，发表《山西右玉县中陵古城的调查与试掘》《山西忻州九原岗北朝壁画墓》等考古发掘简报、论文二十余篇。

王普军

山西省考古研究所基建考古研究部主任，主要研究基建考古、汉唐考古和石窟寺考古，出版有合著《晋阳古城晋源苗圃考古发掘报告》及其他相关论文。

总　序

山西之美，在自然，在环境，在文化。在自然，其山河表里，风韵独特；在环境，其地设天造，浑然一体；在文化，其厚德载物，历久弥新。

大河之东，太行之右，历史悠久，文物灿烂，若星宿列张，蔚为大观。

山西地上文物丰富，就是一座“中国古代建筑博物馆”，从北到南，从东到西，28000余座文物建筑鳞次栉比。世界文化遗产云冈石窟、平遥古城、五台山享誉海外，1400余公里的战国、汉魏、隋、五代、明等历代长城及附属设施横亘云朔，沁河流域百余座独特的聚落堡寨星罗棋布，占全国七成以上元代以前的400余座古建筑原真保存，唐佛光寺、宋圣母殿、辽释迦塔、元永乐宫、明悬空寺等文化景观蜚声世界，12000余尊历代彩塑、24000余平方米寺观壁画、2300余座元明清戏台萦心动魄。

山西地下文化遗产同样多彩多姿：中国最早的旧石器和用火痕迹，在芮城的西侯度；最早的“中国”——尧的都城，在襄汾的陶寺；曲沃晋侯墓地、侯马新田都城和太原赵卿墓等考古发现，印证了晋国奋发图强的历程；大同平城和太原晋阳城的考古发掘，大同司马金龙墓、忻州九原岗大墓、太原娄睿墓和徐显秀墓出土的惊世文物，见证了山西在华夏民族历史融合中的辉煌地位；太原虞弘墓、蒲州古城和蒲津渡铁牛的考古发掘，再现了北朝、隋唐时期东西文化交流的繁盛。

山西博物馆的历史已走过百年。山西的11座地级城市，都拥有以收藏、展示、服务为核心的共享空间，博物馆成为山西城市文化的标配，成为人民增长知识、研究学问和休闲小憩的文化会客厅。据2018年统计，以山西博物院、中国煤炭博物馆、八路军太行纪念馆等为代表的全省150座博物馆，年接待观众2700余万人次，推出展览上百个。

过去的百年，山西致力于矿产资源的开采，支撑起了山西乃至全国工业化和现代化的腾飞；今后的百年，山西将更加重视文化资源的保护、开发和利用，这份独一无二、不可再生的历史文化遗产，将在中华民族的伟大复兴进程中做出独特的贡献。

山西文物厚重丰饶，著录庞杂浩繁。出版“山西文物精华丛书”，以分类成编，向世人介绍山西文物之美，以收画龙点睛之效，以方便读者旅游和研究，是为初衷。

山西省文物局

2019年6月

目　录

隋唐画卷

北朝文明源流

（代序）

高山代郡东接燕，雁门胡人家近边。
解放胡鹰逐塞鸟，能将代马猎秋田。
山头野火寒多烧，雨里孤峰湿作烟。
闻道辽西无斗战，时时醉向酒家眠。

这首雄浑奔放的《雁门胡人歌》是唐代诗人崔颢于开元年间（713—741年）在代州都督杜希望门下任职时所作，描述了雁门关南北边塞少数民族在和平时期的生活，边塞生活气息浓郁，可以说是北朝晋阳以北地区民众生活的缩影，对今天了解北朝山西的地理形势和民族生活有莫大助益。

山西位于中国的中北部，黄土高原的东部，北接内蒙古草原，是古代游牧区与农耕区交错接壤的地区。从地缘政治的角度看，这种独特的地理环境，决定了它在魏晋南北朝时期成为全国最重要的地区之一。

魏晋南北朝时期（220—589年）是中国历史上一个复杂多变的时期。复杂是指在原有的汉代版图上，特别是在黄河流域，涌进许多新的民族，民族之间互相争斗，矛盾凸显；多变是指西晋“八王之乱”后，晋室南渡，北地沦丧，匈奴、羯族、氐族、羌族、鲜卑等少数民族政权统治了北方，分裂割据，朝代更迭，此兴彼亡，史载其时“内难兴于戚属，外祸结于籓维。刘渊一唱，石勒继响，二帝沉沦，两都倾覆”。

今山西地区，由于地处游牧区至农业区的过渡地带，堪称诸民族汇聚的密集地区。史书记载，东汉以来，匈奴分裂为南北两部，不断有大批南匈奴人降附汉朝，被安置于今山西境内。如东汉末南匈奴三万余落（户）来降，曹操分为五部，“皆家于晋阳汾涧之滨”；内附者除匈奴外，还有乌桓降民。据谭其骧先生研究，山西境内设七八个郡，都有匈奴杂居，北部诸郡，甚至“胡多于民”[1]。

两汉时期，在山西留下许多遗存，如长城、广武汉墓群、平朔汉墓群、天镇汉墓群。1983年始，山西的考古工作者配合朔州露天煤矿建设，陆续发掘2000余座汉墓，出土文物非常丰富，多为逝者生前的生活实用物品，包括各类陶器、铜器、铁器、玉器、漆器、铅器、木器等。出土器物中，陶器占70%左右，以壶、罐、灶、鼎、盒等组成汉代特有的随葬器物组合；铜器占20%左右，有礼器、食器、酒器、兵器、印章、铜镜等，其中的雁鱼灯是难得之珍品；其他杂器占10%左右，包括铁器、玉石器、漆木器、铅锡器等。在这批墓葬中，还发现了一些带有匈奴、鲜卑民族特色的墓葬，出土了具有少数民族特色的文物近百件[2]。

---

〔1〕谭其骧：《山西在国史上的地位——应山西史学会之邀在山西大学所作报告的记录》，《晋阳学刊》，1981年第2期。

〔2〕平朔考古队：《平朔地区十年考古综述》，《山西省考古学会论文集（二）》，山西人民出版社，1994年。

图1　右玉胡傅铜温酒樽

在右玉县，也出土过汉代器物，如中陵胡傅铜温酒樽等铜器。酒樽通体鎏金彩绘，中原器型与草原装饰浑然一体，技法罕见。器身虎、象、鹿、马等动物图案形象生动，更显富丽堂皇。口沿刻铭文“剧阳阴城胡傅铜酒樽，重百廿斤，河平三年造”（图1）。

尤其是右玉善家堡，出土过许多游牧民族墓葬。善家堡墓地出土的器物，主要有日常生活使用的陶器、铜器、工具、兵器和装饰品。兵器和其他器具品种多样，如刀、矛、斧、腰带、镇等，一反春秋战国时期以铜为主要质料的特点，变为铁制品，这是我国北方地区到汉代才出现的重要文化特色。铜镜残片具有东汉后期“长宜子孙”镜的鲜明造型特征，五铢铜钱也显示出东汉桓帝前后的时代风格。据发掘者研究，善家堡墓地的上限不早于东汉后期桓灵之际，下限约当魏晋时期[1]。

善家堡墓地的出土器物，与中原同时期汉族文物相比，无论从种类方面，还是从造型特征方面，都存在明显的差异，而与内蒙古东部、东北地区和鄂尔多斯地区出土的匈奴文化及鲜卑文化相比，却表现出强烈的共性，

〔1〕王克林、宁立新、孙春林、胡生：《山西省右玉县善家堡墓地》，《文物季刊》，1992年第4期。

反映了较为一致的文化背景、生产和生活方式。夹砂大口戳刺纹罐，是内蒙古完工、札赉诺尔、嘎仙洞石室、南杨家营子、伊敏东站、孟根楚鲁墓地和吉林榆树老河深墓地最具代表性的陶器，它们大多被用作炊具，器表常常残留烟迹。这些两汉时代的墓葬遗存，经过多年来的探索和论证，现已基本得到共识，确定它们为汉代鲜卑族文化遗存，反映出墓主人是来自北边的游牧民族。

忻州定襄七岩山的西晋《登高纪功碑》也记载："鲜卑息须韃泥，□□大檀［石］［槐］之曾孙也。率□万四千家，以先众夷，屈□内附为官奴。"碑刻记载与考古发现的遗迹、遗物对照，正相吻合，证实了北方游牧民族不断进入并、代的历史，同时说明北朝文化是汉代北方多民族文化的继续和发展。

众所周知，西晋以降，北方政治格局经历了一个由统一走向分裂，又由分裂走向统一的过程。开始和完成这个历史过程的主体力量，都是聚集于今山西的北方少数民族。如最初打破西晋统一局面者，是避居吕梁山区的匈奴酋帅刘渊。公元 304 年，刘渊在左国城（今吕梁方山县）率领内附匈奴登基称王，建立匈奴汉国，后改成赵国（史称前赵），攻城略地，掀开"五胡十六国"（304—439 年）分裂战争的序幕。

130 余年后，结束这场漫长分裂痛苦的，是定都平城的北方少数民族——鲜卑拓跋部。东汉魏晋时期，北方匈奴衰落，乌桓鲜卑崛起，特别是鲜卑拓跋部，几经磨难起落，进取不止。386 年，拓跋珪 16 岁时，恢复代国，不久又改国号为大魏，史称北魏或后魏。到 398 年，迁都平城（今大同）。至太武帝拓跋焘时，经过几代人的努力，先后败后燕，攻大夏，克北燕，灭北凉，降后仇池诸国，最终统一了黄河流域，结束了"五胡十六国"时期分裂带给北方的浩劫，开创了北朝社会经济的崭新局面，历史正式进入南北朝时期。

北朝时期，山西有两个城市非常重要，一个是北朝前期的平城（今大同），一个是后期的晋阳（今太原），两个城市一前一后，在北朝发挥了重要作用。平城位于今山西北部，是山西最北的城市，直接与游牧区相连，自古为军事重地，汉代是匈奴经常出没之地，匈奴围困汉高祖刘邦的“白登之围”就发生在这里。北魏定都平城以来，扩大京畿范围，迁来许多降民，人口不断增加，最多达 150 万[1]，平城一度成为黄河流域最大的城市。北魏相继推出三长制、均田制等稳定社会、促进农业、发展经济的政策，扭转了汉魏以来社会经济不断下行的状况，使得北方得以休养生息，再次回归到发展轨道上。另外，通过认同汉族官制礼俗，推动民族融合，为迁都和北魏孝文帝深度汉化做好准备。

晋阳位于山西中部，军事意义极为重要，从北魏后期起，成为北方最重要的城市之一，不仅是中原的北大门，而且是控制北方的战略要地。北魏后期起，这种作用特别明显，尔朱荣、高欢集团，都是依靠晋阳和掌控并州精骑进而控制朝廷、争夺天下的。

平城、晋阳的重要性在考古资料中也有充分反映。近数十年来，配合基本建设，我省的考古工作者发现了许多重要遗址和墓葬，出土了数以千计的器物，富有浓厚的民族特色。如平城附近发现的方形和圆形毡帐模型、煮饭的铜釜和壁画狩猎图等，均可以反映北方游牧民族逐渐汉化的过程。在太武帝时期的墓葬壁画上，醒目地绘着毡帐星布、牛马成群以及席地而坐、宰羊饮酒的宴饮场面，反映了典型的游牧民族生活。在文成帝时期的墓葬壁画中，除保留驱狗放马、弯弓射箭、集体狩猎的游牧生活场景外，开始出现养殖耕牛、从事农业生产的画面。而到北魏孝文帝时期，墓葬出土物中，反映农业生产的器物、画面数量日益上升，以往的集体狩猎等场面逐渐减少。两种生产形式此消彼长的情况，反映出两种生产方式的渗透融合以及农业生产逐渐为主的趋势。

在晋阳古城遗址及其周围，同样能看到当时民族汇聚和东西文化交流

〔1〕李凭：《北魏平城时代》，社会科学文献出版社，2000 年，第 353 页。

的遗存。晋阳古城遗址附近发现的北齐东安王娄睿墓即是一例。娄睿出自鲜卑，本姓匹娄，改姓后简称娄。寿阳出土的顺阳王厍狄迴洛墓、太原出土的北齐大将军贺拔昌墓，其墓主都是鲜卑贵族。斛律金父亲斛律那瓌墓碑的发现，证明太原地区还活动着一些高车的部落。此外，太原出土的北齐武安王徐显秀墓，其壁画和出土陶俑，相貌、服饰均有差异，显然来源于不同民族，反映出国家统一和民族融合的曲折与历史趋势。

北朝物质遗存方方面面，从类别上讲，有遗址、石窟、墓葬以及形形色色的出土器物等，涉及北朝的文化、政治、军事、经济、科技和艺术诸领域，从这些物质遗存的时代变化可以清楚地看到北朝文明的发展主线以及特点。

就出土遗存来看，北朝前期的服饰、器用、毡帐、车具等衣、食、住、行遗存具有浓郁的游牧民族色彩。随着时间的推移，器物中的草原文化色彩日渐淡化，一种吸收了草原文化的新的汉文化最终走向主导地位。

北朝文明的发展历程实际上也是黄河流域几个世纪的发展历程，其中较突出的地区，就是山西及其周围地区。著名历史学家陈寅恪认为："隋唐之制度虽极广博纷复，然究析其因素，不出三源：一曰（北）魏、（北）齐，二曰梁、陈，三曰（西）魏、周。所谓（北）魏、（北）齐之源者，凡江左承袭汉、魏、西晋之礼乐政刑典章文物，自东晋至南齐其间所发展变迁，而为北魏孝文帝及其子孙摹仿采用，传至北齐成一大结集者是也。"〔1〕制度如此，文化也是如此。谈到北魏或北齐，不得不注意山西的出土资料，因为山西的考古出土资料，较系统地展示了北魏至隋唐的文化演进。

北朝的考古出土资料，携带着北朝社会多方面的信息。这些器物，单独欣赏，可见当时的形制特点、时代水平、生活方式、工艺美术、制作技术等；结合起来观察，则可见时代发展的每一阶段体现在物质遗存上的特点；而将分散的器物放入长达数百年的历史长河中，则可见每一类器物

〔1〕陈寅恪：《隋唐制度渊源略论稿·叙论》，中华书局，1963 年。

图2　广灵汉墓胡人俑

的源流演变与整体文化的发展脉络。

另外需要指出的是，山西在北朝时期与丝绸之路密切相关，甚至是一大历史亮点。

山西与丝路的联系由来已久。清代末期，灵石县境内曾出土16枚古罗马钱币，由钱币文字可知，这是罗马皇帝梯拜流斯至安敦皇帝时代（14—143年）所铸，据研究者分析，应是胡商（外国商人）入华时携带来的[1]。在平朔汉墓和广灵汉墓中，都出现了胡人俑（图2）。然山西与丝绸之路保持最密切关系的时期，莫过于北朝。北朝时山西与丝绸之路的关系，领先于全国其他地区，对全国乃至隋唐都有很大影响。

谈到丝绸之路，需要从平城说起。北魏定都平城近百年，平城成为该时期丝绸之路的东端。太武帝拓跋焘时，势力扩展到西域，吸引粟特人涌向平城。北魏文成帝始，平城成为丝路东端最重要的城市，中西交通和交流进入一个新的阶段。翻阅《魏书·西域传》，关于西域诸国的记述，都是记载距离代（平城）多少里，如洛那国（今中亚费尔干纳盆地，位于今乌兹别克斯坦、塔吉克斯坦和吉尔吉斯斯坦三国交界处），“去代万四千四百五十里”；粟特国（今乌兹别克斯坦共和国），“去代一万六千里”；波斯国（今伊朗），“去代二万四千二百二十八里”；大秦国（古代罗马

〔1〕张星烺编注，朱杰勤校订：《中国交通史料汇编（一）》，中华书局，2003年，第130页。

帝国），“去代三万九千四百里”。这里没有提到长安和洛阳，可见在古代史家心目中，平城代表的北魏王朝才是丝绸之路的东端。《魏书·西域传》记载的各国概况以及距平城的距离，是胡商和中外使节无数次奔波测量的结晶。这些资料的积累，对增进各国相互了解，推动商贸，起到至关重要的作用。丝绸之路的具体路线是，进入新疆，穿过甘肃河西走廊和宁夏、陕北，渡过黄河，登陆山西河曲、保德、偏关诸县，或由内蒙古君子渡进入托克托县。丝绸之路最后进入的这些地区，均属北魏京畿地区。

在平城遗址和晋阳古城遗址及其周围，至今遗存着大量有关丝路或者西方文明的遗迹和遗物，最著名的当属云冈石窟，是佛教通过丝绸之路直通平城的最大物证，中西因素相互结合，气势恢宏，独一无二。在平城遗址内，还出土了许多外来器物，如鎏金高脚酒杯、仿波斯银盘、玻璃碗、银质耳杯、镶宝石金戒指、波斯银币、外来造型的狮子石灯、各种粟特伎乐俑和牵驼俑、丝绸之路东传乐器等，都充分显示出丝绸之路与平城的重要关系。环视黄河流域，北朝时，没有哪个城市的遗址出土过如此丰富的外来器物。

东魏、北齐时期，晋阳是北方军政中心，“齐氏别都”，“霸业所在，王命是基”，胡商辐辏，商贸发达，自然成为丝路东端之一，留下许多胡人活动的记录与遗物。

据碑刻、墓志资料记载，北朝以降，晋阳定居着许多粟特人，见于墓志的粟特人就有翟娑摩诃、翟突娑父子，安吐根，翟楷，虞弘及其父亲等，其中最有代表性的是虞弘。

胡商是丝绸之路的主要过客，其踪迹可由墓葬壁画和出土骆驼、胡商俑反映出来。如太原北齐东安王娄睿墓是一个壁画墓，在墓道壁画中就有胡商驼队图，绘四人五驼组成的一个商队，满载货物。为首一人深目高鼻，似大食人形象，右手牵着驼缰。右后又有一驼，驮着装满货物的大囊袋。两驼间，一人高大修长，浓眉深眼，似为波斯人，手牵一头驮着货囊的骆驼。两驼右侧还有二人二驼，相随前进。在晋阳北齐墓和隋墓中，还常见一种陶质载货骆驼模型，如张肃俗墓、娄睿墓和徐显秀墓。最生动者是隋代斛律彻墓出土的两件载货载人骆驼模型，一人坐在骆驼背上，手拿一块胡饼，边走边吃，反映了胡商在丝路上的艰苦生活。

除粟特人外，并州还有许多柔然人、高车人与突厥人。柔然衰亡前后，许多柔然人与高车人迁徙到并州北部。在出土文物中，我们还能看到突厥（或柔然）人的形象。太原北齐贺拔昌墓出土的一件骑马陶质突厥人物俑最有特色，健壮的骏马背上，坐着一位游牧民族骑士，身体肥胖，头梳长发，十几条辫子留在背后，穿一件圆领窄袖宽肥红袍，脚踩马镫，豪情满怀，一手牵着缰绳，一手举向嘴边打着口哨。

粟特人在山西的遗存很多，大致归纳为三个方面：

一是带来许多西方生产的器物。这些器物可以粗分为五类，分别为金银铜器、石刻绘画、陶瓷器、玻璃器和珠宝。

二是引进玻璃器制造技术和葡萄种植技术。典型例子如《魏书·西域传·大月氏国传》记载的“世祖时，其国人商贩京师，自云能铸石为五色琉璃，于是采矿山中，于京师铸之。既成，光泽乃美于西方来者。乃诏为行殿，容百余人，光色映彻，观者见之，莫不惊骇，以为神明所作。自此中国琉璃遂贱，人不复珍之”。这条史料很珍贵，不但记载了大月氏人在平城经商之事，还记载了他们把大月氏生产玻璃的工艺与技术传到中原，中原从北魏起就有了自己的玻璃生产作坊，开始成批生产，市场上很多，致使此后“中国琉璃遂贱，人不复珍之”。

近年来，平城本地生产的玻璃器物，在墓葬中也有出土，如

2002年冬季，在大同迎宾大道北魏墓葬中出土了一个玻璃壶，形制与北魏墓葬中随葬的陶壶接近，可视为本地生产玻璃器的物证。

葡萄种植技术也在这时期传入民间，从北魏到隋代，一直有葡萄或葡萄酒的记载，特别是北朝时，葡萄的种植已很普遍。北魏贾思勰所著《齐民要术》中就专门谈到了葡萄的种植法、摘取法与保存法。

三是丝路艺术传入。最著名的是佛教石窟和乐舞，云冈石窟是最佳例证。在云冈石窟，雕刻着西方传来的琵琶、箜篌、筚篥等数十种乐器，多达500余件。云冈石窟12窟因为乐器多，被称为“音乐窟”或“佛籁洞”。这些丝路传来的乐器，在北魏墓葬绘画中也屡见不鲜，甚至多过传统乐器。此外，在云冈石窟中还有造型独特的舞蹈形象，北朝至唐代流行的胡腾舞与胡旋舞，在墓葬壁画及器物中经常出现，成为北朝文化的重要内容。

山西北朝文明的源头主要有两个，一个是传统的汉族文明，秦汉以来，汉族文明已经在这里扎根繁衍，北魏太武帝攻占河西后，将大批文化人迁徙到平城，使山西地区的汉文化教育和环境优于其他地区；另一个是游牧文明。两种文明在这里汇聚碰撞，游牧文明与农业文明融合，孕育了新的更加富有生机的北朝文明。

民族融合的道路漫长又曲折，有流血，也有收获，最大的收获就是各民族文化互相碰撞与吸收，给传统汉族文化注入新鲜活力，引导北方生机盎然，经济发展。在北朝文明中，我们注意到，统一和多民族成为其中最重要的两个元素，进入中原的游牧民族，甚至远来的西域诸国人，全部自称属于华夏民族，最终融入汉文化中，统一已由汉族的观念升华为各族的共识与政治目标。这种新历史观，是隋唐统一的精神基础，追溯它的来源，与拓跋部定都平城、统一北方密切相关。可以说，没有北朝，便不会有一个多民族的开放统一的隋唐，也不会出现盛唐。

本书定名为《走向大唐——山西北朝文明源流》，就是引导读者通过丰富的考古资料，了解唐代社会与北朝社会的密切联系，探求北朝文明的各个方面以及发展过程。

本书由张庆捷、张喜斌和王普军共同完成，其中《北朝文明源流（代序）》与《隋唐画卷》的作者是张庆捷，《平城时代》的作者是张喜斌，《晋阳风云》的作者是王普军。本书的写作还得到刘永生、王晓毅、杨及耘诸同仁的帮助，我省文物系统诸单位也积极提供照片，谨在此一并表示诚挚的感谢。

平城时代

历史背景

公元 4 世纪，中国北方出现了五胡十六国纷争的局面，发源于大兴安岭的鲜卑拓跋部南迁到内蒙古草原，在兼并了大量的游牧民族部落后形成了强大的部落联盟。公元 386 年，拓跋珪称代王，徙居盛乐（今内蒙古和林格尔），后改称魏王，自此国号为魏，史称“北魏”。

公元 398 年，拓跋珪从盛乐迁都平城（今山西大同），建宗庙，立社稷，仿照汉族政权，建立政府机构，开创了北魏平城时代。拓跋珪定都平城后，平城逐渐成为中国北方的政治、经济和文化中心，民族融合也有了很大的发展。明元帝拓跋嗣时，西域诸国来朝者很多，泰常四年（419 年）四月，“车驾有事于东庙，远藩助祭者数百国”。太武帝拓跋焘太延年间（435—440 年），已经明确记载柔然、车师、焉耆、鄯善、粟特等国来朝觐。太延元年五月，北魏还“遣使者二十辈使西域”。外国使团频繁地来到平城，建立了双方的政治与商贸联系，也带来了西域的宗教与艺术。

公元 439 年，北魏统一中国北方，结束了长达 130 余年的混战，为以后社会经济的发展以及孝文帝的汉化改革创造了较为安定的环境。拓跋焘死后，文成帝拓跋濬、献文帝拓跋弘、孝文帝拓跋宏相继登基，逐步实施改革，使社会经济由游牧经济逐渐转变为农业经济。公元 471 年，孝文帝即位，由于年幼，由太皇太后冯氏辅政。公元 490 年，冯太后死，孝文帝亲政。为了缓和阶级矛盾，限制地方豪强势力，冯太后与孝文帝执政期间，进行了大范围的改革，诸如实行俸禄制、均田制、三长制、迁都、推行汉化政策等，极大地促进了北魏社会经济的发展，促进了民族大融合，也为隋唐统一全国创造了条件。

北魏迁都洛阳前，拓跋氏统治集团内部已经开始分化。孝文帝迁洛之举，虽然为北魏历史揭开了新的篇章，但也加剧了拓跋氏集团内部的分化。北魏末年，社会矛盾尖锐，北魏社会随之进入动乱状态，六镇、关陇地区先后暴动，进一步发展成河北、山东大动乱。公元 534 年，北魏分裂为东魏与西魏。

北魏遗址

北魏遗址主要集中发现于平城地区，具有代表性的有举世闻名的云冈石窟（含窟前遗址）、云冈石窟窟顶寺庙遗址、平城遗址（包括明堂遗址、操场城皇家建筑遗址群）、西册田制陶遗址等。这些遗址，既显示了北魏时期平城的王都气象，又为研究这一时期的佛教、建筑、文化等提供了极为宝贵的实物资料。

佛光普照—— 云冈石窟遗址

图 1-1　云冈石窟第 20 窟露天大佛

云冈石窟位于大同市西约 15 公里的武周山南麓，以开凿于北魏的大型佛教石窟而闻名于世，是我国第一批全国重点文物保护单位，2001 年被联合国教科文组织列入世界文化遗产名录。西方的美术史家曾将古代印度的犍陀罗佛教艺术、阿富汗的巴米扬佛教艺术与云冈石窟并称为“东方佛教艺术的三大瑰宝”。云冈石窟又与敦煌莫高窟、洛阳龙门石窟并称中国三大石窟。

整个石窟依山开凿，坐北朝南，规模宏大，气势雄浑，东西绵延约 1 公里，最初于公元 453 年开凿，历经 71 年而成。现存主要洞窟 45 个，附属小窟 209 个。造像最高 17 米，最小 2 厘米，总计 59000 余尊，佛龛约计 1100 个。其中最为著名的要数开凿于文成帝兴安二年（453 年），完成于文成帝和平年间（460—465 年）的昙曜五窟（图 1-1），即象征帝王的第 16—20 窟。昙曜五窟布局设计严谨统一，是中国佛教艺术第一个巅峰时期的经典杰作，其雕刻技艺继承并发展了汉代的优秀传统，吸收并融合了古印度犍陀罗、秣菟罗艺术的精华，创造出了独特的艺术风格。

云冈石窟窟顶寺庙遗址

2010 年，云冈联合考古队在云冈石窟窟顶西区南部发掘了一处较完整的北魏佛教寺院遗址，具体有北房、东房、西房、南房、塔基和砖瓦窑遗迹（图 1–2）。

北房遗迹长 61.5 米，方向南偏西，由 15 间房组成，其中辽金时期的两间，北魏的 13 间。北魏房有套间，也有单间。最大套间东西为 7.4 米，南北为 3.4 米。正房前面为柱础和散水，现存柱础 12 个，柱础之间距离不等，与开间长度不等相关。由遗迹观察，这排房应为前廊后室的廊房式建筑。

图1-2 云冈石窟窟顶西区北魏佛教寺院遗址

图1-3 云冈石窟窟顶塔基遗址

图1-4 云冈石窟窟顶遗址出土的建筑材料

塔基位于东西廊房中间靠南的位置，残留一方形台基，边长南北约14米，东西长14.3米，现存高约0.35~0.7米。台基四周是1.5米厚的夯土，夯土外包有片石，南面正中有一斜坡踏道，宽约2.1米，长约5米。台基表面已经严重破坏，据周边环境、布局和本体形制、结构分析，这个方形台基应该是一座塔基（图1-3）。

出土的遗物主要是北魏建筑材料（图1-4），残瓦最多，据初步统计，板瓦大约为18万块，筒瓦约为3万块。此外，还有“传祚无穷”文字瓦当和不少带釉板瓦，也有少量北魏器物陶片，有一片北魏陶器上还有“四窟”的戳印。另外发现了一些石质佛像和供养人残片。

2011年，云冈联合考古队又对云冈石窟窟顶东部的遗址

图 1-5　云冈石窟窟顶北魏至辽金佛教寺院遗址

做了发掘，发现了一个北魏至辽金的佛教寺院遗址，包含塔基、水井、小路、铸造井台、熔铁炉等遗迹（图 1-5）。

塔基一处，平面呈八边形。塔基和踏道用片石垒砌而成。塔基南北长 22.1 米，东西长 21.8 米，高 0.1~5.58 米。八边形塔基内包着方形塔基，南北长 14 米，东西宽 13.3 米，高 0~0.6 米。中间为北魏方形塔基，内用片石垒砌而成，外抹 2 厘米厚草拌泥，南北长 9 米，东西长 9 米，砌石高 0~1.1 米，砌石内为夯土，夯层厚 0.12 米。踏道位于塔基西北部，呈东西走向，长 16.3 米，宽 2.8 米，高 0~3 米。根据观察，中心夯土塔基为北魏遗迹，外围以石块砌成的八角形结构是辽金时期扩充补建的。

铸造工场遗迹内还有铸造井台和 30 座熔铁炉。铸造井台很特殊，为地穴式，东西长 3.5 米，南北长 3.5 米，深 2.4 米，西北和东南各有一条路进入。地穴内有一个圆形工作台，直径 2.2 米，高 0.2 米，边缘凸起 2 厘米高，里面和台面抹 0.2 厘米厚白灰皮。圆形工作台中间有一个用土坯垒砌而成的模型内圈，口小底大，底部有灰烬和烟熏痕迹，4 个方孔位

图 1-6　“传祚无穷”瓦当

图 1-7　北魏带釉瓦

于作坊四角，和用筒瓦扣制而成的通气孔相连。作坊四壁底部抹有草拌泥，并且烤成红色。

熔铁炉平面呈圆角长方形，炉壁烧成黑色乳钉状。以炉 2003 为例，长 1.15 米，宽 0.5 米，深 0.4 米。鼓风口在炼炉西北处，口径 8 厘米。鼓风口前有两个用土坯垒砌而成的长方形坑，应为安装固定风箱的基础，长 0.95 米，宽 0.35 米，深 0.06 米。

此外，还出土了辽金时期的陶罐、瓷碗、瓷罐、兽面瓦当、人物瓦当、琉璃和陶制板瓦、滴水、佛像残块等，北魏时期的“传祚无穷”（图 1-6）、“富贵万岁”瓦当残片、陶片、柱础石、筒瓦残片（图 1-7）等。

这是一个北魏至辽金的佛教寺院遗址。分析其时代，是北魏至辽金的遗迹。就北魏的遗物看，时代也在迁都前，与 2010 年发现的一区北魏寺院遗址年代相近。现存辽金遗物多于北魏，可见辽金时这里比较繁盛。

铸造工场的发现很有意义，它应与辽金寺院建设有密切关系。熔铁炉和铸造井台的结合以前没有见过，对研究冶金铸造有重要价值。有趣的是，铸造井台刚发现时，考古队员谁也不认识，等周围的熔铁炉都被发掘出来后，才感到铸造井台与熔铁炉有一定关系。直至一个下雨天，大家去参观了浑源铸钟厂，看到类似的井台，才明确了它的作用。

塔基是该遗址最重要的遗迹，内部正方形夯土塔基是北魏遗物，外部八边形塔基是辽金补建，形状不一，成为北魏至辽金寺院佛塔演变的物证。

云冈窟顶寺院遗址是云冈寺院的重要组成部分，它的发现，有助于了解云冈寺院在北魏时期的布局、范围与繁盛程度，也印证了《水经注》描写云冈石窟当年“山堂水殿，烟寺相望”的雄浑气象。

王都气象——操场城皇家建筑遗址

北魏平城的皇家建筑遗址已发掘的有三处，均位于大同市区操场城街。按发掘先后顺序分别命名为操场城北魏一号建筑遗址、操场城北魏二号建筑遗址、操场城北魏三号建筑遗址。

毁于战火的皇家宫殿

2003 年 3 月，大同市住房解危解困合作社在大同市区操场城街大同四中西侧进行房地产开发时发现夯土及大量磨光黑瓦，市民李智暤及原大同高等师专书记殷宪先生经过辨认，认定是北魏瓦片，感到这里比较重要，及时向当地文物部门反映，山西省文物局组织的专家组初步认定为北魏建筑遗址，遂于 4 月对其进行了正式发掘（图 1-8）。

遗址主体是一座已经被破坏的殿堂台基，台基东西长 44.4 米，南北宽 31.8 米。在台基上共发现四条踏道，其中北部正中、东部正中各一条，另两条位于南部且东西对称分布，西部则由于后期破坏而无法找到踏道痕迹。夯土台的北、东、南三面都发现有黄泥墙皮及包砖墙，在夯土台南沿及东西踏道的两侧都发现了柱穴及一些石柱础。出土遗物主要是建筑构件，数量最多的是北魏磨光黑色筒瓦和板瓦，占到九成以上。其中北魏文字瓦达 169 件，均刻画或钤印于筒瓦舌面和板瓦背部。此外还有陶器、瓦当、瓦钉、铜币、箭镞、石柱础、石雕残片、瓷器、磨光青砖、花纹砖、绘着红彩的白灰泥皮、黑灰色的陶制鸱尾残件等，反映出这里曾存在过一座大型殿堂建筑[1]。

与大同地区以往发掘的北魏遗址相比，一号建筑遗址的内涵更加丰富。北魏自称大代，在碑志题记中较为常见，而在出土遗物中，就有一种文字瓦当，当面有“大代

〔1〕张庆捷、王银田、曹臣民、高峰、刘俊喜:《大同操场城北魏建筑遗址发掘报告》,《考古学报》,2005 年第 4 期。

图1-8 操场城北魏一号遗址全貌

图1-9 “万岁富贵”瓦当

万岁”四字，因此这种瓦当的出土就为遗址的年代确认提供了可靠的证据。除“大代万岁”瓦当外，还有“皇☐万岁”、“万岁富贵”（图1-9）、“传祚无穷”、“永☐寿长”等文字瓦当。就文字内涵考虑，这些瓦当不应是贵族豪宅、官署衙门所用之物。这些特殊的瓦当和那些已修复的大型板瓦和筒瓦同在这样一个大型建筑遗址出现，显示出原建筑品级很高，帝王色彩鲜明，皇家气息浓厚。

在出土的各种磨光黑瓦和瓦当中，有相当多的一部分已被烧成了红色和黄色。在台基东侧，还有大面积连续的红色烧土层堆积，中间夹杂着破碎的被烧变色的板瓦和筒瓦。唐人李吉甫《元和郡县图志》记载，北魏末期，各族人民大起义，平城被烧为灰烬。从上述被烧过的遗物及红烧土层来看，该建筑确实是被烧毁的，这也为我们确定遗址的年代下限提供了可靠的依据。

遗址发掘到一半时，工地领队发现另一半遗址东延至大同四中院墙内，领队找到学校领导，希望学校同意出借遗址范围土地，待考古发掘完后归还。当时“非典”肆虐，学校放假，听完领队的一番话，学校领导慨然应允，使得考古工作没有耽搁，顺利地做完东部区域的发掘。

由于是首次发掘北魏宫殿遗址，在判定遗址的性质时，领队经过再三考虑求证，查找对比资料，最后定为北魏皇家建筑遗址。尽管社会上有人质疑，但是考古队坚持不解释、不反驳，坚持让事实说话，相信将来的考古新发现会支持现在的结论。2007年，北魏操场城二号遗址也在北邻地段发现并做了考古发掘，也是皇家建筑遗址，这使得考古队员对一号遗址的性质有了更清楚、更完整的认识。紧接着，在2008年又发掘了三号遗址，也是北魏皇家遗址。在事实面前，质疑的声音越来越弱，烟消云散，操场城北魏皇家建筑遗址终于得到学界的广泛认同。

一千五百年前的谷物

二号遗址又叫北魏太官仓储遗址，南与北魏一号建筑遗址相邻，其主体为一大型夯土台基和5座粮窖（图1-10），于2007年初春在操场城翰林别院建设工地内发现，同年夏天进行了抢救性发掘[1]。

夯土台基南沿最长为93米，西沿残长28米，因夯土台基北部在发掘区以外，故其南北具体长度不明。整个夯土台基都被一层厚0.1~0.44米的红烧土覆盖，红烧土多为块状，夹杂有草拌泥墙皮以及少量筒瓦、板瓦残片和严重变形的莲花纹瓦当残片，证明其曾经历大火焚烧。在夯土台基上分布有数十个石柱础，这些柱础排列有序，在部分柱础周围还发现有土坯墙痕迹（图1-11）。

粮窖是本次发掘最主要的收获，共发掘5座粮窖，都是口大底小的圆缸形状，而且排列整齐有序。粮窖底部都铺设有木板，墙壁用土坯或条砖垒砌。在其中一座粮窖底部还发现有谷物和草垫遗存（图1-12、图1-13），

图1-10　操场城北魏二号遗址全景

〔1〕张庆捷、王银田、曹臣民、高峰、刘俊喜：《大同操场城北魏建筑遗址发掘报告》，《考古学报》，2005年第4期。

谷物均已碳化，残存约2.7立方米，经鉴定为粟。5座粮窖大小相近，直径大致在10米左右，深2.5米左右。从粮窖周围出土的石柱础以及板瓦等建筑构件判断，粮窖应该是由地上与地下两部分构成；从粮仓南面一排由东到西的14个柱础看，这些粮仓的顶部有可能是连在一起的。可惜遗址破坏严重，暂时不能进一步详述这些北魏粮窖的朝向、通道和使用等其他方面的细节。但是就粮窖遗址位于宫殿遗址东北的情况来看，它应该是宫城的一部分，或者说是宫城重要的附属部分。

在《南齐书·魏虏传》中有这样

图1-11 操场城北魏二号遗址部分柱础石及土坯

图1-12 操场城北魏二号遗址粮窖底部席子

图1-13 操场城北魏二号遗址粮窖内的谷米

图 1-14 “平城”瓦当

的记载：“……妃妾住皆土屋。婢使千余人，织绫锦贩卖，酤酒，养猪羊，牧牛马，种菜逐利。太官八十余窖，窖四千斛，半谷半米。又有悬食瓦屋数十间，置尚方作铁及木。其袍衣，使宫内婢为之。伪太子别有仓库。”这说明在北魏平城宫殿或其附近有皇家仓储存在过。2003 年发掘的操场城北魏一号遗址已被证明为北魏平城宫殿遗址，而这次发掘的操场城北魏二号遗址仅距一号遗址约 150 米，这就使得这种可能性更加可信了。从史书记载看，在北魏迁都洛阳前，太官主要执掌与皇帝后宫食物、园囿、杂器等有关的事项。从太官职责及其现在粮窖与宫殿遗址相近的位置关系诸方面分析，这些粮窖遗迹很可能就是《南齐书》所载北魏太官管理的粮食“八十余窖”中的一部分。

现在回想起来，当时的考古发掘非常艰难。工地地方狭窄，难以展开，大型粮仓遗址初露端倪，发掘到遗址的辽金层位下，技工用小铲细细刮过，地面上隐隐约约显现出一个直径 10 米左右的大型圆圈，大家不认识是什么遗迹，急得抓耳挠腮，通过翻检资料，才初步认定是粮仓遗址。发掘过程可谓忧喜交加，风雨过后万里晴空。

一天，忽然在一个北魏层下面的灰坑里发现了一些汉代文字瓦当，共出土“平城”瓦当 29 件（图 1-14）。这些瓦当是夹砂灰陶，当面为压印的云纹，云纹为蘑菇形伞盖状，云纹中间有一圆形凸棱，其间有上下书写的“平城”二字，字体为隶书，“平”字中间两点为两短横，边轮突出当面。这样的瓦当仅在 2003 年于大同四中发现过一个。它的发现很有意义，至少证明这里就是汉代平城所在地，对于确定汉代平城的准确地点和了解汉代平城的建筑等，都有很大价值。

三号建筑遗址

三号遗址于2007年4月在总参工程兵大同管理处职工住宅楼建设施工时被发现，2008年5月发掘。一号遗址和二号遗址分别位于其南北两侧，其中一号遗址位于其南约5~6米处，与其紧紧相邻，二号遗址位于其东北125米处。但因工程建设破坏，三号遗址仅剩下部分楼基间的边缘夹缝地带。

经发掘，残存的北魏遗迹为1座夯土台基、1组夯土墙、2座水井、1组排水沟以及数座灰坑。夯土台基因施工破坏，整体面貌已无法得知。夯土墙位于夯土台基北约1.5米处，呈南北走向，其北部被工程建设所毁坏，残长16米，残存墙体宽1.2~1.25米。2座水井井壁都没有包砖，都是口大底小的圆柱形，最大的一座距现地表2米，直径1.1米，深2.2米，内出土了北魏时磨光瓦片、表面饰琉璃釉的砖块、汉代的陶片和瓦片。排水沟为南北向长条形的砖结构建筑，其南北两端均遭破坏，残长1.65米，宽0.5米，深0.6米，其东西两壁用条砖垒砌，但并不规整，所用条砖大部分为残砖。

此外，还发现汉代到明代的许多建筑构件，如瓦、瓦当、砖、石柱础、土坯、屋顶装饰构件等。出土遗物多为瓦当和文字瓦片，其中两汉建筑构件有筒瓦、板瓦、瓦当和砖。北魏建筑构件也以筒瓦、板瓦和瓦当为主。筒瓦、板瓦分磨光和未磨光两种，在北魏地层中还发现一块带釉板瓦残片。瓦当有“莲花化生佛”瓦当、“皇魏万岁”瓦当、“万岁富贵”瓦当、兽面纹瓦当、卷云纹瓦当等。文字瓦片数量较多，多刻于筒瓦瓦舌外和板瓦的瓦檐附近。另有许多黑色脊饰构件和地砖。石柱础为覆莲盆式，发现时不在原位，已被推移到灰坑里。在地层和灰坑中，还出土了许多汉代、北魏日用陶器残片，器型有罐、壶等。

从周围散落的北魏建筑构件和夯层结构分析，这处北魏建筑遗址显然是北魏的一座大型建筑台基的一部分，与一号遗址性质相同，同属于皇家建筑，应该是与一号建筑遗址成组的另一个建筑遗址或附属的建筑遗址，可惜残损严重，保留面积太小，原貌不清，形状难辨，无法复原或展示。

迄今为止，在操场城路东中部南北200米、东西100米的范围内，已经相继发现北魏两座高规格的建筑遗址和一座粮窖遗址，充分证明，这里就是北魏皇家宫殿所在地。

都城礼制——明堂遗址

明堂遗址位于大同市明代府城南约2公里的柳航里，1995年被发现，同年6月，省、市联合，对这里做了考古勘探和发掘[1]，随后大同市考古所再次发掘，揭示了明堂遗址的面貌（图1-15）。

明堂遗址外部是一个巨大的环形水渠，其外缘直径约289~294米，水渠宽18~23米。水渠内侧四面分别有一个厚约2米、长29米、宽16.2米的"凸"字形夯土台，突出的部位伸向渠内。环形水渠内的中心地带为一个厚约2米、边长42米的正方形夯土台。环形水渠应为辟雍，这与《水经注》中关于北魏明堂的记载一致。

本处遗址还有一个很有特色的地方，那就是夯土台的底部在夯筑之前已做了防渗水处理。以西夯土台为例，水渠沟槽是自地表下挖1.8米露出砂层而形成的，再从边上向下挖0.8米，连同向东岸扩挖的部分一起作为夯土台的基础坑。在坑内西部边缘用砂岩石块砌成一道长0.26米、宽约0.9米的南北向石基墙。石基墙的周围用绿色的淤泥封裹，淤泥带东西宽约4米。夯土台东部底面的边缘也有一层东西宽约4米、最厚约0.1米的绿淤泥层。夯土台的南北两端底部虽未作解剖，但从实际需要和东、西两边的情况分析，也应当有石基墙和淤泥。这样，夯土台的底部四边都有绿淤泥，临水的三面都有石基

图1-15　大同明堂遗址复原图

〔1〕王银田、曹臣明、韩生存：《山西大同市北魏平城明堂遗址1995年的发掘》，《考古》，2001年第3期。

墙，有效地防止了水从底部沙层中的渗入和浸蚀。防渗基础做好后，才在上面筑夯土台。

明堂是秦汉以后都城中十分重要的礼制性建筑，该明堂遗址的发现和发掘，是继汉长安城明堂、魏晋洛阳明堂、唐东都明堂之后的又一处明堂遗址，是《水经注》记载的平城建筑中第一座能够明确地理坐标的建筑，对于平城地理位置的认定以及平城文化的研究具有十分重要的意义。

工官重地——西册田制陶遗址

西册田遗址位于大同县许堡乡西册田村册田水库南岸，地处大同盆地的东端，桑干河的中游，桑干河由此向东进入河北阳原，注入官厅水库，经永定河入海河。遗址地表遗物十分密集，主要有砖、瓦、瓦钉、瓦当等建筑材料。

在西册田遗址，多见一类因炉温过高而烧制变形的残器，这类遗物属于生产过程中的废品，往往就地抛弃，是判断该遗址是否为窑址的重要依据。遗址北部、东部水库岸边的断崖处和地层中多有密集的残砖瓦，完整器物极少见，为典型的废弃物堆积，说明这是一处陶窑遗址，且专烧建筑材料。产品以板瓦和筒瓦为主，兼烧砖和瓦当以及其他建筑材料。瓦当品种单一，以“万岁富贵”瓦当为主。暴露的多处断面可看到连续的大面积灰烬与残品堆积，但文化层都较薄，估计当年的生产规模很大，但持续时间较短。

古代制陶作坊常沿河而设，至少距离河流较近，因为砖瓦、陶器的制作需要大量的水，沿河便于取水，又利于运输。正如司马迁所言：“舜耕历山，渔雷泽，陶河滨。”都城建筑历来有就近烧制建筑材料的做法，尤其是在建都初期对于建筑材料有巨大的需求时。北魏平城在近百年的都城建设过程中使用了大量砖瓦，但到目前为止，平城一带仅发现制陶遗址两处，除西册田遗址外，另一处位于云冈石窟附近，后者的产品应该是专供云冈使用的。此外，大同地处温带大陆性季风气候区，常年刮西北风，西册田遗址位于平城之东的远郊，即位于平城的下风头，目前我们尚无法判断北魏时期此陶窑的建设者是否有意将窑址设置于此，以免陶窑烟尘的危害，但该窑址的选址确可避免对京城空气的污染却是不争的事实。实际上，唐代就曾设置环境管理和保护的机构虞部和水部，并对都城长安的环境保护立法。那么，北魏时期已具有一定的环境保护意识也是有可能的[1]。

〔1〕王银田、宋建忠、殷宪：《山西大同北魏西册田制陶遗址调查简报》，《文物》，2010年第5期。

北魏墓葬

北魏定都平城（今大同），后迁洛阳，总共在平城定都97年。在山西，北魏墓葬主要发现于大同地区，另外在太原地区也有零星发现。目前，大同地区发现的北魏墓葬，据不完全统计，有近千座，多分布在城南及御河之东，墓葬形制、规模以及随葬品多寡因墓主地位不同而有所差别。在众多的北魏墓葬中，不乏精品之作。这些墓葬的发现，既为同类墓葬的断代提供了标准，也为研究北魏时期的建筑、服饰、生活习俗等提供了实物资料。

千古一后之陵寝——永固陵

永固陵位于大同市镇川乡西寺儿梁山（古称方山）南部（图 1-16），是北魏文明太后冯氏的陵寝，始建于北魏太和五年（481 年），太和八年（484 年）建成，太和十四年（490 年），冯太后死后葬在这里。除永固陵外，方山顶部及周围还有北魏孝文帝的万年堂、永固石室、思远佛图、斋堂、陪葬墓、灵泉宫、灵泉池等地上地下建筑，组成了一个以永固陵为中心的大型陵园遗址。早在 1925 年，美国人 A.G. 温莱等人即粗测过永固陵，并于 1945 年发表了测绘结果〔1〕。1976 年，山西省文管会和大同市博物馆对永固陵及其山下思远佛图遗址做过抢救性发掘〔2〕。

2006 年，山西省考古研究所又对永固陵陵园北墙、西南部、山体南部偏西三个地点做了小范围的勘探和试掘。陵园北墙位于万年堂北 1600 米处，基本呈东西向，地面断续残存约 2000 米，经试掘后确定为墙体，墙体残高 2 米，基础宽 6~8 米。西南部经勘探试掘，发现大片建筑基址，出土有柱础、瓦当、板瓦、筒瓦碎片等建筑构件。建筑内有砖铺地，残存壁面有白灰面及彩绘。该处建筑不见于《水经注》记载。山体南部偏西处经勘探试掘，发现砖砌排水设施一处，出土有造像残块、瓦当、筒瓦、板瓦等，排水设施修砌整齐，蜿蜒至山体南端。

永固陵是在北魏王朝全盛时期修建的，冯太后曾两度执政，握有实权，而陵墓又在她生前建造，因此，墓葬的建筑结构、建筑材料和精美的石雕艺术品，反映了北魏在建都平城时期高度的工艺水平。墓中石券门的门框、门拱上的石雕艺术，其题材和整个雕刻作风与云冈石窟中部窟群的艺术风格极为近似，为研究北魏时期的雕刻艺术提供了宝贵资料。

〔1〕［美］A.G. 温莱：《文明太后与方山永固陵》，《佛瑞尔艺术馆随笔》，华盛顿，1947 年 2 月 1 日。

〔2〕大同市博物馆、山西省文物工作委员会：《大同方山北魏永固陵》，《文物》，1978 年第 7 期。胡平：《大同北魏方山思远佛寺遗址发掘报告》，《文物》，2007 年第 4 期。

坚固的墓室构造

整座陵墓造于方山南部山顶的玄武岩上，有高大的封土堆。封土堆高22.87米，呈圆形，基底为方形，南北长117米，东西宽124米。该墓为砖砌多室墓，建造于封土堆的中心，由墓道、前室、甬道、后室四部分组成。墓室南北总长17.6米。墓道向南偏东4°。

墓门外接墓道，为了防止土层塌陷，在东西两侧用石块垒砌长5.9米的两堵石墙。墙体有收分，坡度较大，高约5米。墓门高4.15米，宽3.95米。墓门用条砖封闭，封门墙厚2.1米。

前室平面呈梯形，南北长4.2米，东西宽3.85米，高3.8米。后室平面近方形，高大宽敞，南北长6.4米，东西宽6.8米，高7.3米，四壁呈外凸

图1-16　永固陵与万年堂

的弧线形，从下到上慢慢向内收缩成四角攒尖顶，顶心嵌有雕莲花图案的白砂石。连接前、后室的甬道平面是长方形，南北长 6.98 米，东西宽 1.7 米，高 2.2 米。甬道前后各有一道大型石券门，相当壮观。石券门制作工整细致，由尖拱门楣、门柱、门槛、虎头门墩、石门五部分组成。门无轴，不能开合，是嵌入尖拱门楣内的。甬道南端石券门制作得比北端石券门精细，南端石门高 1.82 米，宽 1.59 米，厚 0.2 米。

从后室西壁南端盗洞看，其墓壁结构是以三个平砖相接，厚 1.3 米，墓外紧靠墓壁约有 0.3 米厚的黄土，土质不甚硬。其外是黑色土，夯打得很坚实。两种土交界线垂直，十分明显。夯土断面上有白灰点，是砌墓室时溅的，由此推测墓的建造是先打夯土台，再裁成方形，内砌砖，中间空隙填土。在石砌墓道内及距墓室外约 5 米处四周填有许多大大小小的石块，其中墓道南部内堆积的石块较多，显然是为防盗而设置的。在墓室和甬道底部均未见铺地砖，夯土平整，相当坚硬，上面有一层薄薄的细沙，但在甬道南端石门前的封门墙下和前室东南角封门墙下都发现了部分铺地砖，可知墓室和甬道底部的铺地砖是被拆除掉的。从甬道壁上残存的白灰痕迹看，建墓时，在两道石券门的里外及甬道中间共设置五堵封闭砖墙，发掘时仅存甬道南端石门外的一堵，墙体厚 1.08 米。

永固陵墓室规模很大，是我国已发掘的南北朝时期最大的墓葬之一。整个墓室用砖达 20 余万块，砖为青灰色，绝大多数为条砖，长 41 厘米，宽 21 厘米，厚 7.7 厘米，重 25 斤。铺地大方砖边长 50.6 厘米，厚 7.2 厘米，重 69 斤。砖坯极细，含砂粒很少，棱角整齐，规格一致，背面有细绳纹，扣之若金石声。这些砖与明代定陵前中殿地面铺的“金砖”质量相同，这样优质的砖是为宫廷特制的。该墓虽历时 1500 余年，但墓室仍保持原貌，可见其结构的坚实。

风华绝代冯太后

冯太后是北魏历史上有名的政治家，也称为文明皇后，其祖父是十六国时期北燕的最后一位国君，北燕臣属北魏以后，冯太后的父亲冯朗在北魏朝廷做官，后来冯朗因罪被杀，年幼的冯太后被带进了宫。北魏兴安元年（452 年），冯氏被选为贵人，后被立为皇后。和平六年（465 年），文成帝死后，献文帝即位，年仅 23 岁的冯氏被尊为太后。献文帝即位的第二年，冯太后命拓跋丕率兵粉碎了拓跋乙浑图谋篡位的阴谋，从此开始临朝听政。冯太后承袭道武帝制定的即位者君生母死的“子贵母死”制度，将献文帝宠爱的李夫人处死，然后亲自抚养太子拓跋宏。随后，冯太后逼迫献文帝退位，年仅 4 岁的拓跋宏即位，是为孝文帝。年幼的孝文帝不懂政事，朝廷大事仍由献文帝主持。冯太后不满这种局面，最终将献文帝处死，将北魏的军政大权牢牢地掌握在手中。20 多年的政治生涯中，冯太后挫败了一批又一批的政敌，成功地推行了自己的治国方略。孝文帝 25 岁时，冯太后故去。在其死后的许多年中，余威犹存，就连孝文帝颁布的许多政策，也都是冯太后推行的拓跋部汉化改革政策的延续。

后事的安排正是生前生活的写照，永固陵的位置显然是经过精心选择的。它处于御河上游的两条支流之间的方山之巅，居高临下，俯视着依稀可见的平城宫殿建筑，正象征着冯太后生前驾驭平城政权的威势，也说明冯太后要通过选择墓地来表示自己独尊天下的地位。

皇帝陪葬（孝文帝与万年堂）

在永固陵东北约 1 千米处另有一座封土墓冢，即万年堂，是孝文帝的寿陵，也称“虚宫”，实质上是陪葬性质的陵墓。万年堂的结构与永固陵相同，只是规模较永固陵小。封土堆高约 13 米，呈圆形，基底为方形，边长约 60 米。墓室由墓道、前室、甬道、后室四部分组成，坐北朝南，偏东 5°，原建有三道门，用砖封堵。前室和甬道大部分已被拆除，甬道只残存北端及东侧基础的一部分。甬道高 2.51 米，宽 2.46 米，残长约 10 米，拱形顶。甬道前后各有一道石券门，仅残存二段石门框。后室平面为方形，南北长 5.68 米，东西宽 5.69 米，四壁呈外凸的弧边形。墓顶为四角攒尖顶，高 6.97 米。万年堂与永固陵是同时期建造的，先修永固陵，后修万年堂，二者同在方山之巅，一北一南，一小一大，形成了鲜明的对比。在古代，一般是皇后为皇帝陪葬，而这里却是皇帝给太后陪葬，这也从一定程度上说明孝文帝与冯太后两人生前从属与控制的关系。

盗墓贼的留言

根据发掘情况和走访当地群众，永固陵曾三次被盗。

第一次：墓道西壁南端下部有盗洞一处，盗洞高 1.4 米，宽 1 米。盗墓者从墓室西北方进入，盗洞内坚硬的土壁上留有镢头挖凿的痕迹。后室内大部分随葬器物被盗。盗墓者还企图向南推进，进入甬道，故将石门里的封墙拆去。在石门框里边，有几处被铁锤打破的痕迹。由于石门坚固严密，未能进入甬道内。在后室西壁上留有白灰书写的三行字，每行四字："大金正隆，□□六月，□□□□。"可知第一次被盗时间不晚于金代正隆年间（1156—1161 年）。

第二次是在金大定年间，盗墓者再次进入墓室，前室的铺地砖全部被盗，随葬的大小石俑、石兽有的被盗走，有的被破坏，在墓室东壁中间有用白灰书写的"大定""初五""□道""□□"等字。在西壁也有"大定"的题记。在甬道南端石券门的西门框左侧有墨书题记"兴严方僧怀备到此，戍十月永耳"13 个字。

第三次被盗大约在清光绪年间。在发掘墓道时，发现有清代晚期的酱釉小瓷坛、黑釉小瓷碗、铁刀、铁镢头等生活用具和工具，结合走访当地群众的情况，推测第三次被盗是在清光绪年间。

一次惊心动魄的发掘

1976 年春天，驻地部队要在方山修建军事设施，但是方山顶部南端却有两个高大的坟丘，部队领导当即决定对这两个坟丘进行发掘。当时山西省文物工作委员会的刘绪先生参与了这次发掘，并记录了这段惊心动魄的发掘故事。下面节选《阳光下的山西——山西考古发掘记事》中的部分内容：

4 月 24 日下午，轮到我上山值班。记得那天天气很糟，从内蒙古高原吹来的西北风将黄土卷向天际，百米之外，一团昏黄，整个宇宙变得混混沌沌，天地合一，太阳像蛋黄一般黯然无光，天气也变得冷了起来，我穿着向房东借来的羊皮袄，顶着黄风从驻地西寺村来到发掘现场。经过 4 天的洞内挖掘，地洞部分深达将近 20 米。与洞外相比，这里却是另一番世界，战士们干得热火朝天。突然，在前面掘进的战士在洞顶前上方捅开一个小洞，并觉得有一股气流被吸进洞内。"里面空了！还在吸气！"他大叫一声便停了下来。我慢慢走上前察看，在桅灯（当地人称马灯）昏暗的灯光下，只看见一个黑乎乎的小洞，到底遇到了什么情况，我也说不清，只好决定把洞口挖大点，钻进去看看再说。

空洞的出现毕竟是一种新的迹象，对于早就企盼揭露永固陵神秘的我们无疑是一种刺激。战士们急欲看个究竟，顿时精神大振，很快将洞口挖大。洞口虽已开大，但里面仍是漆黑一团。将锹把伸进去试探，向上不及洞顶，四周不及洞壁，而且向下有所倾斜；抛一土块下去，听得出空间很大；用手电灯照射，只见一道白光，其他的什么也看不清楚。这是北魏最著名的皇后之墓，黑糊糊、阴森森的空洞更增添了它的神秘色彩。我虽是专门的考古队员，但这是大学毕业后第一次参加发掘，从未遇到这种情况。怎么个进法？会不会发生意外？我心里没谱。战士们看着我，等待下步行动。我思考着，最后鼓起勇气决定把头伸进去看看，于是拿起桅灯向大家说明意图。这时班长提出一个建议，先让安全员侦查一下。安全员是一位战士，负责施工安全。对于千年古墓，在他当然是第一次。他面带几分疑虑，也有几分畏惧，慢腾腾地接过桅灯，在几位战士的扶助下，先将桅灯举起伸入洞中，灯光亮度没有什么变化，说明洞内不会因缺氧而让人窒息，接着把头和上半身慢慢伸入洞中。几位战士扶着他的腿一动不动，所有的人都不作声，静静地等着他的反应，他本人也一声不吭。大约过了二三分钟，他从洞内退出，刚一落地就惊奇地大声叫嚷起来，“里面可大了，像宫殿一样！”问他具体是什么样子，他也支支吾吾说不清，只说是很大，因为灯光太暗，远处看不清，好像是砖砌的建筑。

我觉得可能是接近墓室相关的部位了，决定把洞口再挖大些，以便能顺利进入洞中。洞口很快被挖大，这时，接到报告的连长、指导员和排长也都赶到。经过商议，决定进去一部分人看看。由于不清楚里面到底多大、多深，会遇到什么意外情况，为防止不测，每5米远或特殊部位都留一位战士守候观察，以便相互之间及时取得联系或采取相应措施。在连长的指挥下，大家怀着神奇的心情，猫着腰相继进入洞中，借着几把手电和一盏桅灯的光亮进行观察。

原来，在我们所掘洞室地道顶上有一未塌实的大盗洞，高约3米，宽约4米。盗洞顶部因塌落高低不平，看不清是夯土还是扰土，其内夹有人头大小的石块，看上去摇摇欲坠，随时都有塌落的危险，让人望而生畏。盗洞以北，有两道南北向大致平行的石墙，相距5米余，南北各长6米左右，高度将近5米，系用自然石块垒成。这是墓葬的墓道部分，当初应该是填实的，现为空洞，亦因盗墓所致。其顶部有更多的石块悬而欲坠。墓道北端是一堵砖墙，其东半部被拆开一个不规整的豁口，显然是盗墓者所为。由于我们所掘的地洞基本正对墓道和墓道北的砖墙，所以当安全员第一次探半身入洞观察时，仅凭手中昏暗的桅灯光亮要把这六七米以外的情况看清楚实非易事。加之恐惧和紧张，于是把由两侧石墙对面砖墙以及高低不平的顶部所构成的空间误认为宫殿建筑。

穿过盗墓者拆开的豁口，是一个东西宽约 4 米、南北长近 3 米、高达 4 米的拱券顶砖室。本以为这里总会残留一些葬品，哪知室内遍地是砸碎的残砖，没有给我们带来任何惊喜。后来得知，这部分是墓葬的前室。

前室北端也有砖构封堵墙，其东边亦被拆除一部分，断面内露出高大的石门外边，并得知这道封堵墙由二重半条砖砌成，总厚度有 1 米多。也许盗墓者觉得拆除石门更加费时费力，故两石门原地未动，而是把石门东侧的前室北壁（本挡在封堵墙内）拆除少许，并且把东边一块重千余公斤的石门颊（依西边的一块估计）搬得无影无踪。显然盗墓者是经由这里继续深入的，我们也沿着他们的老路向里探索。

绕过石门是一窄长的砖砌拱券顶甬道，宽不到 2 米，高 2 米有余。此时回头一看，才知甬道南口被刚才所见的石门牢牢封闭。甬道地面亦被全部拆毁，破碎的砖块遍地都是。踩着高低不平的残砖，大家踉踉跄跄往里走。走在前面的人，一直用手电照着前方。可以看见不远处是甬道的尽头，再往里好像很大。将近甬道北口时，看见第二道石门。不过两扇门均被推到，一扇平躺在甬道地上，一扇斜倚甬道壁。只有石门颊、石门楣等半躺在甬道壁中，雕刻在上面的一条双首龙正瞪着圆目注视着我们的到来。

跨过第二道石门即进入主墓室。主室内也是遍地残砖碎块，看不到棺木，看不到文明太后的遗骸，也看不到任何随葬品。用手电环照墓壁与墓顶，也没有任何壁画痕迹，这大出我之意料。主室为砖砌，平面呈弧方形，边长近 6 米，顶为穹窿式，似乎有 10 多米高（后实测为 7 米余）。依其形制，与北朝和唐代墓相符；依其规模，也够得上帝后级别。结合门颊上具有北魏风格的石雕图案，初步估计，此墓应该是文明皇后之墓。观察时发现，在主室西壁约一人高的地方也有一盗洞，洞口高、宽各一米余。其旁不远处有几个白灰写的字，一行是“大金正隆”四字，一行是“大定”二字，说明此墓有一次被盗，发生在金代正隆与大定年间（1156 年—1189 年）。

由于没什么重大发现，考虑到入口处有随时会塌落的险情，大家粗略看了一下，便原路退出。

戎马生涯——沙岭壁画墓

沙岭壁画墓位于大同市御河之东的沙岭村东北，2005 年 7 月因当地村民取土时被发现，同时发现的还有另外 11 座北魏墓葬。这 12 座北魏墓葬共出土文物 200 余件。其中编号为 M7 的墓葬是墓群中唯一一座保存纪年文字漆画和壁画的砖室墓[1]，并且还获得了 2005 年度的全国十大考古新发现。这是首次发现的北魏太武帝时期的壁画墓，有准确纪年，对平城地区墓葬的分期和研究有重要价值。

该墓位于墓群北部，为长斜坡墓道砖构单室墓，坐东朝西，方向 272°，由墓道、甬道、墓室组成。

墓道位于甬道的西端，平面为长方形，上口略窄于墓道底部，斜坡平缓，坡度 18°。残长 10 米，宽 1.2~1.4 米。

甬道长 1.6 米，宽 1.14 米，高 1.8 米，拱形券顶，砖与砖之间用黄泥黏结，在甬道西口拱形券顶之上砌有封门罩。地砖则呈“人”字形铺设，与墓室相连。

墓室位于甬道的东部，砌筑于东西长 4.2 米，南北宽 3.4 米的长方形土框内。墓室平面为弧边长方形，东西长 3.42 米，南北宽 2.86 米，残存高度为 2.24 米。墓顶上部已遭破坏，据残存形状判断，应为四角攒尖顶。墓室内盗扰破坏严重，西北部距墓底 0.6 米处，回填土中开始出现残碎漆皮和木头碎渣直至墓底。木质葬具可辨认的只有几段棺侧板，棺底有一些木炭，用以防潮。墓室中不见人骨架，仅出土随葬器物 27 件，包括釉陶壶、陶罐、铁器及铜饰等。

〔1〕大同市考古研究所：《山西大同沙岭北魏壁画墓发掘简报》，《文物》，2006 年第 10 期。

图1-17　沙岭壁画墓夫妇并坐漆皮残片

图1-18　沙岭壁画墓庖厨炊作漆皮残片

漆皮绘画

在墓中清理出大量残损严重的漆皮。漆皮原属漆器形态，性质不明。原漆器的木、布胎质已腐朽，但漆皮表面彩绘的图案和文字仍清晰可辨。经过清理拼对，较为清晰的有夫妇并坐、庖厨炊作、打场等画面。

夫妇并坐画面（图 1-17）。男主人头戴黑色风帽，似用四块皮或布缝缀而成，缝缀的痕迹整齐均匀。他五官端正，神情严肃，上唇有两撇八字胡，下巴有一撮山羊胡，面部涂色。身着褐色交领袍衫，有红、黄边饰，服饰通体宽大。左手放在黑色兽足的凭几上，右手握着一个红柄团扇（麈尾），上施黑、红两色，图案是一条站立的黄色回首龙。女主人面目圆润秀丽，头戴与男主人相同的黑色风帽，脸上涂着红色的靥装，嘴唇涂朱。右手握着一个黑柄圆形团扇，与男主人并坐于榻上。榻后为一漆围屏，围屏红色边框，中心部分遍涂黄色，用红色勾画菱形纹。屏后画一嘴上有髭的男侍，头戴垂裙皂帽，身着红色交领上衣，左侧身面向男主人。还有一位眉目清秀的女侍，身着红色交领上衣，右侧身面向女主人。两侍者仅露胸部以上，人物比例明显小于主人。男女主人面前摆着一个较长的黄色长方形几案，案面下两侧各有五个栅状曲足。案上有两个圆形多子漆盒，案下有漆耳杯。该漆皮残宽 48 厘米，残高 32 厘米，由数十块小漆皮拼对而成。

庖厨炊作画面（图1-18）。图面以淡黑色作底色，然后用红、黄、黑三种颜色绘画。右边以红色线条为界，先绘忍冬纹，依次绘红黑相间侧置的“山”字形作边框。中心部分是一副男女庖厨（画面上共有9人）忙碌的炊作图。厨房阑额上有一斗三升和“人”字行斗拱，下有横挂的帷幔，侧壁有直棂窗，顶上的瓦垄清晰可见。屋外，有一人正在井栏旁边用辘轳汲水，旁边放着一个盛水的大罐。一旁曳地长裙的女侍端着小壶往盆里倒水，一位男侍两膝着地，在盆中洗手。左下角有一人正在案上操作，侧面的一位男侍将一柄长斧高举在头顶，做砍柴状。屋内有一人正往灶的火门里添柴，灶的挡火板呈“山”字形。还有几人在不同的位置上忙碌。墙上挂着葫芦、鱼等，画面上罐、瓮、盆的形体较大，再现了一处庖厨作坊炊作的场景。漆皮残宽52厘米，残高35.3厘米。

打场画面(图1-19)。以淡黑色为底色，然后用红、黑两色绘画。上部用倒置的“山”字纹作框，以红色线条为界，中部是一幅野外生产劳作图。画面上有三个大的粮堆和几棵树木，右下角有一身着鲜卑服饰的男子手持工具正在打场，另一人高举黑耙，也在劳作。两人的上方有一呈半圆形的黑色弧线。漆皮残宽47.5厘米，残高21.5厘米。

图1-19　沙岭壁画墓打场漆皮残片

墓室壁画

壁画分布在墓室四壁和甬道的顶、侧部，基本保存完整，总面积24平方米。其表现手法是用红线起稿，大体定位，再以黑线勾画整体轮廓后定稿，然后进行涂色。壁画主要有红、黑、蓝三种色彩，推测工艺为：先涂施石灰粉末，然后涂颜料层和石灰水，或者将颜料与石灰水调和进行涂施，表面生成碳酸钙晶型，使其较为坚硬。其内容使用的是分层图像配置法和独立图像配置法合二为一的方法。场面宏大壮观，内容丰富多彩，线条舒缓自然，风格雄劲奔放。

北壁　面积约6.43平方米。以宽约15厘米的红色水平线将画面隔离为上下两栏。上栏又以宽2.3厘米的红色纵向线分为六格，每格内画一形态各异的异禽异兽，第六格已漫漶不清。下栏从上到下共排列七行。第一行绘有19位女侍，她们头挽花髻，帔帛绕臂，前倾站立，长裙曳地。这种装束的女侍一直延续到东壁的中间。细红线隔离之下，整个画面就是一幅盛大的车马出行图（图1–20）。纵向第一排是六名执缰的导骑。第二排是六名吹角的军

图1–20　沙岭壁画墓北壁车马出行图

图1-21　沙岭壁画墓东壁夫妇并坐图

乐，弯弯的胡角上挂有装饰物。后面水平的第二行和第七行是头戴红色风帽、身穿红色披风、手持长矛和弓箭的兵士，长矛和胡角挂着同样的装饰物，一直延续到队伍的后面。第三行和第六行是扛幡持节的男侍卫，第四行和第五行是抬鼓、吹奏、表演及杂耍的男女乐伎，其中有额上顶幢、倒立表演的百戏，还有头戴长缨兜鍪的兵士在手舞足蹈。中间是一辆高大的马车，顶部呈伞盖状，车前有帷帐，车后有斜插的旌旗，画面中残存一面目端庄、比例较大的男性头部，根据位置判断，应是端坐在车上的主人。车后有头戴鸡冠帽的轻骑兵、甲骑具装的重骑兵和男女侍仆随从，浩浩荡荡的队伍正在行进中。

东壁　此为正壁，壁画面积约 3.82 平方米。上栏原为动物形象，但损毁严重。下栏最上一行与北壁和南壁连为一体，只是一分为二，从中间往北有 8 位帔帛绕臂的女侍与北壁一致，从中间往南有 10 位手中持物的男侍与南壁一致。以细红线相隔离，下栏正中有一高大的建筑物，庑殿顶，鸱尾上翘，条条瓦垄清晰可见，顶上中心位置站立一只展翅欲飞的金翅鸟。阑额与橑檐枋之间有红色一斗三升"人"字形斗拱，横楣和楹柱上挂着分段褰卷的帷幔，里面端坐着男女二人，应是墓主人夫妇（图 1-21）。南侧男子头戴垂裙的黑帽，身着窄袖交领袍衫，左手扶在黑色凭几上，右手持麈尾举于肩。北侧女子头戴垂裙的黑帽，身着与男子相同的服装，脸上涂着红色的靥装，嘴唇点朱，右手持物。

两位主人的靠背上有鱼鳞纹装饰，中间有一红色竖线将其分开。榻前有一长方形的曲足案，案上有食具。在男女主人的后面，有三位仅露头的近侍，前面还有数名面向主人的侍仆双手拢于胸前，形象都矮小得多。画面北侧的下部有一匹鞍马，网状后鞘带和障泥均清晰可见，还有一辆红顶通幰牛车，车厢后垂帘及地，前面有一女子手牵着缰绳驭车同行。建筑物的两边各有一棵枝繁叶茂的大树，与建筑物同高。

南壁 壁画面积约 5.4 平方米。同北壁一样，以宽约 15 厘米的红线将画面分为上、下两栏。上栏损毁严重，依稀可辨，仍然是动物形象。下栏从上到下共排列 7 行，第一行与东壁连为一体，共绘有 24 名男侍，身着斜领长襦，上衣颜色红黑相间，下穿裤，手中持物，面向墓道。紧接着又用细红线将上面的人物和下面的场景隔离，围隔的步障弯弯曲曲，将场景分为东西两部分。东面场景以主人居住的庑殿顶房屋为中心，展示了一幅人数较多、规模较大的宴饮场面（图 1–22）。房屋的前面为宴饮者排列跽坐，客人面前均摆有圆形食具，旁边有站立的男女侍以及车辆和牛。房屋的后面，几匹马在槽中吃料，一名男侍在旁站立。房屋的周围有许多放食物的架子和盛酒的陶壶，最下面一行绘有山和树。四面有粮仓、车辆、毡帐和杀羊等场面，画面的间隙用树丛纹点缀。第二行有三个尖形顶的粮仓，西面有四辆装满货物的小车。第三行有一辆较高大的红色顶卷棚车，

图 1–22 沙岭壁画墓南壁宴饮图

上有帷帐一道，覆盖车厢，车后挂及地红色垂帘。紧挨着还有一辆呈庑殿顶式的车辆，形制较小。最西面还有两辆同上行一样的小货车。这八辆车均为双轮双辕车，车辕下以十字形架支撑。第四行共有四个顶部可以开启的毡帐，大的毡帐中有位端坐的女子，她的周围放有许多食物和温酒樽、壶、罐等生活用具，前面还有持物忙碌的仆侍和伴奏表演的乐伎。第五行有一两人杀羊的场面（图1-23），一名男子右膝压住羊的右前腿，右手提起羊的左前腿，另一名男子双腿压在羊的后腿上，右手将一把短刀插在羊的肚子上，鲜血从羊的身上淌下，流在下面接血的盆中。旁边有一毡帐，里面放着一个大型陶罐，下面有陶盆和陶罐，有一人左手提着小壶、右手伸出，似在拔塞接酒或水。西面有一口方形栏杆的水井，一男侍正在往上提水。另有一男侍在背物行走。第六行有一带圈足的炊具，两旁有已插好的肉串。步障内和毡帐前各有一条狗。

西壁 壁画面积2.4平方米。上栏原为动物形象，但损毁严重。下栏甬道两侧各有一个双腿分开站立、单手高举盾牌的武士。北侧的武士头部漆黑，身着红色长衣，左手持刀，右手高举盾牌。南侧的武士穿戴一样，动作相反。

甬道 壁画面积约为6.2平方米。甬道顶部绘有伏羲、女娲（图1-24），两人头戴花冠，双手袖于胸前，下半身龙身长尾交缠在一起。两人头部中间有一围绕火焰纹的摩尼宝珠。画面的右边有一龙尾上卷的长龙，龙头刻画清晰。甬道的两侧各有一名戴盔披甲、面目丑陋、脚穿黑履、拿刀持盾的武士，武士穿戴相同而动作相反。在武士的东面，两侧各有一个人面龙身的形象。

北魏定都平城将近一个世纪，是北方政治、经济、文化的中心，然而，这时期的墓葬壁画作品保存极少，该墓不仅填补了汉唐考古壁画没有北魏时期定型材料的空缺，而且具有极高的学术价值和艺术价值，为研究我国民族风情、丧葬习俗、服饰装备等提供了宝贵的形象资料。

图1-23 沙岭壁画墓南壁杀羊图

图1-24 沙岭壁画墓甬道伏羲、女娲图

图 1-25 沙岭壁画墓漆器文字

平城时期最早的文字

墓内出土的墨写铭记篇幅较长，内涵丰富，使用了岁星纪年，是北魏建都平城时期已发现的年代最早的文字材料。结合壁画内容推测，墓主人为破多罗太，官拜侍中、主客尚书，领太子少保，平西大将军，其妻死于太延元年（435 年）。

这些文字是写在漆皮之上的，残留漆皮最宽处 18.5 厘米，最高处 24 厘米。文字外围与男女主人并坐的漆皮图案相近。底色遍涂黄漆，用红、黑两色勾画线条，侧置的“山”字形作边框。框内宽 4.8 厘米，残高 23 厘米，墨书共 3 行，以红线为界，右边 2 行，左边 1 行，可辨识者 70 余字（图 1-25）。全文如下：

□□□□元年，岁次豕韦，月建中吕，廿一日丁未，侍中主客尚书领太子少保平西大将军□□□□破多罗太夫人/□□□□□殡于弟宅迄于仲秋八月将祔葬□□□□于殡宫内易以□□□□□□□慈颜之永住/□□□□□□□无期□□之德冥天罔极□莫□□哀哉□□□□□□□□□岁月云。

这段文字共分为三个部分：第一部分记载了墓主人的死亡时间和身份，第二部分记载了墓主人祔葬及其具体时间，第三部分为感叹和评说。

文字中的“元年”前面缺关键字，但存“元年”“月建中吕”“二十一日丁未”三个关于时间的要素。“月建中吕”指四月。“二十一日丁未”，月朔为丁亥。根据陈垣《二十史朔闰表》，北魏时期符合这三个条件的，仅有北魏太武帝拓跋焘太延元年，即公元 435 年。由此推测“元年”之前的纪年应是“太延”。也就是说，墓主人死于北魏太武帝太延元年（435 年）农历四月二十一日。

弃凉归代——宋绍祖墓

宋绍祖墓位于大同市水泊寺乡曹夫楼村东北 1 公里，因原雁北师院扩建工程而被发现，同时发现的还有另外 10 座北魏墓葬，宋绍祖墓是其中的精品之作[1]。

墓葬坐北朝南，全长 37.57 米，墓底距地表 7.35 米，由斜坡墓道、两个过洞、两个天井、甬道和墓室组成。其中墓室为砖结构单室，平面呈弧边方形，东西最长处 4.24 米，南北最宽处 4.13 米。四壁略向内倾，顶部为四角攒尖顶，高 4.7 米。在墓顶的东北部发现一个不规则的方形盗洞。在椁顶板上有两具不完整的骨架，经鉴定，一具为大于 50 岁的男性，另一具为不小于 45 岁的女性，此二人即为宋绍祖夫妇。

墓中共出土随葬品 174 件，主要包括 5 大类：第一类，镇墓俑，有镇墓武士俑和镇墓兽两种。泥质灰陶，头、身分别模制，对局部进行精雕细刻后入窑烧制，独立成型后彩绘，然后插装组合而成。第二类，人物俑，造型各异，种类繁多，有甲骑具装俑、鸡冠帽武士俑、仪仗俑、披铠步兵俑、男侍俑、胡俑等 7 种。人物俑全部为泥质灰陶彩绘俑，采用双模合制（俑模为前后或左右两个半片，先利用半模制出俑的前后或左右单片，再拼合黏接成一体）和分模脱制（依部位不同分段模制）的方法制成胎体之后进行组装成型，对局部进行精雕细刻，然后装窑焙烧。素陶俑烧制成后，再经过彩绘，一般是以黑彩绘眉、眼、胡须，红彩绘脸、唇和手。第三类，动物模型，有马、牛、驴、骆驼、猪、羊、狗 7 种。其中马的数量最多，共 70 匹（包括武士坐骑 58 匹，独立的马 12 匹）。马的造型劲健优美，不仅鞍辔齐备，而且装饰华美，可见马匹在拓跋鲜卑游牧民族中占有重要地位。第四类，生活用具及车辆模型，有碓、井、灶、磨、罐、车辆等。第五类，包括墓志铭、供桌、手镯、琥珀饰件、料珠、铁镜、铁器、漆器、石灰枕等。

宋绍祖其人在史书中并没有记载，但这并不影响其墓葬在学术界的地位。从墓葬形制和出土遗物来看，宋绍祖墓是已发现的北魏平城地区年代最早的一座带天井与过洞的长斜坡墓道的砖室墓，而且有确切的纪年，不仅可以使我们了解到北魏太和初年陵墓的建造制度，同时也可以看出当时鲜卑统治者接受中原文化的程度。

〔1〕山西省考古研究所、大同市考古研究所：《大同市北魏宋绍祖墓发掘简报》，《文物》，2001 年第 7 期。

古代的高级座驾

在宋绍祖墓石椁与砖室壁形成的相互环绕的回廊中，从前到后按照逆时针方向随葬了以牛车为中心、各类陶俑组成的仪仗队伍（图 1–26）。鸡冠帽轻骑兵居前，甲骑具装重骑兵殿后，侍俑、鞍马、车辆等间于其间，表现了墓主人生前显赫的地位和宏大的出行场景。其中的 6 辆陶车模型，按照前导、传乘、副乘、主车的顺序依次排列，组成了一套较为完整的车舆系列。4 种车的模型制作规整，各部分结构反映清晰，为魏晋南北朝时期出行车辆的配置和车制的研究提供了不可多得的实物资料。

一辆前导车位于队伍前列。车厢呈长方体，遍涂红色。底板共有 9 个孔，两边的 4 个孔用以固定车轴，中间的 5 个孔用以缚结车辕。陶车模型正前方底部没有插辕的对称双孔，显然不可能是双辕车。清理该陶车模型时，附近发现两匹造型相同、涂有红彩的马俑，估计这两匹涂红彩的马俑就是该车的驾乘，据此可以推断该陶车模型为独辀车，驾二马。

一辆传乘车位于先导车之后。车厢四面敞露，属于轺车。车厢前底两侧各有一直孔，用以插辕，应为双辕车。车厢附近出土陶牛一件，应该是该车的驾乘，说明该陶车模型为双辕车，驾一牛。

两辆副乘车位于传乘车与主车之间。车厢呈长方形，顶部前后高翘，中间低凹，底板前方两侧各有一圆孔，用以插辕，显然是双辕车。两辆陶车按一前一后的顺序排列，其中一件陶牛位于一辆陶车的正前方，应是这辆陶车的驾乘。

图 1–26　宋绍祖墓彩绘陶骑马仪卫俑

一辆主车位于副乘车之后，另一辆主车位于墓室回廊北部正中。两辆主车形制相同，车厢呈长方体，四隅立角柱，车盖呈椭圆形，顶部隆起，似鳖甲（图1–27）。车厢内部全部施红彩，两侧各开两个窗，窗上出挑檐。厢体两侧凸出部位各有3孔，前、中两孔是直径为1厘米的正圆形孔，后一孔是直径为1厘米的斜孔。前舆和前门框底部连接处也有两个斜孔，它们同为插杆竖幔所用。车厢后方开两扇门。主车位于各车之后，出行队伍的中央，形制规格高于前面的车辆，应是墓主人宋绍祖的驾乘之车。

这几辆陶车模型结构合理，制作精美，应是按照当时实用车的外形和比例制作而成的。盛大的出行场面，以前导为先驱，传乘介其中，副车为陪乘，主车居中心，切实反映了各车种的作用和主次地位。

我国古代有车舆卤簿制度，各级官吏出行时除自己乘坐的车辆外，还有导从车辆及护卫人员，其数量依据官阶的高低而有增减，官阶越高，侍从、车马护卫越多。魏晋时期官员的卤簿大致沿袭东汉的制度。而从东汉晚期开始，牛车受到普遍重视，社会各阶层人士皆以牛车取代马车出行，牛车也因此而迅速成为一种高级车型。

车舆制度是封建礼制的重要组成部分，为历代统治者所重视。拓跋鲜卑定都平城之前，以游牧射猎为主，常行于马背之上，实无车制可言。道武帝拓跋珪建国后，草创车舆之制，制造了一批御用车舆，但与以前皇帝所用车舆有较大的差别。北魏早期官员车舆制度史书记载不详，考古发掘也缺乏完整的车舆方面的形象资料，故而宋绍祖墓出土的成套陶车模型为研究这一时期官员的车舆规格及式样提供了可靠的资料。

图1–27 宋绍祖墓陶车

神秘的墓主人

墓中出土的一块灰砖上虽没有任何纹饰，但在砖的一面阴刻3行25字，并在字上涂有红色，内容为："大代太和元年岁次丁巳幽州刺史敦煌公敦煌郡宋绍祖之柩。"太和元年即公元477年，是北魏冯太后和孝文帝拓跋宏共同执政、社会逐步走向安定的时期，这也说明该墓的年代为公元477年，墓主人为宋绍祖。

宋绍祖其人在《魏书》《北史》等史书中不见记载，在北魏其他书中也没有记载，由墓铭砖可知他是敦煌人氏，由此推测，他和北魏太武帝拓跋焘平北凉后由敦煌迁至平城的宋繇家族有密切关系。

宋绍祖曾任幽州刺史，幽州是大州，地理位置非常重要，史载北魏前期只有素延、许谦、封沓干、张衮、尉诺、奚斤、张昭、陈建等人担任过此职。宋绍祖还被封爵为敦煌公，史载仅李宝、李茂父子和万安国三人封过此爵。宋绍祖被封的时间不详，但他是敦煌人，又被封为敦煌公，却是不可多得的，对研究北魏前期的封爵制度也是有所助益的。

通过对宋绍祖夫妇骨骼的鉴定，宋绍祖的年龄为50~60岁或者更大，身高约188厘米，其夫人的年龄为45~50岁或更大，身高151~154厘米之间。宋绍祖的上下颌齿槽有明显的萎缩现象，说明其生前曾有过齿槽炎症，这可能是随着年龄增长而起的牙周病引发齿槽的萎缩。宋绍祖的腰椎上有骨质增生的现象，属于脊椎的退行性病理现象，可能与老年时的骨质疏松有关。另外，宋绍祖的左右侧股骨骨干在前后方向上表现出比一般正常情况下明显得多的弯曲弧度。由于宋绍祖是个高身材的成年人，这种强烈的股骨弯曲不可能是由佝偻病引起的，可能与他生前有过长期紧张的骑马生活或征战有关，长期骑马，会使大腿后内侧的屈肌群变得更加强大发达而刺激大腿骨弯曲度的增大[1]。

---

〔1〕韩康信、古顺芳、赵亚春：《大同雁北师院北魏墓群人骨鉴定》，《大同雁北师院北魏墓群·附录二》，文物出版社，2008年。

石椁建造之谜

宋绍祖墓葬具系砂岩雕制，整体外观呈木构三开间单檐悬山顶式殿堂建筑，南接前廊，由百余件雕凿精致的石构件拼装组合而成（图 1–28）。石椁顶部东西最长处 3.48 米，南北宽 3.38 米，通高 2.4 米，由于塌陷和盗扰，盖板位置有所变动。前廊面阔三间，进深一间，廊柱四根，高 1.03 米，平面呈八角形。柱础上圆下方，雕刻盘龙和覆莲。后室平面呈长方形，东西长 2.98 米，南北宽 2.3 米，置于椁室底部四周，中间开凿凹槽，将 10 块雕凿平整的椁壁石板立于其上。四隅立有 4 根角柱，与椁壁石板相卯合，围成四面坚固的墙体，角柱截面为正方形。两扇石板门两侧各置一虎头枕，门上浮雕门钉、铺首和莲花图案。椁室外壁四面共雕刻铺首 22 个、泡钉百余枚，形制各异，造型美观。

石椁内筑石棺床，平面为倒置的“凹”字形，北侧长 2.39 米，宽 1.88 米，高 0.31 米，中心宽 1.03 米。棺床雕刻连续的忍冬纹和水波纹。棺床腿部雕饰铺首、花卉和动物。棺床上西部有两个椭圆形石灰枕。石椁内的东、西、北三壁都有绘画，但因淤泥的长期腐蚀，石板表面沁出大量碱性结晶，致使

图 1–28　宋绍祖墓石椁

壁画漫漶不清，剥落严重。壁画用墨线分界，作于四壁下部。其技法是先用墨线勾勒出线条，再施红彩渲染，内容为舞蹈、奏乐人物。

石椁的制作程序是：先设计整体方案，开采毛坯石料，再雕刻单体构件，然后进行榫卯组合，最后上彩涂色。推测雕凿石椁的主要工具是铁凿、铁锤、铁錾、铁钎等。尽管石椁制作难度较大，但其设计合理，制作精致，比例适中，宏伟壮观，采用圆雕、浮雕、线刻等各种艺术手法，比较直观形象地表现了古代建筑物的形制特征和装饰艺术，是这一时期匠师们在单体石刻造型艺术方面的杰出作品。

在椁顶板的一块仿木瓦垄内，阴刻题记 15 字："太和元年五十人用公三千盐豉卅斛。"字体介于隶、楷常用体之间，似出自工匠手笔，信手写来。由这 15 个字所记内容来看，是关于修造墓葬工程情况的简单记录，字虽不多，却可以分为几个方面：第一，建造时间为太和元年，即公元 477 年；第二，参加该项工程的各种工匠共有 50 人；第三，整个工程"用公三千"，即用工 3000，"公"即"工"。根据工匠 50 人及用工 3000，可推知该工程的总工期为 60 天。

工期 60 天，是仅指雕凿石椁的时间呢，还是指雕凿石椁以及修建整个墓室、墓道等整个工程的时间？搞清这个问题，我们对该工程就有了全面细致的了解。从"五十人用公三千"考虑，50 个人聚在这里工作，不可能都是雕凿石椁的，做这样大小的石椁是用不着 50 个工匠一起动手的。该石椁尽管有浮雕彩绘，似乎也用不了 3000 个工。所以不难推测，这条题记所记的人数、工程量应该是指整个墓葬工程的，题记中提到的 50 人中有一部分是雕凿石椁，另一部分则修建墓室。这是一条非常有意义的题记，是目前所见北魏唯一的一条关于墓葬工程量和工期的记录。通过这条题记，可以推知修造同类型的一个墓葬有多少工程量，需要多少人，工期是多少天。

题记的最后一句是"盐豉卅斛"。毫无疑问，它与墓葬工程 50 人、用工 3000 等都有关联。盐豉是古代食用的调味品，是一种豆制佳品，北魏贾思勰的《齐民要术》详细记载了豆豉的做法，其制作过程极其复杂，制作时间是“四月、五月为上时，七月二十日后八月为中时，余月亦皆得作，然冬夏大寒大热，极难调适”。选料是“用陈豆弥好，新豆尚湿，生熟难均故也”。此外要经过拣净、釜煮等十几道工序，最后还要放入窖中踏实，“夏停十日，春秋十二三日，冬十五日，便熟。过此以往则伤苦；日数少者，豉白而用费；唯合熟，自然香美矣”[1]。麦子也可代替豆子做豉，是麦豉，如果做得好，“热、香、美，乃胜豆豉”[2]。丝绸之路沿线地区，还有草豉，是从波斯过来的[3]，但做法不详。用豆豉还可酿酒，称豉酒，有一定药用价值。但是社会上需求量最大、使用最普遍、时间最久的还是豆豉。豆豉依据放盐量的多寡，分咸淡两种，故又称盐豉。题记内的“盐豉”，应当是这个意义上的盐豉，而不是指盐与豉各三十斛[4]。豆豉的价格因时代不同而不同，即便是同一时代，由于年景及社会稳定与否等诸多原因，价格也是千差万别。

石椁题记中记载的“盐豉卅斛”用途不明，是指在工程中支付的工价呢，还是工程期间食用盐豉的数量？首先，从字面意思看，30 斛即 30 石，也即 300 斗，也是 3000 升，工期总计是 60 日，3000 升分摊到 60 日，每日为 50 升。50 人每日 50 升盐豉，平均每人 1 升，这个数量，若单是食用，似乎是用不了的。若是用盐豉充当一般等价物，和布帛一样，说“盐豉卅斛”，就等于是说给工人吃了多少粮食，或代表工价，这个可能性更大一些，但又有些偏低。究竟意思如何，还需要其他资料补证。不过在汉代，盐豉确实是一种等价物，《史记》中就有以“盐豉千盒”作为衡量巨富的标准之一。

---

〔1〕（后魏）贾思勰著、缪启愉校释：《齐民要术校释·卷八·作豉法第七十二》，中国农业出版社，1998 年。

〔2〕（后魏）贾思勰著、缪启愉校释：《齐民要术校释·卷八·作豉法第七十二》，中国农业出版社，1998 年。

〔3〕姜伯勤：《敦煌吐鲁番文书与丝绸之路》，文物出版社，1994 年。

〔4〕张庆捷、刘俊喜：《北魏宋绍祖墓出土砖铭题记考释》，大同考古研究所编：《大同雁北师院北魏墓群·附录一》，文物出版社，2008 年。张庆捷、刘俊喜：《北魏宋绍祖墓两处铭记析》，《文物》，2001 年第7期。

衣冠北归——司马金龙墓

1965年的冬天，大同市东南约6公里的石家寨大队在农田基本建设打井时发现了一座古墓葬，当地村民随即妥善保护了现场并报告了有关部门，随后大同市博物馆的工作人员对墓葬进行了清理[1]。出土墓志记载，这座古墓葬的主人就是北魏的司马金龙夫妇。司马金龙死于太和八年（484年），其夫人死于延兴四年（474年）。

该墓为砖砌多室墓，由墓道、前室甬道、前室、后室甬道、后室、耳室甬道、耳室等部分组成。墓室南北总长17.5米，坐北朝南，偏东6°。墓道长28.1米，宽1.58米，底部为较陡的斜坡，最深处距地表6.05米。墓门用条砖封闭。前室、耳室、后室平面都近方形，东西向略长，四壁多呈外凸的弧形。顶部为四角攒尖顶。墓室用特制的铭文砖砌筑，砖铭为“琅

图1-29　司马金龙墓出土的俑群

〔1〕山西省大同市博物馆、山西省文物工作委员会：《山西大同石家寨北魏司马金龙墓》，《文物》，1972年第3期。

图 1-30　司马金龙墓甲骑具装俑

图1-31　司马金龙墓漆屏风

琊王司马金龙墓寿砖”。全部墓室用砖约 5 万块。

墓葬规模宏大，虽早期被盗过，但发掘时尚存陶俑及动物模型约 400 件（图 1-29、图 1-30），其中半数以上是披有铠甲的步兵和骑兵，骑兵的战马亦披有铠甲，还有驮粮的马匹及骆驼等。此外，还出土有石砚、陶壶、青瓷唾壶、铁剪和马镫等物。在后室西侧，有一张雕饰精美的石床，用以放置棺木。还出土了一具漆屏风（图 1-31），屏面彩绘列女等题材的图像，并附有榜题，现仅残存部分屏板及 4 个雕刻精细的石屏趺。石趺的方座雕缠枝忍冬及伎乐图案，座上的覆盆部分饰蟠龙和山形上托覆莲高浮雕。有的石趺在方座四隅还雕出立体伎乐童子，造型生动，是少见的北魏书、画和石雕艺术珍品。

漆屏风上的故事

漆屏风出土于后室甬道西侧及后室南部靠近甬道处，较为完整的有 5 块，每块长约 80 厘米，宽约 20 厘米，厚约 2.5 厘米。上下有榫，长 2.5 厘米，两侧每边上下两个榫卯，榫口长 3.7 厘米，宽 0.6 厘米。屏风以柏木做板材，先以织物类贴敷做漆灰地，遍髹朱地，然后以黄、白、青绿、橙红、灰蓝等矿物颜料用油调和作画，即一种“描漆”技法。在描写的物象上，线条轮廓主要用黑漆勾成，墨笔勾眉目，人物肤色涂铅白。榜书及题记墨书于用黑漆打框并画栏的黄地之上。黑漆坚实耐久，其他浅色色彩因用油料调成且上面不罩漆，故易脱落。漆画上下分为四层，每层高约 20 厘米，每幅有文字和榜题，说明内容和身份，所绘故事内容为列女、孝子、高人、逸士等，体现了墓主生前思想意识中对中国传统文化的崇尚。

第一块与第二块拼合后，原向上的一面自上而下第一幅为虞舜二妃、舜父瞽叟与象、舜后母烧廪：画面中央一男一女在亭下相对伏于井栏上作以物填井状，上面榜题为“与象敖填井”“舜父瞽叟”。左侧一妇女站立仰望，榜题“舜后母烧廪”。右侧一男子二女子相对站立，榜题“虞帝舜”“帝舜二妃娥皇女英”。第二幅为周室三母：三妇女拱手站立，榜题“周太姜”“周太任”“周太姒”。左侧有题记四行。第三幅为鲁师春姜与春姜女：中间立一妇女，右侧一妇人坐在方榻上，榜题“春姜女”“鲁师春姜”，左侧有题记六行。第四幅为班姬辞辇：中央四人抬一乘舆（辇），上张布篷、伞盖，中坐一戴冕帝王，后随一妇女，榜题“汉成帝”“汉成帝班婕妤”，左侧有题记四行。

第一块另一面自上而下第一幅为李善养孤：一男子高冠拱手坐方榻上，后面一侍者举曲柄华盖，对面则是行礼如仪的仆人李善，右侧有题记二行。第二幅为李充奉亲：右侧一男子跪拜，左侧一妇女侍立，榜题“孝子李允奉亲时”“李允妻”。第三幅为素食赡宾：一高冠男子坐席上进食，前列食具，榜题“素食瞻（赡）宾”。第四幅为如履薄冰：一男子行走在冰河上，榜题“如履薄冰”。

第三块第一幅为启与启母：一男子和一妇女相对而立，榜题“启”“启母”。第二幅为鲁母师：一辆有篷双轮车，中坐一人，榜题“鲁母师”。第三幅为孙叔敖：一男子拱手站立，榜题“孙叔敖”，左侧有题记五行。第四幅为一妇人坐在围屏风之方榻上，一女子捧物立前，四侍女在后，榜题“和帝□后”。

第四块第一幅：右上孙叔敖挥刀斩双头蛇，左下向其母跪言，榜题“孙叔敖”“孙叔敖□母”。第二幅为一男子坐在有屏风的方榻上，右侧一妇女跪坐，手捧食器，榜题“卫灵公”“灵公夫人”。第三幅已剥落不清。第四幅左侧一男子高冠博带作长跪状，榜题“□元”，右侧有题记四行。

第五块下部残损，仅有三幅。第一幅为一帝王手持麈尾，身后是二侍者。第二幅左侧一人高冠坐席上，一男子拱手立对面，榜题“齐宣王”“匡青”。第三幅残存题记八行。

孙叔敖母、卫灵夫人，取自汉代刘向《古列女传》第三卷《仁智传》。班姬辞辇取自西晋张华讽谏贾后宣扬封建女德之《女史箴》内容。上述画面和题记涉及许多历史人物，主要有：

孙叔敖，品行恭俭，少儿时，道遇两头蛇，曾闻见者必死，他恐再伤及别人，便将蛇杀之。其母听后，曰：“吾闻有阴德者，还有阳报，子不死矣。”后竟不死，及长，为楚国令尹，辅佐楚庄王成为“春秋五霸”之一。

卫灵公与夫人，是赞扬春秋时卫国的贤大夫蘧伯玉，礼下公门，式缰路马，宣扬忠臣孝子不为昭昭变节、不为冥冥惰行的“知礼”行为。

周室三母，分别是指周文王的祖母、母亲和妻子，是母仪天下的典范。

齐宣王与匡青画面及题记系齐宣王的故事。齐宣王喜好文学和游说之士，曾聚名士于齐国，形成“稷下学派”。漆画题记“夫太山不让土石，乃成其高；江海不让清浊，乃成其大”，是进言君王广招人才，方能强兵强国。画中与之对话的“匡青”可能就是当时的名士之一。

班婕妤，《汉书》有传，漆画表现班婕妤为使君主不至于因贪恋女色而忘朝政，辞谢与成帝同车的故事，赞扬了忠于君主的道德观念。

鲜卑汉化政策的有力证明

根据墓志铭和史书记载，司马金龙的父亲司马楚之是东晋高官显贵，后因统治阶级内部的冲突和倾轧，于泰常四年（419年）降魏，因镇压各民族的反抗有功而被封为琅琊王，后官至“假节侍中镇西大将军、开府仪同三司、云中镇大将、朔州刺史”，北魏和平五年（464年）死。司马金龙的母亲是北魏的河内公主。后司马金龙承袭其父的爵位，拜侍中镇西大将军、开府云中镇大将、朔州刺史，于太和八年（484年）死。

可以说司马金龙家族是典型的汉族豪门地主，从史书记载不难发现，司马金龙家族几世都在北魏任显官，备受宠信，其母、其妻也都是北魏统治阶级的上层宗族人物。司马金龙家族如此受到重用与北魏统治者推行的汉化政策有很大关系。拓跋鲜卑依靠军事力量统一黄河流域后，汉族和各少数民族的起义、反抗斗争连绵不断，仅孝文帝一代，史书中就记载了很多关于汉族和各少数民族的反抗斗争。鲜卑统治者为巩固其统治，镇压各民族的反抗，不得不采取汉化政策，任用大批汉族地主、士人为其制定各种制度，并且提倡农业生产。

司马金龙墓石雕柱础

共出土4件（图1–32），是漆画屏风（木板漆画）的插座，浅灰色细砂石制成，通高16.5厘米，底座边长32厘米。其中一件柱础为方形底座，其上呈覆盆形，顶部高浮雕莲瓣，中心有圆形插孔，周边雕穿行于群山之间的蛟龙。方座四边浅浮雕忍冬纹和云纹，四角上各有一圆雕伎乐童子，分别作击鼓、吹觱篥、弹琵琶和舞蹈状。装饰内容吸收了佛教、西域及其他外来文化的因素，雕工精美，玲珑脱俗，是北魏雕刻艺术品中的精品。

图1–32　司马金龙墓石雕柱础

农牧交融——和平二年壁画墓

2008 年 5 月，因配合大同市富乔垃圾发电厂的建设，山西省考古研究所和大同市考古研究所联合对电厂范围内的 10 座北魏墓葬做了抢救性发掘[1]。这批墓葬位于大同市南郊全家湾南约 600 米，其中 9 号墓是唯一保存纪年文字和壁画的墓葬。

该墓位于墓群东部，坐北朝南，方向 185°，为长方形斜坡墓道砖构单室墓，由墓道、过洞、天井、墓门、甬道和墓室几部分组成，全长 19.9 米（图 1-33）。墓室顶部残存盗洞一个。

墓道平面呈长方形，为斜坡状墓道，上口残长 9 米，宽 1.2 米；墓道底

图 1-33　和平二年壁画墓全景

〔1〕 张庆捷、左雁、徐国栋：《大同新发现一批北魏墓葬》，《中国文物报》，第 292 期，2008 年 9 月 26 日。

坡长 12 米，下端宽 1.2 米，深 6 米，内填黄褐色五花土，土质疏松。墓道两壁残存有挖掘时的铲形痕迹，长约 11 厘米，宽约 6 厘米。

过洞为拱形土洞，水平进深 1.8 米，宽 1.2 米，高 1.7 米。天井平面呈长方形，长 2.9 米，与墓道同宽，位于过洞北侧，甬道南端。墓门高 1.6 米，宽 1.2 米。封门用条砖垒砌。封门顶部有长方形门楣，上有朱彩图案，但模糊不清。

甬道位于墓室的南端，长 1.7 米，宽 1.2 米，高 1.6 米。墙体彩绘壁画，西壁壁画损毁严重，东壁为红黑彩勾勒的怪兽形象和朱书题记及墨书“和平二年”的年款。地面用条砖呈“人”字形铺设，与墓室地面相连。

墓室位于甬道北部，平面近方形，四壁略向外凸出。墓室底部长 3.4 米，宽 3 米，距地表 8.6 米。四壁从墓室底部往上 1.3 米处开始起券，形成四角攒尖顶。墓室四壁均彩绘壁画，壁画高约 1.2 米，绘于四壁厚约 1 厘米的黄泥皮上。墓底铺砖与甬道相同。墓内残留木棺两具，并列放置于墓室中央，腐朽严重。西侧棺长 1.9 米，大头宽 0.6 米，小头宽 0.4 米；东侧棺长 1.94 米，大头宽 0.7 米，小头宽 0.4 米。墓内人骨散乱，分属两个个体，均保存较差。墓室东侧随葬一件石灰枕，平面呈椭圆形，两端稍尖，微微上翘。

该墓用砖全部为长方形青灰色素面条砖，质量较差，残断较多，其中较完整的砖长 28.7 厘米，宽 14.4 厘米，厚 5.4 厘米。砖与砖之间用黄泥黏接，大的缝隙用修整过的小砖块塞紧。整个墓葬用砖 4000 余块。出土随葬品较少，共 11 件，主要为釉陶器和一些铜棺饰。

此墓壁画分布于墓门上方门楣处、甬道两壁以及墓室四壁，以朱彩勾边，保存较为完整，总面积约 30 平方米。其制作方法是先在砖墙上抹厚约 1 厘米的黄泥，然后直接在黄泥上彩绘。壁画主要有红、黑、白三种色彩，其基本手法是先用红色起稿定位，再用黑线勾画整体轮廓，随后进行涂色，但门楣上方的图案没有黑线勾勒。另外，在墓室北壁偏西侧部分的图案也不见黑线勾勒痕迹。

门楣处壁画整体轮廓为长方形，面积较小，上施朱彩，图案已模糊不清，只有东侧部分隐约似弯曲的花草。

甬道东壁壁画北端及下部泥皮脱落较为严重，仅可识别出一怪兽形象，其用笔手法为墨线勾勒出轮廓后涂以朱彩。怪兽气势威猛，张扬奔放，怒目圆睁，两角后倾贴背，大嘴张开，露出一尖锐的獠牙，背部鬃毛似刀剑般向前竖起，简洁却很夸张，尾巴细长刚健，尾部近边框处伸出一支红彩忍冬枝蔓。怪兽南部紧靠墓门处朱书题记四列，题记由上到下、由左到右书写，每字高约 6 厘米，左侧上方墨书 “和平二年”四个小字，其后正文皆为朱书，其文曰：“大代和平二年岁在辛□ / 三月丁巳朔十五日辛未 / □□（散）骑常侍选部□□ / 安乐子梁拔胡之墓。”

甬道西壁壁画脱落损毁较为严重，从残存的头部和身躯分析，隐约可辨为一只头冲墓门、大眼圆睁的猛虎，其后背弓起，身躯稳健，惜大部分残毁。

墓室四壁绘有狩猎图、宴饮图、杂耍乐舞图、人物图、牛耕图以及车马毡帐图等内容，场面宏大热烈，内容丰富多彩，线条简洁流畅，风格朴实豪放。

北壁　面积约为 5 平方米（图 1–34）。中部为墓主人宴饮图。墓主人

图 1–34　和平二年壁画墓北壁壁画

形体较四周其他人物高大，端坐于帷幕下长方形围榻之上，头戴黑色鲜卑帽，身着交领红色袍衫，脸庞方圆较大，惜五官已漫漶不清。围榻之后左右各立侍女一名，仅露出胸部以上，二人装束一致，头梳矮髻，两侧垂短发，眉毛修长，鼻梁挺直，着圆领紧身衣。墓主人右侧跪一头戴白色风帽的近侍，风帽垂裙向后飘起，侍者着白色交领袍服，交领处和袍服下部施红彩，面部彩绘几乎全部脱落，双手拢于胸前。墓主人左侧为两位侍者，二人装束一致，上身着白色交领长袍，下身着竖直条纹的裤子，似着黑靴。墓主人正前方摆一案，案上置一椭圆形红色食盒，其右侧为一侍女，上身着左衽短袍，下着长裙，身体前倾，高高扬起右手，举向食盒，手中似有飘带向右侧飘去，左手平举，似端一物。案左侧和前面摆放着红、白、黑等色的细颈壶、篮、鼎、罐等。器具左侧立一位头戴黑色高帽、身穿交领袍服、下着裤子和黑色鞋子的侍者，面部神情模糊，两手拱于胸前，帽带向后扬起。右侧立侍者二位，形体较为高大，左侧侍者头戴黑色冠拢，垂裙向后翘起，眉毛平直修长，两撇八字胡，下巴留有髭须，“V”形领红色袍服，下部似为白色褶裙，着黑鞋，双手拢于袖中。其身后侍者头部已经残毁，着白色条纹袍服，红色裤子，黑鞋，双手同样拢于袖中。

宴饮图左侧壁画损毁较为严重，中上部泥皮几乎全部脱落，上部为四个面向墓主人的人物形象，中部最西侧似为一深目高鼻回身反顾的胡人，右手高举，左手托盘，中部其余部分已漫漶不清，下部为一牵马形象，马匹健硕丰肥，背上驮白色布袋，牵马者短衣装束，所有人物均面向墓主人。

宴饮图右侧壁画为一幅杂耍乐舞图（图 1-35），保存较为完整。底部着白色交领条纹袍服及红色裤子者，身体前倾，臀部翘起，右手置于臀上，将肩膀撑起，头歪于肩上，左肩承托一竖直的“十”字形杆柱，左手紧抓着杆柱。杆柱下部横杆两侧有两个穿紧身衣的小孩，头梳小髻，一手紧抓杆柱，一手伸开，一腿紧蹬杆柱底部，一腿弓起维持平衡。杆柱中部一人沿杆柱向上攀登，其两侧分别为一个两手撑杆、头下脚上、双腿弯曲的表演者，右侧表演者头发下垂，杆顶部为一个仰身向上、舒展双臂的表演者。举杆者身后一人头戴高帽，身着淡红色窄袖交领短袍，腰间束带，身体前倾，

图 1-35　和平二年壁画墓北壁杂耍图

两臂伸开上举，笑容憨态可掬，似正为精彩的杂技表演欢呼喝彩。举杆者前方为一手执琵琶者，头戴白色小帽，脸形瘦长，回首注视举杆者，上身穿红色紧身袍衣，衣摆下部凹凸有致，下身着白色裤子和毡靴。杂耍图右侧最上部为四位头戴尖帽、着紧身衣、手舞足蹈的舞者，四人动作各不相同，有的双手伸开，有的双手置于胸前，双腿或弯曲，或独立，但壁画漫漶不清。此四人下部又立三人，隐约可见最左侧一位深目高鼻，着白色短袍，腰系红带，似张开双手；中间脸庞丰圆者似也在兴高采烈地往前奔；而最右侧一位则头梳后翘的小辫，身穿浅绿色圆领短袍，双手交置，浓眉大眼，正注视前方。此三人下部为已经残毁的两个人物形象，可能同其左侧手执琵琶者一样，也手执乐器，但破坏严重。

图 1-36　和平二年壁画墓东壁狩猎图局部

东壁　面积约为 5 平方米。东壁绘有大型狩猎图（图 1-36），保存较为完整。壁画用黑彩和红彩勾勒出连绵起伏的山峦，将画面分成南北两部分，每一部分独立成卷，却又都表现了野兽惊慌奔走、猎人张弓欲射的内容，其空隙处施以红彩勾勒出的树木枝桠。北半部分壁画中，三位猎者头戴白色高帽，身穿红色紧身袍衣，策马张弓，飘带后扬，风驰电掣般追赶猎物，其间猎狗矫健，雄鹰翱翔，虎豹咆哮，惊鹿疾驰，豺狼落魄，狐兔奔命，整个场面紧张而激烈。南半部分内容与北半部分类似，只是出现了弃马徒步射猎者。整幅狩猎图气势宏大，激情洋溢，似乎正是墓主人生前喜好之写照，也间接反映了射猎在北魏平城时期的重要。

南壁　南壁东西两侧壁画残损均极为严重，泥皮大多脱落，仅边缘处可见几处红彩勾勒的线条，具体内容已不可识。

西壁　面积约为 5 平方米（图 1-37）。西壁中部用两个红色条带将壁面分为南北两部分，北部绘牛耕、舂米等生活图像，南部以车马毡帐图为主。北部壁画又用红色条带将画面为四个部分，其右上角绘三头并列的耕牛，牛角前倾，牛眼圆睁，鼻穿缰绳，前蹄抬起，中间一头为白色，其余两头为红色；三牛前面立一位头戴高冠、身着红色长袍、双手拢于袖中的人，其身体稍稍前倾，嘴角翘起，俯视耕牛。牛耕图左侧为舂米图，上部为方形水井，其下一人头戴小冠，身穿红色交领紧身衣和白色裤子，双手紧握木桩，一脚踏着舂米的木杆，目视前方，专心舂米，木杆的另一头左侧也有一人，惜已模糊，可能在协助舂米。舂米图下部左侧红色框内为三头骡马，最外侧一头前蹄腾起，似作嘶鸣状，内侧两头则静静直立。骡马右侧，一人头戴小冠，双手交置下垂，坐于一高台之上，面对灶台，似正在煮饭。

西壁南部壁画脱落较为严重，其北端上部为一红彩勾勒的方形毡帐，其南端为三辆马车，其中一辆马车顶部有一撑开的“人”字形篷子，最南端一人头戴黑色冠，浓眉小眼，红色袍服较为宽大，其余画面漫漶不清，隐约可见三个上身着袍、下身着裙的人物形象。空隙处填以红彩枝桠。

此外，墓室东、北、西三壁壁画上方均绘一幅圆形图像。西壁上方为红彩之上墨线勾勒的鸟类形象，线条简洁抽象。北壁和东壁上方的画像以红彩勾边，黑彩图像剥蚀严重，难以辨认。根据现场发掘情况，南壁上方也应有一类似的图像，却因南壁泥皮坍塌而不可辨识。

图 1-37　和平二年壁画墓西壁线图

墓主人的官职

根据甬道东壁“大代和平二年岁在辛□/三月丁巳朔十五日辛未/□□(散)骑常侍选部□□/安乐子梁拔胡之墓”的题记,可推知该年是“辛丑”年。“和平”是北魏文成帝的年号，和平二年即公元461年，按干支记岁法，正是辛丑年。山西灵丘县发现的文成帝《皇帝南巡碑》碑阳之文也记载有“维和平二年岁在辛丑三月丁巳朔”[1]，两段文字可以互相对照验证。墓主人身份为散骑常侍，名曰梁拔胡，爵位是安乐子。他的官职，参照文成帝《皇帝南巡碑》，应该是选部尚书，是北魏文成帝时期的高级官吏。

从《皇帝南巡碑》中的相关记载看，此时凡任散骑常侍，职务是尚书的，爵位多是公爵，少数是侯爵。凡爵位是子爵的，不见任散骑常侍之职。墓主人梁拔胡介于以上两种人之间，既是散骑常侍，爵位又不高，只是安乐子，因此推测他的职务应该是“选部尚书”或者“选部折纥真”。由梁拔胡是散骑常侍和题记中选部后仅有两字距离来看,选部后二字应当是“尚书”，他的实职应是选部尚书。在认定梁拔胡是选部尚书之后，我们就可以在《南巡碑》中发现两个选部尚书的基础上[2]，再增加一个选部尚书。这表明在和平二年三月，北魏同时存在三个选部尚书，由此证明北魏这时确实实行的是一部多尚书制。奇怪的是，这样的高官，一般都有军职，但是梁拔胡却没有，说明他是一个真正的文官。没有军职的高级文官，在北魏不多。文官没有战功，这可能是其爵位较低的原因之一。

---

〔1〕张庆捷、李彪:《山西灵丘北魏文成帝〈南巡碑〉》,《文物》,1997年第12期。
〔2〕同上。

北魏遗珍

在平城遗址及其周围，出土了大量极为珍贵的北魏遗物，既有精雕细琢的碑刻、石雕，也有绚丽多彩的墓葬壁画，既有活灵活现的陶塑艺术，也有异域色彩浓郁的精美器物，展示了北魏时期平城的繁盛及与丝绸之路的重要关系。

精雕细刻

“皇帝南巡之颂”碑

“皇帝南巡之颂”碑（图 1–38），简称“南巡碑”，为纪念北魏和平二年（461 年）文成帝拓跋浚南巡而立。该碑原位于灵丘县县城东南约 15 公里处的河阶台地上，现存十余块残碑，由石龟碑座和碑身两部分组成。碑首顶部呈弧形，断裂为二，拼合后宽 145 厘米，厚 30 厘米，高 84 厘米。碑头宽 1.3 米，高 1.05 米，厚 0.3 米，左右为双龙盘曲，正面刻“皇帝南巡之颂”6 字，字体长宽各 26 厘米。碑身宽约 137 厘米，较碑额窄 8 厘米，两边各缩进 4 厘米，碑身厚 29 厘米，碑身高度因残缺难以测知，如以宽高之比为 1:3 计，则碑身原高至少在 4 米以上。

碑身阴、阳两面俱阴刻文字，两侧平整光滑，无花纹、文字。碑阳之文，主要歌颂当时社会稳定、民安政清、怀集中外的大好景象和记载文成帝于

图 1–38　南巡碑碑首拓片

南巡归途中与从臣比射一事；碑阴之文，皆为从臣官爵、姓名。全碑可识文字达 2600 余字[1]。

有关北魏诸帝出巡或御射之碑，虽然当时刊立不少，但现存两面文字的唯“南巡碑”一通，其他或早已湮没无闻，或只有后世仿制之碑，或仅存一面文字，如太武帝“皇帝东巡之碑”，只存拓传的碑阳之文。因而这块“南巡碑”是关于北魏早期政治、官爵、姓氏诸方面信息量贮存最多最集中的一块碑，能从多方面补史载之阙，对研究民族融合、北魏官爵、姓氏及其演变，具有很高的学术价值。

石棺床

即墓中石床，出土于大同市南郊智家堡村北砂场，细砂岩质，整体呈长方形，宽 194 厘米，高 44 厘米，厚 10.4 厘米（图 1-39）。背后上缘有凹槽，应是石棺床顶面石板与之相接处。正面浮雕三足及床沿花边。中央一足较宽，上刻一瞠目獠牙的兽面，头顶立二人，束发，裸上身，着短裤，两人相对，各手持一物， 似莲蕾。下方雕刻两只回首相顾的猛虎， 两侧各立一位手摸虎耳却神情安详的人物，装束与上面的人物相同。棺床左右两足各雕一位力士形象，逆发，披帛，上身裸袒，下身着短裤，裤中间系一条带子。棺床三足间的边缘雕刻二方连续的忍冬纹和水波纹。

图 1-39　智家堡北魏墓石棺床线图

[1] 张庆捷：《北魏文成帝〈皇帝南巡碑〉的内涵与价值》，《民族汇聚与文明互动——北朝社会的考古学观察》，商务印书馆，2010 年，第 3-48 页。

石棺

1976年出土于榆社县河峪乡河窳村，是该村村民在农田基本建设中发现的，现残存棺帮板2件、前和（俗称堵头）1件。棺帮板长2.2米，宽0.8米，厚0.1米，前宽后窄，大头呈弧形，石质为灰白色砂岩。

右棺板前后边缘各有一组直线条形的卷草，卷草前后有两条单线弦纹。整个画面可分为前后两部分图像。前半部分是一幅杂耍表演图，中间为“都卢寻橦”。“都卢寻橦”今称为“长杆技艺”，画面中采用“十”字形长橦，底座为肩扛形式，现代称之为“扛杆”。右上角为“弄丸”，又称为“跳丸”，据说表演时抛掷数量越多越难，抛到五丸以上，再增加一丸，须有数年的磨练。画面中的跳丸已经达到九丸，可见在北魏时期山西中部榆社地区的杂耍技术已经很发达了，能做出很多高难度的动作。左上角为表演踩高跷的女艺伎，在底部左右两侧分别有一个身挂细腰鼓和手执小锣的乐伎。特别有趣的是，在这组画面的左下角，有一只小毛猴正在全神贯注地观看表演。后半部分是狩猎图，左上角一位猎人正在射猎一只狂奔逃跑的老虎，下方有猎狗穷追不舍，其旁有悠闲自得的五匹马和三只鸟作补白，动静结合，生活气息十分浓厚。

左棺板已残破，由三组画面组成，第一组为出行图，中部为升仙图，第三组为宴饮图。

堵头画面可分为上、中、下三组，上图为题记，中图为宴饮图，下图为乐舞。在题记中有“大魏神龟□□”纪年，神龟仅二年，即公元518年、519年，这也说明了石棺的雕造年代。

石雕供养龛

1958年在大同城东寺儿村北魏墓中出土，发现时墓葬已被毁坏。整个供养龛为一整块砂岩雕凿而成，通高33.5厘米，总宽45.6厘米。底部为一长方形平台，宽44厘米，长23.5厘米，高3.7厘米（图1-40）。中部为一中空的大龛，呈长方体，宽26厘米，壁厚3~4.5厘米，龛内顶部呈拱形，上部为盝顶。龛内空，无底，且与前面中空的供桌相通。龛前立面和顶部较为光滑，其余部位布满凿痕，整个龛像未经打磨。龛两侧各有一位武士，站立于身前怪兽的臀部之上。两武士着装及姿态相同，皆头戴尖顶风帽，帽之垂裙至肩，身着下摆及膝的圆领长袍，下身着裤，两手虚握于身前，手中空，原来可能插有木质武器之类的器械。武士身体内侧与中央的龛石连在一起。武士脚下的怪兽一为人面兽身，一为兽面兽身。二兽皆匍匐于地，颈部鬃毛直立，尾梢呈三瓣忍冬式，贴服于后背。龛前正中雕一长方形供桌，桌面下凹，桌前立面刻有浅浮雕图案，应该是一个供桌的立面图形，该图案两侧各雕一个长颈壶。供桌两侧各有一圆雕站立的侍者，皆头戴垂裙至肩的鲜卑帽，身着交领左衽长袍，下身着裤，脚蹬靴，双手捧一钵状器皿，表情谦和，面带微笑，身体略向内侧，其身后下端与整个龛像连为一体。

图 1-40　大同城东寺儿村古墓出土的石雕供养龛

石雕方砚

大同南郊北魏遗址出土，高 8.5 厘米，长 21.2 厘米，宽 21 厘米，浅灰色细砂岩雕成（图 1-41）。砚面中心为方形砚池，周边饰联珠纹和莲瓣纹，砚池两侧各有一耳杯形水池和方形笔舔，其两端有成双的鸟兽作饮水状。对角有莲花形笔插。砚台四个侧面雕人物图案四组五人，有骑象、舞蹈、角抵等内容。侧面各雕人物、动物等。砚底雕莲花一朵，周边围以小莲花八朵。砚台整体装饰繁缛，雕刻精细生动，是北魏石刻艺术的高水平佳作，也是中国古代砚台中罕见的精品。

图 1-41　大同南郊北魏遗址出土的石雕方砚

骨尺

出土于原雁北师院北魏墓群 M52，残长 11.1 厘米，宽 3.3 厘米，厚 0.7 厘米（图 1-42）。正面上下两边有距离基本相等的双重小圆圈标记，小圆圈之间有锯齿状纹饰。骨尺中心部分以锯齿状纹饰为界格，雕刻花鸟等图案。

图 1-42　原雁北师院出土的骨尺

古墓丹青

棺板画

1997年出土于大同智家堡北魏墓葬，其中左侧板（图1-43）残长1.53米，宽0.08~0.33米，由上下两板卯合组成。绘画内容包括两大部分，以山水为界，左边为盛大的车马出行队列，右边为激烈的狩猎场面。画面上用墨线绘水波纹，其间涂绿色表示河流，呈“S”形流淌环绕于山林之间。在仅存的画面中，至少画人物35人、牛车3辆、马9匹及其他动物（猪、兔、鸟等）和山水、树木等。右侧板残长1.33米，宽0.12~0.32米，由上下两板卯合组成。绘画内容以帷屋为中心，左侧为排列整齐的男女侍仆和马匹车辆，右侧为庖厨取食捧钵者。另有残长0.6米、宽0.18米的棺板，其上绘有形式不同的车舆。

另一件棺板画出土于大同南郊M229，为木棺左侧板，残长1.52米，宽0.45米。画面分上下两层，上层绘波状忍冬纹带，为棺木的边饰；下层绘狩猎场景，人物所穿服饰垂裙飞扬，圆领，窄袖，腰束带，下着裤褶，黑靴，或身背箭囊，

图1-43　智家堡北魏墓棺板画

图 1-44　智家堡石椁北壁壁画

挽弓射箭，或手持长枪，飞马追赶猎物。被猎的动物有羊、虎、豹等。人物装束都是鲜卑族装束。

石椁壁画

1997 年出土于大同市智家堡村北砂场北魏墓葬。石椁为抬梁式承重墙结构，单檐人字坡悬山式顶。整个椁室由数十块不同形状的砂岩石料拼合而成。四壁由十块竖立的石板拼成，立于七块大小不同的长方形础石上。石椁内四壁、形梁及顶部都彩绘壁画，壁画直接绘于石材表面。北壁中央绘墓主人夫妇端坐于榻上，墓主人左侧为男侍二人，右侧为女侍二人（图 1-44）。墓主人背后有围屏，围屏之后有三名侍者。东壁正中绘男性四人，均半侧身面向墓主人，双手袖于胸前。西壁也绘有四人，与东壁不同的是全部为女性，都是半侧身面向墓主人。南壁西侧绘牛车一辆，牛头向墓门，一蹄抬起，正在行走。牛侧有一人正在驭牛同行。南壁西侧另有一戴垂裙黑帽的人牵着一匹马。梁架及顶部绘有忍冬纹等花卉图案。

陶塑艺术

北魏墓葬中出土的陶俑，内容有镇墓兽、武士俑、侍仆俑、乐舞俑以及动物俑等。不仅类型齐全，数量众多，而且造型细腻，形象逼真。其中的人物俑为研究北魏拓跋鲜卑的民族服饰提供了非常珍贵的实物资料。拓跋鲜卑是我国北方的游牧民族，他们常年在马背上生活，以畜牧、射猎为业，大约在东汉时期，鲜卑族开始了大规模的南迁，经过不断的征战、迁移，逐步发展壮大，在北魏建国定都平城后相当长的时期内，拓跋部的狩猎活动仍然存在，鲜卑服饰既便于在马上行动，又能适应塞外气候寒冷这一特殊的自然环境。

女乐俑

出土于原雁北师院北魏墓群 M2（图 1-45），头和身双模合制，双臂和手另外捏塑，制成胎体之后组装成型，对局部精雕细刻，然后装窑烧制，最后进行通体彩绘。女乐俑面部丰满，细眉长眼，微带笑容，端庄大方，耳部垂有圆形饰物，头戴黑色风帽，顶部有较深的“十”字形刻痕，似用四块布帛面料或皮制品缝缀而成，帽裙既长且宽，帽与裙之间有扎带一圈，帽裙两侧向后翻卷，帽的后部有“八”字形刻痕，表示在帽的后部扎带系结。身着左衽圆领窄袖长襦，遮盖了下肢与双脚，斜领边饰和袖口涂红色或白色，襦身描绘着图案不同的大朵彩色花卉。女乐俑穿戴鲜艳，神态怡然，使用不同的乐器跽坐奏乐，展示了北魏平城时期的群体奏乐场景。

图 1-45 原雁北师院北魏墓出土的女乐俑

图 1-46 原雁北师院北魏墓出土的女舞俑

图 1-47 原雁北师院北魏墓出土的杂技俑

女舞俑

出土于原雁北师院北魏墓群 M52，高 27.2 厘米，宽 22.9 厘米（图 1-46）。眉目清秀，面带微笑，头戴长圆形的风帽，上有“十”字形整齐清晰的缝缀痕迹，帽与帽裙之间有较宽的扎带，垂帽裙很短，仅仅与耳朵的上部同高，且向上略翻。耳朵戴圆形饰物，项上佩戴两串长短不同的璎珞饰物。里穿圆领内衣，外穿左衽交领窄袖长襦，襦长过膝，襦下有较宽的缘饰。襦背正中开缝，侧下摆处有数道褶线。内着曳地多褶长裙，裙掩双脚。右手向前，将长袖舒展扬起，左手向后，将长袖尽情甩出，舞姿优美，堪称北魏平城时期陶塑艺术的杰作。

杂技俑

出土于原雁北师院北魏墓群 M2，高 20~26 厘米。由 9 件胡人俑组成，均为深目高鼻的胡人（图 1-47）。头、身双模合制，四肢和手另外捏塑，制成胎体后组装成型，对局部精雕细刻，然后入窑烧制，最后通体彩绘。胡俑深目高鼻，具有西域人种的典型特征，双腿分开，与肩同宽，身材比例匀称，形态栩栩如生。这是一组以杂技表演为主，旁有乐队伴奏的乐舞百戏组合。中间为表演杂技“缘橦”的组合，由一胡俑和二童子组成。顶杆者面相丰满，脸部涂红，头戴黑色风帽，身着红色圆领窄袖长袍，袍身点缀着白色花卉图案，圆领、袖口和长袍的下摆处均有红色边饰，腰系革带，肚、臀外凸，袍边底部侧摆开叉，足蹬黑色高靴，双腿分开，与肩同宽。顶杆者头高高扬起，左臂向上弯曲，左手平伸斜置于额上扶杆，右臂弯曲，右手叉腰作支撑，双手里外涂红。额正中有一圆形孔，为顶橦之处。二童子原应处高杆之上，一童子腿夹杆，头和胳膊向后扬起，另一童子以杆顶腰，四肢下垂，同时作惊险的高空表演。两童子头戴黑色圆帽，上有中缝，全身涂为红色，上身穿红色小马甲，下身着黑色短裤，身材轻盈瘦小，动作舒展大方。出土时橦已腐朽，无法得知其具体高度。这种杂技汉代称为“寻橦”，南北朝时叫“缘橦”，唐代称“缘杆”。这组造型生动的“缘橦”杂技俑，再现了北魏首都平城百戏杂技演出的真实场景。

镇墓兽

出土于原雁北师院北魏墓群 M2，长 40 厘米，高 33.9 厘米。人首兽身，戴黑色圆帽，细眉小眼，高鼻大耳，嘴巴微张，面部涂红（图 1–48）。兽身与人首结合自然，颈背上有 4 个长方形孔，原插有鬃鬣。兽身腹部中空，四肢直立，虎足。通体用细黑线勾描鱼鳞纹，并施重笔红彩。尾巴末梢分瓣盘绕于背上。这件镇墓兽造型奇特，头、身、足部位和身上的纹饰图案分别取自人和不同的动物。人首面容安详，似在忠诚地履行镇守阴宅之职责。

另一件镇墓兽出土于原雁北师院北魏墓群 M2，长 40 厘米，高 31.2 厘米。形状为虎，其嘴巴大张，露出整排的牙齿，舌头涂红，两目圆睁，耳边是卷曲的虎毛，作圆饼状。脊背正中从前到后有 4 个长方形孔，原插有鬃鬣。前腿站立，后腿蹲卧，腹部中空，尾巴末梢分瓣卷曲盘绕于虎身上。通身用红、黑、白三色勾描虎纹，颜色显得格外鲜亮。

图 1–48　原雁北师院北魏墓出土的镇墓兽

陶马

出土于原雁北师院北魏墓群 M2，长 38.1 厘米，高 31.5 厘米。红马，黑色辔头，双耳直立，嘴巴大张，作嘶鸣状（图 1–49）。颈配红色条带，下系红色辔铃。马脊施黑色底彩，作白色弧状轮廓线，中间有白、红两色描绘的几何图案。马背上置马鞍和障泥，马鞍为红色，障泥两侧图案相同，底色不同。障泥左侧涂红色，黑线作边框，周边是一圈红色忍冬纹，中心部分是花卉连续图案，桃形黑线作界格，每一个界格内绘一朵花，花瓣涂白，花蕊涂红。障泥右侧涂黑色，黑线作边框，周边是一圈忍冬纹，桃形界格内的花朵白里透红，花蕊涂黑。

另一件陶马出土于原雁北师院北魏墓群 M2，长 33.3 厘米，高 35.7 厘米。黑马，双耳残，嘴巴大张，作嘶鸣状。颈佩红色条带，下系黑色辔铃。马脊施红色底彩，图案已模糊不清。右前蹄向上奋起，马腹与底座之间另塑一根长方体立柱，以保证马体在底座上的稳固。

骆驼

出土于原雁北师院北魏墓群 M2，长 26.4 厘米，高 28.5 厘米。作昂首引颈嘶鸣状。遍身先涂一层很薄的白彩作底，再在其上通体施以黑彩，腹部略下垂，前驼峰向左扭摆，后驼峰向右扭摆，四腿直立，尾巴上翘（图 1–50），下有椭圆形的底座。

另一件骆驼出土于原雁北师院北魏墓群 M2，长 24.3 厘米，高 14.9 厘米。驼首上昂，两目圆睁，张口欲鸣，双耳直立，驼身肥壮，腹部着地，前驼峰向右扭摆，后驼峰向左扭摆，一前一后，一左一右，前腿跪伏，后腿弯曲，似欲起身站立，造型十分生动，细腻逼真，下有椭圆形底座。这件骆驼雕刻细腻，比例适中，形象逼真，反映了北魏雕塑匠师深刻的观察能力和超高的工艺技术。

图 1–49　原雁北师院北魏墓出土的陶马

图 1–50　原雁北师院北魏墓出土的骆驼

晶莹剔透

玻璃，古称料器或琉璃。北朝墓葬中出土的玻璃器皿大多是西方生产的。据《北史·西域传·大月氏》记载：“太武时，其国人商贩京师，自云能铸石为五色琉璃，于是采矿山中，于京师铸之。既成，光泽乃美于西方来者。乃诏为行殿，容百余人，光色映彻，观者见之，莫不惊骇，以为神明所作。”这些文献记载说明，太武帝时通过引进西方的玻璃生产技术和工艺，大同地区也能生产出十分精美的玻璃制品。在中国的玻璃史上，北魏是一个相当重要的阶段。考古发现的北魏玻璃，可以从一个侧面看到当时北魏王朝与西域文化的交融和互动。

磨花玻璃碗

出土于大同南郊北魏墓群 M107（图 1-51）。浅黄绿色透明体，口微侈，圆唇，宽沿，颈略收，球形腹，凹圜底。颈部内收成沟状，腹外壁颈部之下磨出四排向内凹的椭圆形纹饰，呈长椭圆形排列，每排 35 个，排与排之间错落有致。圜底中心是一个直径 3.4 厘米的凹面圆形，与环绕其周围的六个凹面扁形相切。六个扁圆形之间的外侧，又各有一个长椭圆形。器体从颈部以下全部抛光，内壁光洁，外壁略有黄色锈斑。口径 10.3 厘米，高 7.5 厘米。

玻璃碗

出土于大同市七里村北魏墓群 M6（图 1-52）。天青色，吹制成形，内含气泡较多，透明度不高。圆唇，直壁下收，圈足，上腹部饰凸弦纹一周。口径 13 厘米，底径 7.7 厘米，

图1-51　大同南郊北魏墓出土的磨花玻璃碗

图1-52　大同七里村墓出土的玻璃碗

图1-53　大同七里村墓出土的玻璃瓶

高 5.9 厘米。

玻璃瓶

出土于大同市七里村北魏墓群 M20（图 1–53）。天青色，器形小巧，卷沿，束颈，广肩，圆扁腹，平底。器盖呈球形，小尖嘴已残损。口径 2.4 厘米，底径 2.6 厘米，高 5 厘米。

玻璃壶

出土于大同市迎宾大道北魏墓群 M16（图 1–54）。淡蓝色半透明状，圆唇，喇叭形敞口，细长颈，圆肩鼓腹，近底内收，平底，肩部饰凸弦纹二周，器表粗糙，多气泡，口、颈及底部较肩、腹部厚。通高 15.4 厘米，口径 5.8 厘米，底径 4.2 厘米。

玻璃泡饰

出土于大同市迎宾大道北魏墓群 M16（图 1–55）。圆形，截面半圆形。淡蓝色半透明状，凹面以白色画七瓣莲花。直径 5~5.5 厘米，厚 0.2 厘米。

玻璃器

出土于大同市湖东编组站北魏墓 M21（图 1–56）。通长 19 厘米。整体呈圆锥体，蓝色半透明，薄胎，外表附有浅褐色风化层。底部中心有一孔，上部没有封口，口径 0.9 厘米。上腹部有一突出的圆环，直径 1.4 厘米。

图 1–54　大同市迎宾大道北魏墓出土的玻璃壶

图 1–55　大同市迎宾大道北魏墓出土的玻璃泡饰

图 1–56　大同市湖东编组站北魏墓出土的玻璃器

异域来风

鎏金錾花银碗

出土于大同南郊北魏墓群 M107（图 1–57）。敞口，圆腹，圜底。口沿下及上腹部各有一周联珠纹，联珠纹是在凸弦纹上竖向锤切而成。腹部伸展出四组“阿堪突斯”叶纹，将器壁分成四等分，每一等分之间的小叶纹上托着一个圆环，圆环内各捶拓一个人头像。头像都是侧身，深目高鼻，两两相对或相背，上衣大翻领，但形象各不相同。其中一个人侧身向右，卷发遮耳及领，相貌年轻，与之相对一人头发较短，颅后发留至颈部，露耳，下颌胡须上翘；另一组向左之人长发卷曲，遮额及颈，相貌年轻，与之相对的一人短发，颅后发留至颈部，露耳，前额后倾。圜底中部有两圈同心圆凹弦纹，两圈之间用一种由两条小锯齿纹组合的纹饰分隔成八等分，似一小片“阿堪突斯”小叶片。器身无纹饰处均鎏金。口径 10.2 厘米，高 4.6 厘米。

錾花高足银杯

出土于大同南郊北魏墓群 M109（图 1–58）。敞口，圆腹，圜底，高圈足。口沿下端稍内收，口沿下及上腹部各有联珠纹一周，联珠纹是在凸弦纹上竖向锤切而成。腹部有四组伸展出的“阿堪突斯”叶纹，等距离分布，将器壁分成四等分，“阿堪突斯”叶纹之间的四个空隙处，分别有四个圆环，圆环内各捶拓一个侧面人头像。四个头像两两相对或相背，皆深目高鼻，头戴帽，着圆领衣，但形象各异。

鎏金高足铜杯

1970 年大同市南郊出土（图 1–59）。铜质，鎏金，杯敞口，微束颈，深鼓腹，高足。人物和动物均为高浮雕，杯口雕相对而卧的八只鹿，杯身雕女性手持器物，间饰以浅刻“阿堪突斯”叶纹，叶上承托高浮雕男性头像，属于波斯萨珊王朝饮器，是一件舶来品。高 10.3 厘米，口径 9.4 厘米。

图 1-57　大同南郊北魏墓出土的鎏金錾花银碗

图 1-59　大同南郊出土的鎏金高足铜杯

图 1-58　大同南郊北魏墓出土的錾花高足银杯

图 1-61　大同南郊出土的八曲银洗

图 1-60　大同南郊出土的葡萄童子纹鎏金高足铜杯

葡萄童子纹鎏金高足铜杯

1970 年大同市南郊出土（图 1-60）。铜质，鎏金，杯敞口，深腹，腰部内收，高足。杯外高浮雕缠枝葡萄纹与童子，童子形态各异。这个题材源于希腊酒神节的故事，属于波斯萨珊王朝的酒杯，舶来品。高 11.5 厘米，口径 9.6 厘米。

八曲银洗

1970 年山西大同南郊出土（图 1-61）。饮食器，来自大夏（今阿富汗），八曲花口式杯口，圈足亦为花瓣形，器内雕摩羯相搏图，外壁有大夏文铭文。5 至 6 世纪大夏银器在国内极少见，其风格直接影响了唐代的金银器。高 4.5 厘米，最宽 23.8 厘米。

图 1-62　大同封和突墓出土的狩猎纹波斯银盘

图 1-63　天镇明长城上出土的波斯银币

狩猎纹波斯银盘

1981 年大同市南郊区小站村正始元年（504 年）封和突墓出土（图 1-62）。敞口，斜腹，矮圈足。盘内沿刻画三道弦纹，盘面为狩猎图，一位波斯贵族，络腮长须，头戴圆形帽，颈部饰有九颗圆珠组成的一道边饰，脑后饰波斯萨珊式飘带，腕戴手镯，颈饰项链，耳垂水滴形耳坠，双手持矛，身处长满芦苇的沼泽，只身与三头野猪搏斗，是波斯萨珊王朝常见的图案，应当是一件舶来品。口径 18 厘米，高 4.1 厘米。

波斯银币

共 49 枚，1988 年出土于大同市天镇县城东北新平镇平远头村附近的明代长城上（图 1-63）。两面模压剪制而成，大体呈圆形，但外轮廓并不十分规整，应该是手工剪制所致。大多数银币重 4 克左右，直径 2~2.8 厘米之间，厚 0.7~0.8 毫米。正面图像都是一面部朝右、头戴日月冠的波斯皇帝头像。背面图像主要由一个火坛和两个祭司组成。

陶瓷鉴赏

青釉瓷碗

青釉瓷碗，出土于侯马新月小区北魏墓 M1006，口微敛，尖唇，深弧腹，饼形实足，底部略内凹。灰白胎，较坚致。内施满釉，外不及底。釉色青黄，釉面满布细碎开片。近底处有流釉现象。口径 13.34 厘米，底径 4.52 厘米，通高 7.68 厘米（图 1–64）。

青釉瓷碗。出土于侯马新月小区北魏墓 M1007，直口，尖唇，深弧腹，小饼形实足。灰白胎，较坚致。内施满釉，底部釉面污浊，外不及底。釉色青绿，釉面满布细碎开片。口径 13.48 厘米，底径 4.24 厘米，通高 7.76 厘米（图 1–65）。

青釉瓷碗。出土于侯马新月小区北魏墓 M1007， 敞口，尖唇，深弧腹，饼

图 1–64　瓷碗

图 1–65　瓷碗

形实足。灰白胎，较坚致。内施满釉，底部刮釉，外不及底。釉色青黄，釉面满布细碎开片。内底残留三处垫烧痕。口径 13.76 厘米，底径 6.12 厘米，通高 6.84 厘米（图 1-66）。

青釉瓷碗。出土于侯马新月小区北魏墓 M1007，敞口，尖唇，深弧腹，饼形实足。灰白胎，较坚致。内施满釉，底部刮釉，外不及底。釉色青黄，釉面满布细碎开片。口径 14.32 厘米，底径 5.84 厘米，通高 6.64 厘米（图 1-67）。

青釉瓷碗。出土于侯马新月小区北魏墓 M1007，敞口，尖唇，深弧腹，饼形实足。灰白胎，较坚致。内施满釉，底部刮釉，外不及底。釉色青黄。釉面满布细碎开片。腹中下部平行施两周弦纹。口径 13.68 厘米，底径 5.52 厘米，通高 6.48 厘米（图 1-68）。

青釉瓷碗。出土于侯马新月小区北魏墓 M1007，敞口，尖唇，深弧腹，饼形实足。灰白胎，较坚致。内施满釉，底部刮釉，外不及底。釉色青黄，釉面满布细碎开片。内底残留三处垫烧痕。口径 13.6 厘米，底径 5.8 厘米，通高 6.68 厘米（图 1-69）。

图 1-66　瓷碗

图 1-67　瓷碗

图 1-68　瓷碗

图 1-69　瓷碗

鸡首壶

出土于侯马新月小区北魏墓 M1006，浅盘口状,细长颈,圆肩,上腹微鼓,下腹内收,饼形实足外撇，平底。肩上有相对的两对桥形系，两对桥形系之间，一侧为高出壶口的龙头柄，龙口衔着盘沿，另一侧为鸡首。釉色青黄,器外施釉至饼足上部,器内仅颈部施釉,底露胎，胎质较细。腹下部有流釉现象。口径 5.12 厘米，底径 8.2 厘米，高 17.56 厘米（图 1–70）。

图 1–70　瓷鸡首壶

盘口壶

出土于侯马新月小区北魏墓 M1006，盘状口，粗束颈，下部外撇，圆肩，上腹圆鼓，下腹内收，平底。肩上有四个两两对称的桥形系，颈部有两道凸弦纹。釉色青黄，器外施釉至腹部以下但不及底，器内仅颈部施釉，底露胎，腹下部有流釉现象。口径 15.44 厘米，底径 10.24 厘米，通高 26.72 厘米（图 1–71）。

图 1–71　瓷盘口壶

唾盂

出土于侯马新月小区北魏墓 M1007，盘口，束颈，广斜肩，扁圆腹，饼形实足。足心有一周凹弦纹。灰白胎，较坚致。足底有“火石红”。内施满釉，底部刮釉，外不及底。釉色青黄，釉面满布细碎开片。口径 9.36 厘米，腹最大径 13.6 厘米，底径 7.12 厘米，通高 8.92 厘米（图 1–72）。

图 1–72　瓷唾盂

晋阳风云

历史背景

北魏末年，政治丧乱，农民起义此起彼伏。在镇压农民起义的过程中，高欢、宇文泰乘机培植自已的势力，逐渐建立起比较大的集团。公元534年，北魏孝武帝被迫逃往关中投奔宇文泰，高欢立元善见为孝静帝，建都邺城，史称东魏。公元535年，宇文泰拥立孝文帝的孙子元宝炬为帝，与高欢所掌控的东魏对立，建都长安，史称西魏。

孝静帝即位时年仅11岁，实际的军政大权都由高欢控制。东魏定都邺城，高欢在晋阳建立大丞相府，居晋阳而遥控邺都。公元550年，高欢之子高洋废孝静帝自立，东魏经历短暂政权后随即灭亡，历1帝17年。

文宣帝高洋定国号大齐，史称北齐，仍定都邺城，历经文宣帝高洋、废帝高殷、孝昭帝高演、武成帝高湛、后主高纬、幼主高恒，共6帝28年，后被宇文氏建立的北周所灭。

东魏建国17年，北齐延续28年，虽然两个朝代都很短暂，但因其处于整个北朝民族融合的中后期，也是重要的兼收并蓄融合发展的时期，且东魏、北齐是与其并立的西魏、北周以及后梁、后陈中物力、财富最为雄厚的，遗留下许多精美的物质遗存。

东魏、北齐虽建都邺城，但因实际掌控权力的高氏家族常年居于晋阳，事关国脉的政令多出于此，并在晋阳周边囤积重兵，晋阳虽作为别都、霸府，但却是实际上的军政中心。

公元557年，西魏恭帝禅位于宇文觉，西魏灭亡，北周建立。西魏、北周时期实际控制区域包括今山西省晋南的部分地区。这一地区成为东魏、西魏角力，北齐、北周互攻的一个重要场所。

也曾繁盛一时的东魏、北齐，在三晋大地上遗留下诸多璀璨如珍珠的瑰宝，拂去历史的尘埃，呈现在世人面前，依然散发着夺目的光彩。遗存包括长城、古遗址、古墓葬、古战场、石窟寺等，类型涵盖社会生活的方方面面，有日用陶瓷器、珠宝饰品、石刻雕像、壁画、陶俑、建筑材料等。

湮没的繁华——古遗址

东魏、北齐时山西大部分都是其实际控制范围，虽两个朝代都历时不长，又经岁月洗礼，陵谷变迁，但仍遗留有多处特点明显的古遗址。现存有迹可循的古城址有东魏、北齐时兴建的城池，也有沿用前朝的城池，比较重要的有作为“霸府”“别都”的晋阳古城遗址，朔州古城遗址，临汾稷山县的斛律光寨、玉璧城遗址及高欢城址，运城闻喜县西魏、北周时期的罗王城遗址，朔州怀仁县的日中古城遗址，朔州山阴县的永静城遗址，晋城阳城县的濩泽县故城，忻州宁武县的苗庄城址，阳泉盂县的社城城址，吕梁岚县的秀容古城遗址等；寺庙遗址有太原童子寺遗址、太原晋源区花塔村寺庙遗址、阳泉盂县丰乐寺遗址、晋中榆社福祥寺遗址等；聚落遗址有阳泉盂县苌池遗址等。

晋阳古城

在太原市晋源区晋源镇西边的地面上残存一段长约 600 米的城墙，这便是著名的晋阳古城遗址的所在地，残存城墙为部分西城墙。据史料记载，晋阳古城始筑于东周，毁灭于北宋。

春秋时期晋定公十五年（前 497 年），“秋，晋赵鞅入于晋阳以叛”。赵简子家臣董安于筑建晋阳城。肇建伊始，它作为军事重镇就显示出重要作用。公元前 453 年，赵襄子固守晋阳城，灭智氏，奠定了三家分晋的基础。公元前 247 年，秦攻赵，拔晋阳城，始置太原郡。西汉初，刘邦“徙韩王信王太原以北，备御胡，都晋阳”。后封子刘恒为代王，都晋阳。汉武帝设并州刺史部于晋阳。东汉时晋阳为并州刺史治所，历曹魏不改。西晋改郡称国，都晋阳。北魏复太原郡。东魏时期，高欢先建大丞相府，后置晋阳宫，以晋阳城为政治、军事大本营，遥控朝政，时称“霸府”。北齐时期，高氏政权以晋阳城为别都。河清四年（565 年），又在汾河东岸新建太原县城。北周灭北齐后置并州总管府，将晋阳城内宫殿拆毁殆尽。隋开皇十六年（596 年）筑仓城，大业三年（607 年）重建晋阳宫城，在晋阳城西北形成一个以晋阳宫城为主，大明城、仓城为辅的品字形宫城区域。唐贞观初，长史李勣展筑东城，将太原县置于东城，以晋阳县治西城。武则天长寿元年（692 年）置北都，并州长史崔神庆建中城，跨水联堞，将东、西两座城池连为一体，在太原盆地北部形成一个西、中、东三座城相连的大型都市。天宝元年（742 年），改称北京。后唐、后晋、后汉先后以晋阳为依托，南下定鼎中原。宋太平兴国四年（979 年）五月，宋太宗赵光义率兵攻占晋阳城，北汉投降后 13 天，宋太宗即下令焚毁晋阳城，次年又决汾、晋二水，浸灌残城，显赫于历史上近 1500 年的晋阳城彻底毁灭。

晋阳城作为东魏“霸府”、北齐“别都”，在高齐政权中发挥着至关重要的作用，是当时实际的政治、军事中心。

晋阳“霸府”和“别都”地位的确立，并不是历史的偶然，而是有其深刻的历史背景。地理形势首先成为晋阳崛起的先决条件，而军事力量在当时

“以军代政”的环境下则更加重要，同时经济和社会基础以及民族融合中心地位的形成等等，也都是其不可或缺的因素。可以说，晋阳在东魏、北齐时的璀璨，是天时、地利、人和共同造就的。

从地理形势看，并州地区位于今山西省中部，“居京师上游，表里山河，称为完固，且北收代马之用，南资盐池之利，因势乘便，可以拊天下之背而扼其吭也”。并州地区自古就是兵家必争之地，其州治晋阳，战略地位更是重要，素有“北门锁钥”“中原北门”之称。晋阳的西侧是吕梁山的重峦叠嶂，吕梁山外侧更有黄河环绕，外部势力从这个方向入侵的可能性不大；东面是太行山，重崖断壁，山峦叠嶂，异常艰险，由井陉关连通河北，由河北仰攻殊为不易；北面是忻州、大同，中隔雁门险要；西南是临汾和蒲州，外有龙门和蒲津险要；东南上党，有天井关等重要关隘。晋阳居山西之中，四面均有屏护，易守难攻，不仅有利于联系北部少数民族，更有利于进入中原腹地控扼河北、河南。

作为中国历史上北方政治、军事、经济中心之一的战略重镇，晋阳早在春秋战国时期就已经初具规模。在整个中国古代史上，曾经有 9 个独立王朝在晋阳建立国都、别都和陪都，累计 300 余年，时间跨度近 1400 年，几乎与晋阳城的存在相始终。尤其是在东魏、北齐时期，晋阳不仅是北方的军事重镇，而且是统治者“霸府”和“别都”所在地，对整个北朝历史的发展起着不可或缺的作用。十六国时期，晋阳因其特有的地理位置逐渐由原来秦汉时期抵御匈奴、保卫北疆的战略重镇，成为少数民族建立政权、割据混战的主要场所。在短短几十年间，晋阳地区先后为西晋、前赵、后赵、前燕、前秦、西燕、后燕交替占据，有的政权甚至还在晋阳建都。北魏皇始元年（396 年），魏主拓跋珪亲率 40 万大军，南并后燕，攻占并州晋阳。其后百年，晋阳局势相对稳定，成为沟通南北的纽带和军事力量的集散地。北魏末期，尔朱荣居晋阳遥控洛阳。东魏时，高欢雄踞晋阳，建立“霸府”，将晋阳作为高氏政权的根据地。北齐延续东魏，更是将“霸府”升格为“别都”。在魏晋北朝这样动荡的年代，领有晋阳的势力或占据晋阳的北方民族，往往凭借晋阳的地理优势和雄厚的物质基础，或西入关中，或东出河北，或南下中原，直接威逼进而控制和颠覆中央王朝，十六国时期是如此，尔朱荣是如此，高氏“霸府”和“别都”的建立也是如此。晋阳在这一时期成为左右天下大势的策源地，尽显其“治世之重镇，乱世之强藩”的地位。

东魏、北齐将晋阳作为其龙兴之地还与当时的政治环境有很大的关系。北魏建国之初，柔然崛起于漠北，迅速发展为北方草原上一个强大的民族，成了北魏王朝的劲敌。为了抵御柔然的侵略，拱卫平城，北魏政府在北方边境先后建立了6个军事重镇。北方军镇在设立之初受到了特别的重视，其人选不是拓跋军主，便是鲜卑八部王公。镇兵也由作为“国之肺腑”的拓跋部成员和“中原强宗子弟”充任。但是孝文帝迁都洛阳以及迁洛后推行的一系列汉化政策，逐渐改变了六镇的地位和镇人的命运。新都洛阳地处中原，与北边相距遥远，六镇的拱卫作用已经不再重要。而且孝文帝迁洛后，忙于大张旗鼓地推行汉化政策，对于北方六镇原有的鲜卑贵族子弟的生活与前途漠视不顾，留在边地六镇的鲜卑军民逐渐被洛阳淡忘，地位和待遇也不断降低，最终导致“六镇起义”。六镇起义后，北方各地相继叛乱，河北、青州、关陇先后爆发大规模的起义。起义被镇压后，部分叛民流亡并州。这部分人进入并州地区，为并州豪强形成地方割据势力提供了人力和军事基础。在这种情况下，秀容川契胡尔朱荣异军突起，不断培植力量。尤其是在镇压了葛荣、刑皋等起义军及打败北海王元颢领导的南梁势力的进攻后，尔朱荣位极人臣，坐镇晋阳，遥控北魏政权。可以说，这一时期，中国北方实际的政治中心，已经从洛阳转移到了晋阳。后尔朱荣被孝庄帝所杀，尔朱兆迅速起兵占据晋阳，并攻陷洛阳，将孝庄帝押赴晋阳，杀害于晋阳三级佛寺。高欢正是在此时进入到尔朱氏的权力中心的。

高欢早年参加了河北杜洛周、葛荣领导的起义，起义被镇压后，投奔到尔朱荣的门下，逐渐受到尔朱荣的器重，成为其最得力的部将之一。尔朱荣死后，高欢趁机骗取了尔朱兆的信任，取得六镇降户的统领权。正是凭借六镇降户的力量，加上河北大族的支持，高欢举起了反对尔朱氏的大旗。北魏末期“信都举义”（531年），高欢公开脱离尔朱氏集团。北魏永熙元年（532年）七月，高欢在邺城附近的韩陵以少胜多，大败尔朱氏。

同年七月，高欢由井陉、滏口两道进兵，攻破晋阳。高欢自任大丞相、天柱大将军、太师，实际掌握了北魏的军政大权。高欢占领晋阳后，建立了大丞相府，长期居住于此，遥控洛阳。他还把手下的鲜卑人从河北迁到并州、汾州一带，从此，六镇鲜卑拱卫于晋阳周围，原为尔朱氏控制的晋阳，变为高欢霸业的政治、军事基地。

东魏建立后，其政权一开始就掌握在高氏父子手里。高欢镇晋阳，高澄镇邺都，东魏孝静帝只是其掌上的一个傀儡。东魏时，就有人称晋阳高氏政权为“霸朝”，相府为“霸府”。玉璧之战失败后，一代枭雄高欢去世，不久，他的长子高澄在邺城被人刺杀身亡。高澄在世时已经基本完成了夺取东魏政权的准备工作，高澄死后，其弟太原公高洋迅速自晋阳发兵至邺城稳定局面。此时高洋已不再满足于当个大丞相或者中书令，他凭借晋阳强大的军事力量，迫使孝静帝让位，自立为帝，国号为“齐”，史称“北齐”。

北齐建立后，虽然都城仍在邺城，但因晋阳是高氏的创业基地，在立国之前已据晋阳十八载，且朝代虽更迭，但实际掌权者并没有转换，因此晋阳作为高氏的龙兴之地，它的重要地位并没有多大的改变。也因北齐的建立，晋阳由原来东魏时的“霸府”而升格为北齐时期的“别都”。

北齐时期的“别都”有别于历史上其他时期的陪都。“别”即另外、另一个的意思。也就是说，晋阳是北齐邺城以外的另一个首都所在。中国历史上多有两都制，即除了首都，另外还设立陪都。一般认为，首都在政治上具有绝对权威，陪都只具有礼仪性质，目的在于辅助作为政治中心的首都，扩大和加强朝廷的统治。在设立的时间上，也是先有首都，而后才选择陪都。但是，北齐的两都制却与此不同。虽然说作为北齐都城的邺城设立在前，而作为“别都”的晋阳更名在后，但实际上邺城被作为东魏的首都是出于“霸府”地域位置的考虑。高欢当权时期，孝武帝在洛阳不断培植力量，与高欢势力相抗衡。高欢为消灭北魏皇室的权威及其培植的对抗势力，就逼迫孝武帝离开皇室重城，重建基地，邺城就是在这种情况下被选定的。河北本就是高欢的根基之一，河北大族多附庸高欢，由晋阳东出，挥鞭策马，便可直指邺城。高欢下令迁都邺城，“诏下三日，车驾便发，户四十万狼狈就道”。而高欢本人并没有去新都邺城看一眼，直接从洛阳返回晋阳。高欢长住晋阳，频繁往来于晋阳和邺城之间。这样，晋阳以实际首都的地位，开始了对邺城近半个世纪的控制。晋阳作为当时实际的政治、经济和军事中心，它的地位已经超过了首都邺城，形成我国陪都史上喧宾夺主的特殊现象。

终北齐一代六帝，在晋阳即位的就有废帝高殷、孝昭帝高演、武成帝高湛、后主高纬。也就是说，除了开国皇帝高洋为了表示接受东魏的禅让在邺城登基，幼主高恒亡国临头仓促在邺城即位外，其他四位皇帝的传接仪式都是在晋阳举行的，有的即使是身在邺城，也要匆匆赶往晋阳即位。在古代中国，天子践位，皇帝禅代，是极其隆重的盛典，其地点的选择，除了在非常时期，一般都要在都城举行。而北齐皇帝的传接仪式在晋阳举行，本身就说明，在高氏看来，晋阳就是他们实际的首都所在。另外，北齐诸帝不避寒暑，长年累月奔波穿梭于晋阳和邺城之间，据粗略统计，从东魏天平元年（534年）至北齐承光元年（577年）的43年中，高氏执政者共穿梭于晋阳和邺城之间37次，住在晋阳的时间是29年，在邺都的时间是14年，在晋阳的时间为在邺城时间的两倍有余。另外，东魏、北齐时的晋阳，不仅是帝王的长居之地，当时的许多宗室国戚、勋贵权臣也都居住在这里。高欢的原配娄昭君、得力大将斛律金等，都长年居住在晋阳。近年来在晋阳地区发现的北齐东安王娄睿墓、武安王徐显秀墓、武功王韩祖念墓、泾州刺史狄湛墓、东夏州刺史刘贵墓、太仆少卿贺娄悦墓、北尉少卿厍狄业墓、骠骑大将军贺拔昌墓等就是有力的佐证。

东魏、北齐两代，晋阳都是军事、政治权力中枢，是政令所出、帝王常住之地，城内冠盖相倾，精英荟萃，城市建设宏伟，宫殿壮丽，其繁华兴盛程度已远超邺都。

晋阳不仅是东魏、北齐的统治者实际居住的地方，同时还是当时统治者发号施令的政权中心之所在。为适应晋阳作为政治中心的地位，东魏、北齐的官僚制度也相应地发生了变化。北齐在晋阳另设有并州尚书省，简称并省。而位于邺城的中央尚书省则称作“京省”或“邺省”。北齐出任并省尚书令的都是宗亲显贵。并州尚书省的官属比照邺都尚书省而设置，主要处理“别都”的日常事务。

晋阳还是当时的军事中心。尔朱氏控制晋阳时本就已拥兵自重，正是以晋阳强大的军事力量为后盾，尔朱荣才能遥控洛阳，左右朝政。尔朱荣被杀后，其侄尔朱兆进驻晋阳。尔朱兆不仅承袭了尔朱荣的所有官位，包括最为重要的“都督中外诸军事”，更将原来的“北道大行台”晋升为“大行台”[1]，进而确立了晋阳作为中央军事统治机构的位置。高欢入主晋阳后，更是把三州六镇的边民迁入晋阳周边，边民多习弓马，英勇善战。天平元年（534年），孝静帝迁邺，高欢在洛阳布置结束后，立刻“事毕还晋阳。自是军国政务，皆归相府”。后来，高欢又将原属邺都的外兵曹、骑兵曹迁到晋阳，分掌兵马，以便更高效地对军队进行调度和控制，这就进一步确立了晋阳作为全国军事中心的地位。东魏与西魏的几次大会战，高欢都是从晋阳出兵。

东魏、北齐的统治者不但在政治、军事上倚重晋阳，还在经济、文化等方面对晋阳倍加关注。高氏父子为了自己政权的安危与生存，为发展晋阳经济做出了很大的努力。高洋代魏之初，就诏告天下：“并州之太原，青州之齐郡，霸业所在，王命是基。……蠲复田租。齐郡、渤海可并复一年，长乐复二年，太原复三年。”晋阳最受优待。这些措施，在一定程度上促进了晋阳地区的经济发展。这一时期，晋阳的手工业也取得了很大的发展，北齐政府还在晋阳设立了专门管理冶铁业的机构——晋阳冶。随着经济的不断繁荣，晋阳逐渐成为当时北方的贸易中心地区。据史料记载，在北齐时，晋阳城内已经出现了靠租赁店铺而获取利润的人。此外，晋阳城还是各地物资集散、珠宝荟萃之地，大量的马匹、珠宝从晋阳城流向各地。

经济的繁荣必然带来文化的昌盛。晋阳是从军镇发展为政治中心的，多认为其重武轻文，主要功能是以武功定天下，而邺都才是文人才子汇聚的地方。但随着近年并州地区东魏、北齐考古资料的不断丰富，晋阳地区逐渐显露出独特的文化风貌，其风采丝毫不亚于邺都。娄睿墓、徐显秀墓、忻州九原岗北朝壁画墓等一大批墓葬的发掘，有力地证明了当时晋阳地区文化的璀璨。墓葬中的壁画、器物等不仅有中原文化元素，而且还有佛教文化、祆教文化、中西亚文化等多种元素。这些墓葬所蕴含的信息让我们可以一窥“霸府”“别都”地区文化的异彩纷呈。

各民族的交流融合是东魏、北齐时期晋阳的又一个重要特点。晋阳地处山西腹地，自古便是中原农耕民族和草原游牧民族的交汇之地，它的水土、气候都与塞外接近，北方少数民族内迁，很容易在此找到自己所熟悉的东西而愿意停留，为适应中原的生活做准备。因此，晋阳地区少数民族人口日益增多，成为北方少数民族主要聚居地之一。少数民族进入晋阳地区以后，与当地人民一起生活，共同劳动，吸取汉族先进的文化和

〔1〕大行台为北魏的官署名。北魏时期，掌握军政大权者，在出征时于其驻扎之地设立临时政务机构，这种代表中央的机构被称为“行台”，若任职的人权位特重，则称“大行台”。但这个职官往往会加以一定的限制来表明其只拥有对一部分武装力量的掌控，如“北道大行台”“陕东道大行台”等。

图2-1　晋阳古城一号建筑基址鸟瞰图

生产经验，不仅促进了自身的发展和转化，而且给当地人民的发展注入了新鲜血液，使晋阳成为民族融合发展最迅速的地区之一。东魏、北齐时，这种交汇发展演绎得更为华彩。高欢祖籍渤海，早年曾居于鲜卑文化浓厚的六镇，后又追随契胡尔朱荣，且与河北大族交往密切，这种经历使得他能够接纳各种不同文化，在对诸多文化元素兼收并蓄的基础上开创了东魏、北齐的繁华。“上有所好，下必附焉”，居住在晋阳地区的达官显宦是文明互动的有力推行者。文化总是以一定的物质形态所表现，这种交流互动的物质文化形态在晋阳地区屡见不鲜，如娄睿墓壁画中壮观的胡商图，装饰异域风格图案的釉陶；徐显秀墓壁画中的波斯锦、胡床、胡乐、蓝宝石戒指；库狄迴洛墓和韩祖念墓中造型优雅、佛教色彩浓厚的鎏金铜瓶以及同时期墓葬中驮满货物的骆驼俑等。这些世界文化交流史上重要的物证表明，盛唐时代达到顶峰的中外交流，早在北齐时就已经出现并具有相当规模。这种交流也凸显了北齐晋阳作为国际大都市的地位，进而证实东魏、北齐时的晋阳是各民族融合、多文化荟萃之地。

东魏、北齐时，晋阳是高氏政权的大本营。东魏建立后，高欢便对晋阳城进行了大规模的修建。北齐建立后，后继诸帝也都刻意经营晋阳，这个时期也就成为晋阳城营建的高潮时期。

北魏普泰元年（531 年），高欢在晋阳建大丞相府，后又于武定三年（545 年）大兴土木，建起了宏伟壮丽的晋阳宫。北齐诸帝又建有大明宫、十二院等。见诸史籍的晋阳宫内的建筑有：内殿（高欢妻娄氏所居）、德阳殿（文宣帝高洋驾崩于此）、宣德殿（孝昭帝高演、废帝高殷即位于此）、崇德殿（孝昭帝高演驾崩于此）、南宫（武成帝高湛即位于此）。此外，晋阳宫内还有一些其他建筑。如：北齐天保二年（551 年），“冬十月戊申，起宣光、建始、嘉福、仁寿诸殿”等。大明宫位于晋阳宫西南，《元和郡县图志》载：“高齐后帝于此置大明宫，因名大明城。”姚最《序行记》曰：“晋阳宫西南有小城，内有殿，号‘大明宫’，即此也。城高四丈，周回四里。”姚最为周、隋间人，其所记应当可信。后主高纬时，又在晋阳建有奢华的十二院。

被郦道元称为“晋川之中最为胜处”的唐叔虞祠，位于晋阳城外西南 5 公里，即今晋祠，在东魏时期，高欢还把这里修葺一新，并征召当时著名文士祖鸿作《晋祠记》，赞颂晋祠的山光水色和亭台楼阁，晋祠之名遂著称于世。北齐天保年间（550—559 年），文宣帝高洋又大肆扩建晋祠，“大起楼观，穿筑池塘，飞桥跨水”“兴修凉亭水榭”，命名“难老”“善利”二泉，使这里成为皇家离宫别苑。“自洋以下，皆游集焉”，确实为晋阳增色不少。晋阳名士王晞曾有诗咏：“日落应归去，鱼鸟见留连。”

图 2-2　晋阳古城遗址出土的脊头瓦

近几年晋阳古城遗址的考古发掘出土有大量的建筑构件，以砖、板瓦、筒瓦和瓦当为主。瓦当纹饰主要为莲花纹和兽面纹。2012 年，山西省考古研究所在古城营村南约 200 米处试掘 225 平方米（图 2-1）。此次发掘虽然面积不大，但出土的几件建筑构件却彰显出东魏、北齐时期作为“霸府”“别都”的晋阳城的雄伟壮丽。出土的一件脊头瓦，为泥质灰陶，平面呈梯形，上端略窄，正面为一浮雕兽首，兽首双耳上竖，浓眉细目，大鼻阔嘴，冷面獠牙，一副威严雄壮之势。兽首眉心做一圆形穿孔供搭建用（图 2–2）。建筑材料中尤为重要的是两件有明确纪年的空心砖残件，一件为“大魏兴和二年造”（图 2–3），另一件为“大齐天保元年造”（图 2–4）。“大魏兴和二年”为东魏孝静帝元善见兴和二年（540 年），“大齐天保元年”为北齐文宣帝高洋天保元年（550 年），两者仅相差 10 年。这两件建筑构件除纪年不同之外，其尺寸、型制、纹饰等基本相同。砖为模制，主题纹饰为莲花纹和神兽。神兽为兽首鸟身蹄足，这种神兽也出现在徐显秀墓、娄睿墓、湾漳北朝墓等墓葬壁画中。装饰纹样有忍冬纹、蟠螭纹、龙虎穿璧纹等。蟠螭纹和龙虎穿璧纹是常见于汉文化的装饰图案，忍冬纹、神兽纹则具有明显的异域风格，莲花纹则是佛教文化的传统表现形式。将这些不同民族、不同信仰、不同文化的内容融合在一起，不仅显现了东魏、北齐时期晋阳城建筑的富丽堂皇，而且是民族交融、文明互动的一个缩影。

高齐与元魏一样尊释礼佛，从高欢开始，便崇信佛教。高氏父子不惜耗费重金，仿照北魏在云冈和龙门的做法，开凿天龙山石窟。北齐建国后，除继续开凿石窟外，又在晋阳西山大造佛寺，先后兴建了童子寺、定国寺、

图 2–3　晋阳古城遗址出土的“大魏兴和二年造”空心砖

图 2–4　晋阳古城遗址出土的“大齐天保元年造”空心砖

开化寺、天龙寺、崇福寺等，还雕凿了西山大佛，“凿晋阳西山为大佛像，一夜燃油万盆，光照宫内”。至今，在太原西山一带还有诸多佛教遗存。天龙山石窟的第2、3窟便是高欢当权时期开凿的，虽部分造像遭到破坏，但总体风格依然完整，窟室方形，三壁三龛，造像清秀柔美，手法朴实、简洁。第3、10、16窟为北齐开国皇帝高洋时期开凿，窟前增加了仿木结构的前廊，廊雕二柱，柱头承普拍枋，枋上有一斗三升斗拱，补间则施人字形叉手，是现存北齐重要的建筑实例。童子寺遗址是另一处重要的佛教文化遗存，始建于北齐天保七年（556年），《法苑珠林》卷十四载，“唐并州城西有山寺，寺名童子，有大像，坐高一百七十余尺”，现仅残存部分造像和燃灯塔以及大佛前的佛阁遗址，昔日的辉煌已荡然无存，诵经的梵唱也变为空山鸟语。西山大佛的雕凿是当时另一项工程浩大的崇佛事件，大佛始凿于北齐文宣帝高洋天保二年（551年），完成于幼主高恒承光元年（577年），历时26年。像为坐姿，依山开凿，高约66米，是世界上罕见的石刻大佛。此外，近年在晋阳城周边以及晋阳古城内零星发现有东魏、北齐时期的纪年造像。1954年，在晋源区晋祠镇花塔村附近出土东魏兴和二年（540年）、武定三年（545年）石造像。1996年，在晋祠镇古城营村晋阳古城遗址范围内出土一件北齐风格的汉白玉造像，这尊造像的发现，说明北齐时期晋阳城内也大兴寺庙，这为探索晋阳古城的规模、布局、兴衰提供了重要的资料。再有，当时不仅兴建宏伟的寺庙，供养庞大的僧众，普通民众也多信佛。2002年，在太原西山脚下寺底村发现的优婆塞墓便是个证明[1]。

自从高欢击败尔朱氏，在晋阳建立大丞相府以后，晋阳就成为高氏父子遥控朝廷的“霸府”所在。北齐建立后，虽然定都邺城，但晋阳的重要地位并没有多大改变，反而随着高齐皇帝常年居住于此而变得更加重要起来，成为凌驾于邺都之上的“别都”。此时之晋阳，经济发达，文化昌盛，城池壮美，人物荟萃，已逐步发展成北方的政治、经济、文化中心，尽显其贯通南北、连接东西、商贾云集、物资充盈的国际大都市的魅力。

〔1〕优婆塞，是据梵文音译的外来词，指信仰佛教，在家修行的男信徒，即后代的居士。在家修行的女信徒称“优婆夷”。

朔州古城

雄踞于雁门关与长城之间，北连内蒙古，南控雁门、偏关、宁武三关，有通达忻、代、原平诸市县之道，古为边陲之要塞，既可应援大同，又能拒防全晋，是历代兵家必争之地。历史上，匈奴、突厥、回纥、鲜卑、契丹、女真、蒙古等少数民族南犯取晋，多先围守朔州，而后入雁门关，直取晋阳。古城位于朔州市朔城区旧城外围，时代为北齐，城址平面为长方形，南北 1800 米，东西 1600 米，总占地 288 万平方米。现存城墙残高 8 米，底宽约 15 米，顶宽约 10 米，城墙上部建筑构造现已不明。由于现代取土破坏，四面城墙均遭不同程度的损毁。清《朔州志》载，秦始皇三十二年（前 215 年），大将蒙恬率军北击匈奴，在此筑城养马，故名马邑。汉置马邑县。清光绪《山西通志》载，北齐天保八年（557 年）“复徙治马邑，为北朔州”，朔州城墙是在秦马邑城的基础上于北齐天保八年（557 年）筑构而成的。

尘封显赫——古墓葬

晋阳在东魏、北齐时期是实际的权力中心，因而在太原及其周边的朔州、忻州、晋中地区遗留有许多达官显贵的墓葬。经过近几年的科学考古发掘，这些墓葬中的一部分得以展现在世人面前，虽然只是很少的一部分，但恰如管中窥豹，从这些已经发掘的墓葬足可一览当时的社会生活、风土人情。

太原东山、西山发掘了数十座东魏、北齐时期的墓葬，这些墓葬中多数出土有墓志，对于确定时代和墓主身份起了关键作用。1955 年义井村天保十年（559 年）张肃俗墓，1960 年郑村天保七年（556 年）柳子辉墓，1979 年王郭村武平元年（570 年）娄睿墓，1982 年小井峪村天统四年（568 年）韩祖念墓，1984 年南坪头村天统三年（567 年）厍狄业墓，1986 年义井村神堂沟皇建元年（560 年）贺娄悦墓，1987 年太原第一热电厂北齐壁画墓，1990 年寺底村天统元年（565 年）张海翼墓，1999 年义井村天保四年（553 年）贺拔昌墓，2000 年王家峰村河清三年（564 年）狄湛墓，2001 年王家峰武平二年（571 年）徐显秀墓，2002 年岗头村河清二年（563 年）刘贵墓，2002 年开化村天保六年（555 年）大将军墓，2002 年开化村天保十年（559 年）北齐洞室墓，2012 年寺底村张信夫妇墓、和公墓等。除了这些有明确纪年的墓葬之外，晋阳古城附近的寺底村、开化村在配合基本建设的考古发掘中还有一大批东魏、北齐时期的小型土洞墓。

现在的晋中地区在东魏、北齐时有很大一部分属于并州，在近些年的考古发掘中也发现了东魏、北齐时期的墓葬，1973 年祁县白圭镇发现天统三年（567 年）韩裔墓，1973 年寿阳县贾家庄发现河清元年（562 年）厍狄迴洛墓等。

除了这些在权力中心地区发现的墓葬外，2008 年在朔州市水泉梁村发现一座北齐壁画墓，2013 年在忻州市九原岗发现一座东魏、北齐时期的大型壁画墓。

奢华缩影——张肃俗墓

墓葬位于今山西省太原市西南圹坡，是我国发现较早的有确切纪年的北齐墓葬，1955 年施工时发现。墓主张肃俗，代郡平城（今大同）人，北魏龙骧将军长安侯张子霞的四子。墓葬为土洞墓，平面方形，墓室顶部穹隆状。出土陶俑、陶器等 40 余件，计有立与蹲伏状女俑、武士俑、镇墓俑、镇墓兽、马、骆驼、牛车、犬、猪、鸡以及井、灶、碓、磨、厕等明器，多为模制，外施红、黄、白、黑等彩绘，色调鲜明，保存较好。人物形象高度在 13~25 厘米之间，面相清秀，女俑举止俏丽飘逸。动物造型中的载物骆驼、镇墓兽和牛车均高约 30 厘米，形态生动。张肃俗墓的陶塑虽数量不是很多，但此墓是发现较早、有确切纪年与出土地点的北齐墓葬，为研究北魏到隋唐明器陶塑的发展脉络提供了可信的资料。

陶牛车：牛膘肥体壮，昂首，双角上扬，四蹄稳重有力，以十分夸张的手法表现出牛雄健硕大的体态。车辆有圆拱棚，车厢短宽，前面有栅栏，车厢入口设计在车辆后部，无门（图 2–5）。牛车在汉代主要是贫穷的人乘坐或用来运载货物，有一定身份地位的人一般都乘坐马车。三国两晋南北朝时期，上自皇帝，下至一般官吏，在日常生活中牛车、马车并用，牛车较多地成为出行车辆。其中，西晋到北朝，一定品秩以上的官员及太子

图 2–5　张肃俗墓陶牛车

图 2–6　张肃俗墓陶骆驼

享受给车、赐车、加车的待遇，这些车辆中有些便是牛车。《晋书·职官》记载："诸公……给……皂轮犊车各一乘。"这里所说的犊车就是指牛车。另外还有驾牛的皂轮四牛车、油幢车、云母车等。南朝齐梁时期，太子常乘驾牛的画轮车，二千石四品以上及列侯皆给驾牛的轺车，诸王、三公特加皂轮牛车。南朝萧齐时期，上层政府官员多乘驾一牛的轺车进入宫廷办公。北魏在熙平元年（516年）制定车制，庶姓王侯、尚书令仆以下、列卿以上给驾马轺车，或乘牛车；正一品、从一品及仪同三司至七品官员都乘牛车。不仅史书中有不少当时用牛车的记载，考古发现的这一时期的陶牛车模型、绘画资料更为多见。这些都显示了牛车是盛行一时的交通工具。

陶骆驼：骆驼被称为"沙漠之舟"，是西北方沙漠地带主要的交通工具。汉族中原地区本来较少使用骆驼，随着北方游牧民族进入中原和以贸易为生的胡商的大量出现，骆驼才慢慢地进入到中原民众的生活之中。河南密县东汉画像砖上曾出现过骆驼驾车的形象，而载物的陶骆驼最早见于北魏墓葬，至隋唐时期，陶骆驼已发展成为随葬俑群中不可或缺的类型。该墓出土的陶骆驼昂首挺立，驼背两侧搭着木排条状的毡架，上面装载着丝绢等物品，是丝绸之路上骆驼的典型形象，生动地反映了这一时期丝路商人的生活与骆驼有着密不可分的关系（图2-6）。丝绸之路沿着西北戈壁的边缘，穿越中亚粟特、昭武九姓诸国，一直到达撒马尔罕、波斯和叙利亚，将地中海沿岸的各大城市与东方联系在一起，魏晋之后北方十六国纷争的局面也没能阻断丝路上的驼铃声。驼背上不仅驮载着货物，还放置着供商人路途休息所用的移动毡帐。它便于拆搭，可以遮风挡雨。小小的毡帐被雕塑家所捕捉，他们将毡帐的支撑架子如实地雕塑在驼背上。驼背上的木排条就是支撑帐篷的毡架，是由若干细木杆编制而成的网状圆形转壁，可以折叠张合，既利于拆卸，又便于携带。行路时，这些架子被安放在驼背两边的货物下面，休息时从驼背卸下，放于地上支撑开，很方便地搭建成一座临时居所。毡帐折叠起来虽然体积很小，但张开后使用面积却很大，冬暖夏凉，是丝路商旅必备的生活物品。商人与骆驼的特殊感情，被艺术家融入陶俑的塑造中，陶骆驼作为随葬品被安置于墓葬中，伴随着主人的灵魂继续前行。这件陶骆驼塑造得十分精准，身体比例协调，手法简练精细，骆驼头部、蹄足生动逼真，而颈、身、腿、颈毛则较为概括，身上的驮物雕塑得很精细，简繁搭配，层次分明。骆驼宽大的蹄足显得结实有力，头部刻画得相当传神，颈部弯而长，骆驼从容徐缓之态尽显其中。雕塑家以极为写实的风格塑造的这批体格健壮、昂首阔步、神情怡然自得的骆驼，可称得上是北齐雕塑的佳作。

扑朔迷离——忻州九原岗北朝壁画墓

九原岗北朝壁画墓位于忻州市忻府区兰村乡下社村东北约 600 米处，是忻州市市级文物保护单位九原岗墓群中被盗较为严重的一座。2013 年 4 月，接举报，该墓群内一座墓葬又现盗洞，山西省考古研究所立即组织调查队前往调查。被盗墓葬位于一片耕地内，地表封土犹存，在封土的北侧发现一盗洞。循盗洞而下，墓室西北角的墓壁被凿穿高约 2 米、宽约 1 米的大洞。进入墓室后发现墓室内凌乱不堪，到处都是残砖和棺木构件，还有矿泉水瓶、烟盒、毛毯等杂物。墓室内的壁画所存无几，仅剩墓室顶部的天象图及墓壁的零星图案。顺甬道进入墓道，发现甬道顶部残存的一幅神兽图较为完整，色彩艳丽如新。在墓道内发现有盗掘壁画的现象。墓道内的部分填土已被挖掘，东西两壁各有约 2 平方米的壁画被切割、毁坏。从墓道内盗掘后遗留的壁画残片看，墓道内壁画做工精细，剩余的未被盗掘的壁画应该规模宏大。考虑到该墓壁画的重要性和可能再次被盗扰的情况，山西省考古研究所立即上报相关部门，申请抢救性发掘。2013 年 6 月下旬，经国家文物局批准，山西省考古研究所与忻州市文物管理处联合组成考古队，对其进行了抢救性发掘。经过半年多的艰苦工作，共清理壁画 200 余平方米，出土了大量陶俑残片及棺椁构件。

墓葬为带斜坡墓道的单室砖墓，坐北朝南，由封土、斜坡墓道、甬道和墓室四部分组成。因常年的风雨侵蚀及农田基本建设，封土原貌已发生很大改变，现存封土平面为不规则状，倒塌处的断面上夯层明显。封土所用浅黄色土与周边耕地土质相同，应为就地取土堆砌夯筑而成。封土堆下即为墓室。

墓道位于整个墓葬的南端，北接甬道、墓室。墓道平面呈长方形，上宽下窄，两壁呈阶梯状，自上而下有三次收缩，将墓道壁分为四层。发掘过程中发现在墓道内还有一早期盗洞，该盗洞自地表沿墓道东壁下挖至墓道近底处后又沿墓道东壁挖至墓门，这个盗洞对墓道东壁的壁画造成了极为严重的破坏，东壁第四层壁画几乎被破坏殆尽，甚为可惜。墓道内壁画的做法遵循常制，墓道建好后，在墓道壁上抹一层厚 1~2 厘米的草拌泥，而后在草拌泥上再涂抹一层厚 0.5~1 厘米的白灰，最后在白灰面上作画。虽然壁画的做法与同时期其他墓葬基本一样，但墓道的修砌却有其特别之处。一般墓葬的做法是直接挖墓道，即用多宽挖多宽，不合适的地方会有局部的修补，但该墓墓道的做法却有悖于常规，是先挖后垒砌，即先在空地上挖掘出一个长方形的土圹，然后用土坯垒砌墓壁，这种做法可能是为了墓道自上而下收缩的时候更容易控制。

甬道位于墓道与墓室之间，平面呈长方形，拱形券顶。甬道南端墓门处原有石门，现仅残存石质门楣和部分门框的残块，石门已不见。甬道北端有砖砌封门，甬道两壁及顶部均绘有壁画，因遭破坏，保存不佳。

墓室平面为弧边方形，穹隆顶，原四壁皆有壁画，现大部分已无存，仅顶部保留有星象图。墓室西部有砖砌棺床。墓室内几乎被盗掘一空，只残留部分破碎陶俑及瓷器残片。

壁画是墓葬最重要的发现。壁画主要分布于墓道东、西、北三壁，甬道及墓室有少许残存（图 2–7、图 2–8、图 2–9）。墓道东、西两壁壁画自上而下各分为四层，两壁壁画在构图、内容上基本相同。第一层为升仙图，主体绘仙人、畏兽、神鸟等形象，四周以流云、忍冬补白。其中有《山海经》中记载的“驳”（一种食虎豹的马）和“疆良”（一种食蛇的怪兽）（图 2–10、

图 2–7　忻州九原岗北朝壁画墓墓道北壁

图 2-11）。第二层为狩猎图，所绘人物、动物形象生动，狩猎内容丰富。南段均为幕僚和侍者。在西壁的狩猎场景中，有一头戴将军帽者骑在马背上正准备弯弓射箭，其前方为奔跑的鹿群，其身后一人手拿令旗，似在指挥整个狩猎队伍（图 2-12、图 2-13、图 2-14）。第三层为出行队列，所绘人物为站立的武士形象，所有武士均佩带弓箭。西壁南端为一骑马的少年人物形象，其前方一只猎狗和一只雄鹰正在捕杀兔子，少年右臂前伸，似在指挥捕杀活动（图 2-15、图 2-16、图 2-17）。第四层为仪卫图，东壁被盗洞毁坏，西壁全部为站立的仪卫形象。墓道北壁绘一座规模宏大的庑殿顶木结构建筑，屋顶正上方绘一火盆，左右两侧各绘一兽首鸟身的怪兽形象，屋檐下绘六幅侍女形象。甬道东西两壁壁画已破坏殆尽，仅残存顶部一畏首形象。墓室四壁壁画大部分被盗，仅余残块，从痕迹判断，东壁为青龙，西壁为白虎，惜只残余身体的局部。墓室顶部壁画相对保存较好，为星象图，东壁上部可见一三足乌，西壁残留半身蟾蜍，北壁有北斗七星，南壁有南斗六星，空白处用繁星填补。

就整个墓道壁画而言，画面的主体、精髓是大型的狩猎场面，200 余平方米的壁画是一幅大型的狩猎画卷。若将壁面依次展开，前导为羽人、神兽为主体的天界部分；其下即为大型的狩猎场面，崇山峻岭、层峦叠嶂中，勇猛的骑者驭马飞驰，张弓搭箭，被追逐的鸟兽惊恐之状活灵活现；再后为出行队列，在缓步前行的武士中，有专为墓主预备骑乘的马匹，有供休憩用的胡床等；队列的最后是墓主的仪卫亲信，躬身而立。画面庞大浩繁，不仅人物形象众多，姿态各异，而且各种前所未见的神鸟怪兽布满天界，在彰显灵动的同时不失威严。

该墓因多次被盗，记载墓主生平事迹的墓志也已被盗，而出土的人体骨骼数量也较少，且保存状况很差。据当地村民介绍，墓志在十几年前被盗卖，志文中有“大将军”几个字。结合墓葬规模推测，墓主人应该位高权重，是统治集团的核心人物。从壁画中人物形象和表现手法来看，该墓与太原北齐徐显秀墓、娄睿墓有许多相似之处，初步推断其年代为北朝晚期。从壁画内容及规模来看，该墓无论是对空幻世界的想象还是对现实生活的描绘，都比同时期其他壁画墓的内容更加丰富，狩猎场面也更加逼真。墓道北壁完整的木结构建筑在同时期墓葬中是首次发现。该墓葬的发掘不仅可以填补忻州地区没有北朝墓葬的空白，而且可以使我省北部区域北朝墓葬的分布情况更加清晰，对研究北朝社会生活、绘画艺术、服饰特点、武器配备、建筑形式等都具有非常重要的意义。

图 2-8　忻州九原岗北朝壁画墓墓道西壁局部

图 2-9　忻州九原岗北朝壁画墓墓道东壁局部

图 2-10　忻州九原岗北朝壁画墓神兽图

图2-11　忻州九原岗北朝壁画墓神兽图

图 2-12　忻州九原岗北朝壁画墓狩猎图

图 2-13　忻州九原岗北朝壁画墓狩猎图

图 2-14　忻州九原岗北朝壁画墓狩猎图

图 2-15　忻州九原岗北朝壁画墓出行图

图 2-16　忻州九原岗北朝壁画墓出行图

图 2-17　忻州九原岗北朝壁画墓出行图

皇亲国戚——娄睿墓

在太原晋祠南约 2.5 公里的王郭村和牛家村之间有一土岭，俗称晋王岭，自古有两座大墓，宛如小山，一南一北，巍然对峙。清末刘大鹏所著《晋祠志》记载：“晋祠南五里许，晋王岭有大墓二，南一北一，当地群众俗称‘王墓’。”靠近王郭村的墓葬长久以来一直被认为是北齐丞相斛律金的墓葬。如明嘉靖《太原县志》记载：“斛律丞相墓在县（指太原县，今晋源镇）西南十五里。”清道光《太原县志》也记载：“丞相斛律金墓在县西南十五里。”1979 年 4 月至 1981 年 1 月，山西省、太原市文物部门对该墓进行了科学的考古发掘，结果却为北齐娄睿夫妇合葬墓，才纠正了方志之误。

墓葬位于太原市晋源区王郭村西南 1 公里，距当时“霸府”“别都”晋阳古城约 7 公里。

娄睿，鲜卑贵族，本姓匹娄，简改称娄，祖籍为北魏北方六镇之一的怀朔镇。娄氏家族自北魏即为鲜卑望族，权威显赫，财源富足。娄睿的爷爷娄内干共育有二子三女，长子娄拔，即娄睿的父亲，次子为娄昭，三个女儿也分别嫁入当时的豪门，长女嫁与段荣，次女娄黑女嫁与窦泰，三女娄昭君嫁与高欢。娄睿自幼丧父，其叔父、姑母对其宠溺有加，特别是其三姑母娄昭君，对其仕途影响极大。娄昭君是高欢的嫡妻，即北齐“神武明皇后”。娄昭君生有六男二女，在她的主持下，儿子高澄、高洋、高演、高湛及孙子高殷相继继承北齐帝位。娄睿与北齐多位皇帝是亲姑表兄弟。有如此显赫的家世，娄睿终其一生虽也几经升贬，但最终飞黄腾达。

《北齐书》：“昭兄子睿。睿字佛仁，父拔，魏南部尚书。睿幼孤，被叔父昭所养。为神武帐内都督，封掖县子，累迁光州刺史。在任贪纵，深为文襄所责。后改封九门县公。齐受禅，得除领军将军，别封安定侯。睿无他器干，以外戚贵幸，纵情财色。为瀛州刺史，聚敛无厌。皇建初，封东安王。大宁元年，进位司空。平高归彦于冀州，还拜司徒。河清三年，滥杀人，为尚书左丞宋仲羡弹奏，经赦乃免。寻为太尉，以军功进大司马。武成至河阳，仍遣总偏师赴悬瓠。睿在

图 2-18 娄睿墓陶俑

豫境留停百余日，专行非法，诏免官，以王还第。寻除太尉，薨。赠大司马。”称他“在任贪纵”“聚敛无厌”“专行非法”，同书娄睿传又称他“纵情财色，为时论所鄙”。

娄睿虽为官贪婪骄纵，但确实为高齐政权的建立和巩固立下过不小功劳。北魏末年，边镇人民不堪重负纷纷起义，娄睿积极投身于高欢阵营，随高欢信都起义，戎马生涯历经 40 年，其间虽因贪婪无度惹朝野怨愤而被削官贬职，但很快又加官晋爵。娄睿就是在一次次加官—免职—再加官这样的过程中步步高升，以后又授大将军、大司马而统领全军，又以太傅、太师兼尚书事、尚书令而成为总领帝机的重臣。娄睿以外戚而贵幸，也有纵情声色、聚敛无厌、滥杀无辜等劣迹，史书都有记载，卒于武平元年（570 年）二月五日。

娄睿墓规模宏伟，地面上有封土，地下有墓道、甬道、天井、墓室，总长 35.5 米，墓底距地表约 10 米。封土高大，又经夯打，虽漫历千余年风雨及人为破坏，仍残留有 6 米多高，占地 400 余平方米。墓道长约 21.3 米，呈坡形，南北向，北接甬道。甬道长 8.25 米，后部有彩绘青石墓门。墓室为砖砌单室墓，四壁中部稍微向外弧凸，平面呈弧边方形，四壁在高 2.8 米处开始用砖向内横砌叠涩成四角攒尖状，墓顶为蒙古包状穹隆顶。墓室西部有砖砌棺床和已腐的木椁，还有防腐用的大量水银。此墓虽曾遭受多次盗扰破坏，仍出土了大批陶俑、瓷器、装饰品和壁画等文物。经整理、修复，尚存器物 848 件（组），其中陶俑包括镇墓武士俑、仪仗俑和侍女俑等，陶塑动物有马、骆驼、牛、猪、羊、狗和鸡等，陶质模型有仓、碓、磨、井、灶和厕等，陶质生活用具有瓮、瓶、罐和碗等，瓷器有灯、鸡首壶、贴花宝装壶、粉盒等，另外还出土了笄、串珠、璜和佩等玉器。

出土器物中以陶俑的数量为最，种类繁多，形态各异，达600余件（图2-18）。大类可分为镇墓武士俑、骑马俑、徒步俑等。其中骑马俑又可细分为将军俑、甲骑具装俑、文吏俑、伎乐俑、仪仗俑等；徒步俑可分为执盾武士俑、执物武士俑、铠甲武士俑、文吏俑、役夫俑、女官俑、侍女俑等。因墓葬曾被盗扰，陶俑摆放位置不明，但如此众多的陶俑，一定是非常壮观的军阵、仪仗队列。娄睿墓出土的陶俑同周边北齐墓葬出土的陶俑多为模制，同一种类的陶俑形制完全相同。在这众多的陶俑中不乏别具一格、出类拔萃者，略举几例，以飨读者。

将军俑：出土2件，一件穿黑衣，一件穿黄衣，形制相同，端坐于马上。马匹站立于方形台座上，孔武健硕，挺颈昂首，红络头，颈系桃形红缨，黑色马鞍，马背上铺有镶红边的黑色障泥，镶红边鞯，前有攀胸，后有鞧。将军跨坐于马鞍上，椭圆形脸，头戴卷边长裙帽，有围脖，身穿细长袖内衣，外罩短袖黑色盔甲，盔甲表面缀有15枚桃形甲片，下身穿白色紧口裤，脚穿高腰黑靴，双臂弯曲持武器，腰部左右皆有佩带器物的痕迹，似为弓囊、剑鞘。

骑马乐俑：造型奇特，一乐俑跪坐于马背之上。马匹直立于台座上，饰络头、鞍鞯，马背上驮有垂囊，垂囊边挂着红色水壶。乐俑眉清目秀，头戴黄色卷檐翻耳帽，身穿红色短上衣，腰间束带，下身穿紧口裤，脚穿镶边白色小靴，双手残缺，屈膝跪坐于马背驮囊之上。

陶动物模型有马、骆驼、牛、猪、羊、狗、鸡等。其中一匹装饰繁缛的大马光彩夺目，可以与墓葬壁画鞍马出行图、墓道出行图中备骑的鞍马相对照，应是娄睿生前乘骑的良驹宝马。马立于长方形台座上，红络头，马首顶上和颌下系有桃形红缨，马背上有前高后低的桥形马鞍，马鞍上放有鞍袱，鞍下有鞯和障泥，前襻胸上系有6朵桃形金花，后臀部系14朵金花，臀部缀22枚梅瓣形金花，鞧上悬挂6枚大型杏叶和6朵金花。陶骆驼4件，二立二卧，皆驮满货物。其中一件立驼四肢刚健，造型精美，小耳，尾巴短小上翘，仰天长嘶，黑色颈毛，颈部挂有装饰联珠纹图案的驼铃带，驼背上驮有装满货物的灰色大囊，囊下有帐篷杆及白色的丝绸，前部两侧挂有水壶。如果说壁画中的骆驼是用平面的手法来演示当年丝绸之路的兴旺，那么这些骆驼俑无疑更立体更直观地展现了中西交流商贸往来的盛况。

封建社会迷信盛行，人死后下葬要在墓中放置镇墓神兽以驱鬼避邪保墓主平安。东魏、北齐时，镇墓俑在发展过程中逐步定型，进而影响隋唐的丧葬习俗。娄睿墓中的镇墓俑组合已经发展完备，为二人二兽的镇墓组合。二人为两个镇墓武士俑，二兽则为一个人面兽身镇墓俑和一个兽面兽身镇墓俑。在整个随葬陶俑队列里，镇墓武士俑是形体最高大的，椭圆形脸，高鼻梁，双唇紧闭，浓眉大眼，双目炯炯，不怒自威，头戴金盔，身穿鱼鳞镶红边贴金的明光铠甲，两肩部披有护肩，腰间系红色革带，穿白色长裤，膝部有紧扣，足穿黑靴，一手持虎头长盾，一手做握武器状。人面兽身镇墓俑头部为人形，头部往下为兽身，蹲坐状，圆脸，浓眉大眼，深目高鼻，大耳，双唇紧闭，下颌有五绺卷曲的胡须。头戴盔甲，盔甲顶部装饰戟形物。四足，圆蹄，前腿两侧有四绺卷毛。颈、背、臀部绘红、白彩。尾巴上卷。背脊上有九撮直立鬃毛。兽面兽身镇墓俑除了头部和四足之外，其余形象和人面兽身镇墓俑相似，蹲坐状，兽头高昂，张嘴吐舌，尖耳上竖，凶猛狰狞，四足为狮爪状。

瓷器是这座墓葬的重要随葬品之一，器形有盂、灯、鸡首壶、罐、贴花壶、托盘、碗等。其特点是用高岭土做胎，质纯白，颗粒比较粗；器壁较厚，胎质坚硬；釉层浑厚，玻璃质感强，釉色青中泛黄。釉色有淡黄、茶黄、黄泛绿、黄泛墨绿等。花纹多用堆、贴、划三种方法，造型风格庄重而粗犷。出土的这些瓷器中，有几件的装饰风格明显具有中亚风采。贴花壶造型挺拔，颈肩部有两道粗棱，壶盖用线刻和堆贴的两层莲花衬托着一颗宝珠，壶的颈上端贴塑印制的团龙，颈下端四个巨大的兽头各衔莲柄，莲柄向下延伸，与肩部莲花相接，莲花之间饰铺首。瓷灯由盏、长柄、底座三部分构成，采用堆贴、刻画等装饰技法。灯盏周壁为对称粘贴的模印图案，丰满肥厚的仰莲托举灯盏，仰莲之间装饰日月宝冠图案，盏口饰一圈联珠纹；柄部刻画出莲瓣，靠下部做出两个圆孔；底座装饰双层宝相覆莲，周边是并列的联珠纹。联珠纹、日月宝冠、宝珠等装饰是常见于西域，特别是波斯萨珊王朝的技艺，这些纹饰被熟练地运用于中原瓷器，正是东魏、北齐时期中西交流、文明互动的必然结果（图 2-19）。

娄睿墓除出土了精美的陶俑、瓷器等器物之外，墓道、天井、甬道、墓室等壁面上还残存着精美壮观、色彩艳丽的壁画（图 2-20、图 2-21、图 2-22）。根据壁画的构图、布局和内容，共可分为 71 幅画面，面积约 220 平方米。除部分画面遭受自然和人为的破坏导致画面漫漶外，大部分仍保存完好，让我们在 1500 年后仍可一睹当年的奢华。墓道东西两壁壁画保存最好；甬道东壁下层保存较好，西壁残存壁画较少；墓室内壁画脱落严重。壁画内容分两大部分，一部分以绚丽多彩的大型长卷形式描绘了墓主人生前的戎马生涯和显赫、奢华的官宦生活场景，主要分布在墓道，天井中的中、下层，甬道、墓室的下栏；另一部分则是描绘墓主死后飞升的空幻境界，分布在墓门、甬道与天井上栏、墓室顶部的上栏及中栏。表现第一部分的画面有回归图、仪卫图、鞍马出行图、牛车出行图、宴乐图等；表现第二部分的画面有升仙图、祥瑞图、天象图等。

出行图绘于墓道西壁上层。以树木为映衬，猎狗奔驰在荒原草丛间，双耳直立警惕，前腿前伸，后腿后蹬，疾驰中尾巴后扬，身已凌空。在猎狗的引导下，墓主夫妇、骑马武士、仆人、驼队等组成的出行队列徐徐展开。前为导骑二人，一老一少，老者经验丰富，少者勇猛无敌，二人皆骑壮硕的鞍马，背长弓，腰佩剑，凝神注目前方。其后为墓主夫妇骑马出行图，墓主夫妇二人皆乘骑，男主人身材魁梧，神情威严，墓主人前有二骑，因画面脱落，形象不清，身侧有一男一女两位仆人，再后为两名骑马武士相

图 2-19 娄睿墓瓷器（鸡首壶）

图 2-20 娄睿墓鞍马游骑图

图2-21　娄睿墓墓道西壁鞍马游骑图

护。出行图后为驼队商旅图，四人五驼，四名驭者间于五匹骆驼之间，为首驭者深目高鼻，络腮胡，仅在前额和脑后留有头发，身穿圆领窄袖饰花卉纹的长袍，脚穿黑色软靴，右手牵骆驼缰绳。骆驼引颈昂首，背驮软囊、丝绸等货物，其中一匹骆驼的驮囊上挂有一只铁釜。铁釜是当时奔波于丝绸之路上的商人必备的生活用具。精致的构图，流畅的线条，描绘了一幅犬吠马嘶、主威仆顺、驼健货丰的出行商旅画面。

回归图绘于墓道东壁上层，构图、内容近同于西壁出行图。在回归图中，导骑侍卫、武士皆牵马徒步而行，鞍马悠闲地随于身侧；驼队满载货物，驼队后有马群；侍卫、随从脸上洋溢着笑容，在亲切交谈；画面最后为几只欢腾的猎狗。回归图在意境上更侧重于表现闲庭信步、满心欢喜、其乐融融的收获喜悦。值得一提的是回归图中的马群图，七匹健壮的骏马，无羁绊，无缰绳，作奔驰腾飞状，充分显现出烈马粗犷桀骜的特性。马匹在北朝时期是重要的财富，拥有马匹的多寡，在一定程度上标示着社会地位的高低。晋阳城内的达官显贵都豢养大量的马匹。史载娄氏家族"家僮千数，牛马以谷量"。通过丝绸之路将河西乃至西域地区的优良马匹贩运到晋阳地区驯养，让马匹适应中原的地理环境和气候条件，在集聚财富的同时为社会生活提供便利。在一个连年征战的朝代，马匹则不仅仅是财富的象征，更重要的用途是训练为战马，为政治、军事服务。在冷兵器时代，骑兵以快速的反应速度和机动的作战方式在战场上发挥着重要的作用，有时甚至起着左右战争胜负的关键作用。骑兵视战马如生命，战马的优劣、品性在很大程度上决定着一支骑兵队伍的作战能力。中原地区的马性多温顺，而域外马匹则勇烈。我国古代自东周时期开始，中原各国便有与草原民族以物易马的习俗，这些被交易来的马匹都是经训练后作为战马在战场

图 2-22　娄睿墓迎宾图局部

上发挥开疆扩土的作用。东魏、北齐时期战事频繁，战马的需求数量很大，这就需要统治集团有充足的性能优良的马匹，回归图中马群图应该不仅仅只是一生戎马倥偬的娄睿为了显示其财富的象征，更深层次的寓意则是驯养马匹作为战备需要。

鞍马游骑图绘于墓道东西两壁的中层，描绘的是墓主生前的戎马生涯，画面内容基本相似，区别在于西壁的人马皆由北往南向外出行，主人和侍卫、武士都骑于马上，旗手、随从步行，另有两匹备用鞍马随行；东壁人马则是由南往北向内而行，主人及随从部队全部下马，牵马步行而归。画面中战马络头齐全，鞍鞯具备，骑士腰间佩长弓、箭囊、短剑。整幅画面旌旗招展，战马硕壮，武士矫健，一队威武雄壮的游骑兵在猎猎雄风中昭示着必胜的信念。除了表现金戈铁马的意境外，画师又以其灵动的思维在多处不经意中让画面更活灵活现。其中西壁画面中一匹战马马颈力挺，马头高昂，前腿却步，后腿半蹲，马尾昂扬，作嘶鸣受惊状，并排出一长串粪便；东壁的山石树木图中，一只顽猴匍匐于树木枯干上，警惕地窥视着前方行进的军队，随时准备跃下树干逃离。这些生动逼真的画面，给紧张肃穆的游骑军队图增添了无限情趣。东魏、北齐是个尚武崇勇的时代，往往以军功的多寡来衡量加官晋爵的阶次。娄睿从信都起义初事高欢便走上了征战的道路，史载娄睿曾多次为高齐政权在战场上立下汗马功劳，天保七年（556年）四月，“娄睿率众讨鲁阳蛮，大破之”；河清三年（564年）十一月，

图 2–23 娄睿墓仪卫图之门官

“太尉娄睿大破周军于轵关，擒杨檦”。娄睿为炫耀他的军功以及在北齐王朝中显赫的地位，在“事死如事生”精神思想的支配下，极尽其能地在墓葬壁画中显示其戎马生涯的光荣业绩。

仪卫图绘于墓道、甬道、天井、墓室等多个部位，又分为军乐仪卫图、持班剑仪卫图、门官仪卫图（图 2–23）。这些画面无一不在显示着娄睿生前奢华的官宦生活。

军乐仪卫图绘于墓道东西两壁下层，东西相对，布局内容相同。东壁画面相对保存完整，由二十八人和四匹马组成。画面南部为四人四马，四匹马神态悠闲，作嬉戏状，头全朝向墓门，络头、鞍鞯齐备，应是旁边四名鼓吹手的坐骑；四名鼓吹手神情欢愉，挺腹鼓腮，两两相对吹长角。鼓吹手形象生动，充分体现了演奏者的欢快奋力，让观者如沐其境。鼓吹画面北为一组由八人组成的迎宾画面。前排三人，腰部都佩带弓和囊袋，三人皆双手拱于胸前，面带微笑，长身恭立等待贵客驾临；三人身后站立五人，左顾右盼，交头接耳，把焦急等待的神情渲染得淋漓尽致；再后为迎风飘扬的旌旗。再北为三人组成的画面，也是双手拱于胸前，在等待宾客的到来。画面最北端为一组十三人组成的迎宾图，虽人数较多，但安排得错落有致，在迎风招展的旌旗前焦急却又不失耐心地等待着。如此恢弘的场面及恭谦的态度，相信一定能让来者有宾至如归的感觉。

持班剑仪卫图和门官仪卫图绘于天井、甬道等部位。持班剑仪卫形象基本相同，浓眉大眼，高鼻小嘴，头戴“山”字形风帽，身穿圆领窄袖长袍，束腰带，穿黑靴，背长弓，腰部佩箭囊，拱双手持班剑。仪卫之间用树木或一定的间距分隔为一幅幅单独的画面。门官仪卫图位于甬道及墓门两侧，形象略有差异。以墓门外东侧门官为例，椭圆形脸，前额饱满，朱唇微启，蓄八字胡和连鬓络腮胡，下颌长须飘逸，头戴冠，身着红色大袖衫，脚蹬笏头履，凝神拱手，拄剑而立。仪卫图端庄肃穆，充分彰显了墓主娄睿生前的排场。

宴乐图绘于墓室北壁下部，即墓室正壁，是整个墓葬壁画的中心，惜残损严重。画面正中为幔帐，垂挂流苏和绶带，墓主夫妇端坐帐下正中，几案上摆满装有各种果蔬食物的盘子。帐外西侧壁面残存六名手持各种乐器全神贯注演奏的侍女。通观娄睿夫妇宴乐图，虽然脱落、漫漶严重，已不可览其全貌，但从残存幔帐的富丽堂皇、墓主夫妇服饰的雍容华贵等不难想象当时东安王娄睿生前豪华的内廷生活状况。

图 2-24 娄睿墓墓门门扇、门额、门楣、门框石刻彩绘细部

鞍马出行图绘于墓室西壁下部。画面正中为一匹雄健的宝马，络头、鞍鞯齐备，伫立于旌旗、华盖前，等待主人出行。马前有胡人持缰牵引，马后有驭者持鞭。骏马左右为侍卫、随从，侍卫佩弓箭，随从肩扛、手提各种用具。

牛车出行图绘于墓室东壁下部。乘坐牛车是南北朝时期一定身份地位的象征，沈从文先生认为牛车即是《颜氏家训》里所说的兴起于南朝齐梁时期的四种时髦事务之一的“长檐车”。从已经发现的牛车资料分析，当时牛车出行已有一定规制，即前有胡人牵牛，牛车后尾随众女侍，少见男性。该处壁画牛前为一中原人形象，二胡人位于牛两侧，其中一人双手平托一摆满食盒的盘子，牛车后跟随一干人等，多数为女仆，但有二人形象特殊，此二人身材高大，老态龙钟，疑为墓主夫妇。

鞍马出行图、牛车出行图与正壁的宴乐图构成一幅规模宏大的生活场景画面。以外戚贵幸，以军功进取，纵情财色、聚敛无厌的并州刺史、太尉、东安王娄睿生前奢靡的官宦生活跃然壁上。

食五谷杂粮，思天地玄黄。人生一世，无论贫贱，在物质生活的基础上，一定会有精神方面的支撑。在古代社会，人们对死亡的恐惧，必然导致“事死如事生”观念的诞生，娄睿墓壁画便生动地演绎、再现了这种观念。壁画中不仅把生前的现实生活表现得淋漓尽致，而且把生前的愿望也通过画师的妙笔丹青诉诸壁面。

墓室东壁残存骑龙升仙图、雷公图、十二生肖图，墓室底部残存日、月、银河及各种星辰，墓门有日、月、龙、虎图，甬道东壁有祥云瑞兽图，甬道顶部有莲花、摩尼宝珠图，门额石刻彩绘神兽图，还有从墓室残存痕迹推断的东青龙、西白虎、南朱雀、北玄武代表道教思想的四神图等（图 2-24）。这些升仙图、天象图、祥瑞图描绘了墓主希望自己死后能够飞升天界的意愿，形象地反映了东魏、北齐时期封建意识形态的一个侧面，让我们可以从壁画中了解当时人们的精神世界。

娄睿墓宏伟壮观的壁画，是我国古代绘画艺术的重要宝库，是北朝中原地区壁画艺术的卓越代表，技艺的精湛和涉猎事物的浩繁，是衡量北齐绘画发展水准，研究北齐音乐、服饰、内廷、丧葬等礼仪制度的重要例证。正如美术大师吴作人先生评说：“北齐东安王娄氏墓的发掘，使千百年来徒凭籍志、臆见梗概的北齐绘画，陡见天日；使中国绘画史，犹长河万里，源流更汇支派，空缺得以证实。……至于壁画之工拙，揆其简练肯定，运笔收纵，承两晋而启隋唐……不独因为它是文物，具有高度的艺术价值，同时它是重要的一个历史时代的见证。”

北齐重臣——徐显秀墓

太原市迎泽区郝庄乡王家峰村东有一片梨园，地势东高西低，梨园内自古便有一座高大的土堆，相传是一座古墓，当地人称这里为“王墓坡”。2000年12月初，村民发现有人在此盗掘古墓葬，村委会立即报告文物部门。考古人员到现场后发现在土塚西侧的地面上有一个口径约1米的大洞直通地下，洞内一片漆黑。究竟盗洞是否已经打通墓室，墓葬是否已经遭到破坏，墓葬又是什么情况，都必须亲自下到盗洞里才能完全了解。随即，工作人员找来绳索、手电筒等工具，考虑到盗洞可能越往下会越窄小，便让一名身材瘦小精干的队员前往调查。没有专业的工具，只是把绳索系在腰上，把相机揣在毛衣里，手拿手电筒，工作人员便往盗洞深处进发。盗洞口上的四五个人紧紧拽着绳子，吆喝着和盗洞内的工作人员对话，慢慢地松着绳索。沿盗洞竖直往下约7米后，盗洞突然变窄，仅容一人勉强可以挤过去，也就是在此处，盗洞改变了竖直往下的方向，而是斜约60°的坡往下。再往进钻爬3米左右，在手电筒微弱的光下便看到了凌乱的墓砖，墓壁上被打开一个直径约半米的口子，直通墓室。工作人员从盗洞内探出头，借助手电筒的光芒往墓室一看，发现盗洞口位于墓壁上，距离墓室底部还有约4米的高度，墓室底部有棺板、乱砖、堆土、烟盒、矿泉水瓶等杂物，墓室四壁有彩绘壁画，来不及仔细端详，赶紧拿出相机拍照。因为从盗洞内往墓室看是头下脚上，坚持不了多大工夫就会感觉头脑充血，憋屈难受，工作人员经几次休息后终于将墓室照片大致拍完。当时已是数九寒天，但工作人员从盗洞出来以后已是满头大汗，全身上下满是灰土，汗水将脸上的灰土冲出一道道沟槽，仿佛画了迷彩一样，但这位工作人员脸上洋溢着兴奋、激动。顾不上拂去身上的灰尘，胡乱用毛巾擦了一把脸，便向大家介绍起了墓室内的情况。因为当时还没有使用数码相机，所拍摄的照片无法即时浏览，所以大家决定先派人看护墓葬，然后马上去冲洗照片。对照片认真分析后，大家一致认为该墓是北齐时期的大型壁画墓，且壁画保存很好，遂上报各有关部门，引起省、市领导的高度重视。最后报请国家文物局，由省、市文物部门组成王家峰北齐壁画墓考古队进行考古发掘。

发掘工作自2000年12月15日开始，到2002年10月16日结束。时值寒冬，考虑到壁画可能会因为天气寒冷被冻裂而遭受再次伤害，工作队经反复研究后决定在墓葬范围内搭建恒温大棚，烧“地炕”给大棚供暖，保证发掘工作面恒温和最适宜保护壁画的干湿度。

经过近两年科学严谨的发掘工作，千年前的场景再次完整地呈现在人们眼前。

墓主人为徐殷，字显秀，忠义郡人。《北齐书》《北史》《隋书》和《资治通鉴》均有零星的记载。他的祖父徐安、父亲徐珍，都曾担任过北魏边镇的官员。徐显秀最初追随尔朱荣，后来又投入高欢麾下，为高氏政权效力。东魏时任帐内正都督。进入北齐后，因作战勇猛、屡建战功而不断得到升迁。先是担任骠骑大将军，被封为金门郡开国公；武成帝太宁年间又升任宜州刺史，封为武安王；后主高纬时，又担任徐州刺史、大行台尚书右仆射，拜为司空公，最后官至太尉。武平二年（571年）正月，徐显秀死于晋阳家中，享年70岁，当年十一月下葬于晋阳城东北，即现在的王家峰村东的墓地。徐显秀墓是目前发现的同时期保存最为完整的大型壁画墓。同时期的大型壁画墓发现了几处，但可惜都保存得不是很完整。河北磁县湾漳壁画墓、山西太原娄睿墓、山东临朐崔芬墓等墓道壁画保存得相对较好，但墓室壁画残损严重。徐显秀墓不仅墓道壁画保存完整，而且墓室内除极小一部分画面脱落以外，基本保持了原貌。完整壁画的发现，为研究这一时期墓葬的营制以及对隋唐丧葬制度的影响、墓葬艺术的发展等提供了重要的资料。

该墓出土的随葬品主要为陶俑和瓷器。这些陶俑和瓷器的造型与同时期太原、河北地区的同类器物类似。但该墓随葬品中不见牛车、仓储、鸡犬等明器，却随葬数量庞大的瓷器。瓷器主要有鸡首壶、尊、灯、盘、碗、扣盒等，共200余件，其中碗就有110余件，其他如鸡首壶、盘、扣盒的数量也较多。随葬陶俑中有一件辫发骑俑造型奇特，在同时期出土的陶俑中较为罕见。

徐显秀墓壁画气势恢宏，形象生动，色彩艳丽，内容丰富。画师以简练的笔触，准确地捕捉到人物的动态造型，已经达到唐人论当时画作所说的“笔才一二，像已应焉”的水平。墓道壁画尤其如此，在粗糙的壁面上，用笔如行云流水，画师对造型的把握和对线条的控制很是娴熟。中国古代绘画很早就有疏密二体之说，而关于两者的界定和例证向来众说纷纭。徐显秀墓壁画的发现，使古代疏体绘画的概念更加清晰。

徐显秀墓在营建和表现题材上有一些比较特殊的地方。墓道壁画没有通常的草拌泥地仗层，而是在粗糙的土壁表面刷一层白灰水，形成仅 1 毫米左右的白灰面，然后就在这一层薄薄的白灰面上起笔作画。该墓壁画在内容和布局上没有受墓道和墓室结构的限制，而是将墓道、甬道和墓室的内容有机结合在一起，构成一幅完整的宴饮和出行仪仗图。墓门两侧和甬道的执短鞭的仪卫形象为研究北齐的丧仪礼制提供了新的资料。史书中也有执鞭朝拜的记载。墓室上部表现天象的部分，分成灰、黄两色，墓室顶部正中悬挂一面铁镜。壁画和出土器物中有诸多异域文化因素，如墓室壁画中装饰于鞍袱和侍女裙边的菩萨联珠纹图案，北壁侍女衣裙上的对兽联珠纹图案，西壁侍从肩扛的胡床（马扎），东壁马车旁的胡人，镶嵌宝石的金戒指，装饰联珠纹的瓷器等。壁画虽然精美，但也有粗糙之处，夫妇对坐图中女主人脸部修改痕迹明显，北壁演奏的人群中吹笛子的乐手未画乐器，西壁一人作牵马状却未画出马的缰绳。

墓葬在发掘的过程中发现有 5 个盗洞，说明墓葬最少遭受过 5 次盗扰。墓室内有 4 个盗洞，甬道口有 1 个盗洞。墓室内壁画脱落的部分全部位于盗洞口附近。对壁画损毁最严重的盗洞位于甬道口，导致墓室内甬道东侧壁画脱落严重。从种种迹象分析，对墓室造成最大破坏的也是甬道口的盗洞，该盗洞应该不止一次有人光顾。据了解，民国及抗日战争、解放战争时期，梨园为部队驻兵的地方，甬道两壁的壁面被刺刀挑划的痕迹很明显，或许因为军营生活的枯燥，钻墓道、逛古墓便成为兵士紧张之余的消遣。

墓葬由封土、墓道、过洞、天井、甬道和墓室构成。平整的地面上耸立的一座高 5 米多的封土堆格外显眼。墓室和甬道用砖垒砌。墓室平面是北齐时期传统的弧边方形，即墓室四壁稍微向外凸，边长约 6.5 米，墓室高8米多，穹隆顶，整个墓室空间很大。墓室西部有砖砌的棺床，几乎占据了半个墓室，棺床原是放置棺木的，因为盗扰，发掘时棺木已经不在棺床上，而是被凌乱地堆放在墓室的东部。

墓葬虽遭受了多次盗扰，但仍出土有器物550余件，其中以陶俑和瓷器为主，多数出土于墓室内，少量分布在墓道天井的填土中。

陶俑约320余件，有镇墓武士俑、镇墓兽、铠甲俑、三棱风帽俑、女侍俑、骑马乐俑、骑马仪卫俑等多种类型。陶俑都是用模具分正背面制好以后再用泥浆黏合在一起，陶俑是空心的。其中一件骑马陶俑造型较为特殊，跨骑于马匹之上，陶马出土时已经残损，腿残缺。陶俑面庞丰润，面露微笑，长发分为十二辫，左右两侧各有一辫系结于头后部中央，其余十辫披于脑后；身穿红色圆领半袖衫，腰系黑色腰带，下身穿紧口裤，脚穿短靴，踩于马镫上；腰部左侧斜挂弓囊，右侧系箭囊。其余陶俑在大小、造型上都与同时期太原地区其他墓葬出土的陶俑极为相似。形体最大的陶俑是镇墓武士俑，高约60厘米，其他的人物俑高度在20至30厘米之间。镇墓俑系列和娄睿墓一样完备，为两个镇墓武士俑和两个镇墓兽。

瓷器是除陶俑之外随葬品中的另一大类，有200余件，器形有鸡首壶、尊、灯、盘、碗、扣盒等。瓷器用高岭土做胎，胎色白，胎质较为疏松，火候较低，器物表面施黄绿釉，釉色不均匀，胎、釉膨胀收缩不一致，导致釉面布满冰裂纹，具有非常明显的早期瓷器的特点。瓷器多数素面无纹饰，少数有纹饰的以堆贴、刻画的手法装饰，纹饰以表现佛教内容的莲花纹和饱含异域风情的联珠纹为主。其中具有代表性的是瓷灯，共出土4件，择一介绍。灯由盏、柄、座三部分构成，高48厘米，通体饰黄绿釉，釉面泛玻璃光泽，冰裂纹明显。灯盏部分釉色偏黄，灯座部分釉色偏绿。灯盏为钵状，外壁堆贴8个模制饱满的仰莲瓣纹；灯柄为上下略粗中间略细的管状，装饰3圈联珠纹；灯座部分装饰8瓣宝相覆莲瓣纹。

金戒指是徐显秀墓的又一个重要发现（图2–25）。戒指由黄金戒托、戒指环和蓝宝石戒面组合而成，戒指环为两对称的动物，于动物的中间托一蘑菇状黄金戒托，托盘装饰一圈联珠纹，内镶嵌宝石。戒指环在靠近戒托的两

图 2-25 徐显秀墓宝石金戒指

端各铸有三分之一的纹饰，纹饰为一种似龙非龙、似狮非狮的怪兽的头部。从指环侧面看，该兽首两个尖耳向后紧贴，双目圆睁，张口露獠牙，颈部有卷曲的鬃毛，整体造型和神情很是凶猛。宝石戒面阴刻一人物，两手持物。经山西省质量技术监督局首饰产品质量监督检验Ⅱ站鉴定，此宝石为碧玺，又称电气石，因其颜色发蓝，俗称蓝宝石。宝石深蓝色，给人以凝重、沉静的感觉。蓝宝石戒面为椭圆形，微凸，阴刻人物在光线的作用下反而觉得像是浮雕在宝石之上。图案中的人物头戴一顶很大的近似狮头的兽首形头盔，脸庞较窄，深目高鼻，两臂上弯，两手各倒提一件器物。右手所持杖形器较短，上为尖状，下为圆球形，近圆球形处并列两排中间细两头粗的横状物。左手所握杖形器较长，上部为圆球状，下部为箭镞的形状。两手所持物既像是代表权力的权杖，又像是用以祭祀通灵的法杖。该阴刻人物为站立状，膀宽腰细，身体向左略微倾斜，头向右扭回，两腿一前一后，似在舞蹈，又似在举行某种仪式。无论如何，这枚戒指所蕴含的信息显示它绝非中原地区的产物，显然是通过丝绸之路而来的舶来品。关于这枚戒指，有印章、徽章、首饰等不同的看法。徐显秀所居的晋阳在东魏、北齐时期是实际的政治权力中心，往来于丝绸之路的胡商频繁活动于此。另外，徐显秀一生南征北战，为高齐政权立下汗马功劳，最后官居太尉，位列三公，是晋阳地区达官显贵中的显赫人物。这枚戒指极有可能就是胡商带进中原，又以贸易、进贡或者帝王赏赐等方式落入徐显秀之手。

出土物中另一件造型奇异之物便是墓志。东魏、北齐时期，墓志无论从形状还是志文方面，都已经发展成熟，形制也基本固定。该时期发现的墓志虽然大小略有差异，但基本都是墓志为方形，志盖为盝顶的样式。而徐显秀的墓志志盖虽也是盝顶，但墓志却是带四个腿的桌子样式。这种形制的墓志

图 2-26　徐显秀墓墓门石刻白虎局部

图 2-27　徐显秀墓墓门石刻青龙局部

就目前来看是绝无仅有的。这仅仅是为了便于搬运，还是另有其他深意，不得而知。

雕刻、彩绘的墓门是墓葬中另一件充满神秘色彩的物件（图 2-26、图 2-27）。墓门主要由门额、门楣、门框、门墩和门扇组成。门额为半圆形，正中雕刻一张口吐舌、头上长角、怒目圆瞪的神兽，两边各雕一口衔莲花的神鸟，鸟面向正中的怪兽，周边装饰云朵、莲花纹。门楣长条形，雕刻 5 朵凸起的莲花作为门簪。门框雕刻宝相莲花、摩尼宝珠、忍冬纹等图案。门墩雕刻狮头形象。门扇为浮雕彩绘，但雕刻的内容和彩绘的内容又不一样，两扇门上部雕刻的形象相同，为一个兽头、鸟身、蹄足的灵兽，口衔瑞草，下半部分有区别，西门扇雕刻白虎，东门扇雕刻青龙。在雕刻的神兽之间装饰莲花纹和云纹。但是，在后期彩绘的时候，却将青龙、白虎用颜料改绘成鸟的形象。这种做法在同时期山东崔芬墓里也有发现[1]，这种奇怪的现象是因为信仰问题、丧葬习俗问题，还是别的原因，有待进一步考证。

构图完整、气势恢宏、色泽艳丽的壁画是徐显秀墓最为重要的发现。壁画分布于墓道、过洞、天井、甬道及墓室四壁。除了少部分损毁外，共清理壁画 320 多平方米。

整个墓葬的壁画在做法上分为两种模式。墓室、甬道的壁画采用传统的做法，即在砖壁上涂抹约 1 厘米厚的白灰作为地仗层，然后在白灰面上作画。但墓道、过洞、天井的壁画做法却是另一种模式，直接在粗糙的土壁上刷一层白灰水，形成厚仅 1 毫米的白灰面，然后直接在白灰面上作画[2]。

因为墓道、过洞、天井壁画的特殊做法，在清理时很是费时费工。壁画层不仅薄，而且有很大一部分不是贴在墓道壁上，而是附着在墓道内的回填土上。为了避免因震动而给壁画带来的二次伤害，在工作时先将墓道内的回填土清理到距离壁面约 10 厘米，再用手

〔1〕崔芬墓甬道两侧的武士图是在石头上阴刻门吏形象后又改绘的武士。山东省文物考古研究所、临朐县博物馆：《山东临朐北齐崔芬壁画墓》，《文物》，2002 年第 4 期。

〔2〕类似做法在河南北齐墓和宁夏隋墓也有发现。安阳县文教局：《河南安阳县清理一座北齐墓》，《考古》，1973 年第 2 期；罗丰、郑克祥、耿志强：《宁夏固原隋史射勿墓发掘简报》，《文物》，1992 年第 10 期。

术刀将回填土慢慢削薄到约1厘米厚，然后用注射器将固定白灰面的药水穿过土层注射到白灰面后，再用板材支撑壁面，让白灰面粘贴到墓道壁上原来的位置。待白灰面粘贴好后，用手术刀、棉签、竹签等工具清理壁面上残留的土层，直至壁画完全显露出来。这个过程很是繁杂，巴掌大一块壁面要工作好几天才能完全清理。

画技画法是墓葬壁画的又一个亮点。以往发现的北齐大墓，如娄睿墓和河北湾漳大墓，都是以刚劲的铁线勾勒造型，用一丝不苟的线条描绘细部，类似于后世的工笔画法。而徐显秀墓的壁画则是用简练的笔触如行云流水般在壁面作画，提笔定稿，落笔生辉，一蹴而就，似乎已谙写生之法，颇有些速写味道。画师不仅在线条上控制自如，而且还熟练地运用晕染技法，使画面有很强的立体感，隐然有了透视之意，人物形象真实而生动，飘逸自然，呼之欲出。据罗世平先生研究，这种晕染技法不是中国旧有的绘画传统，而是流行于西域地区的画法[1]。可以想见，传自西域的画法在北齐时期是广泛应用和发展的。虽然像徐显秀墓内运用西域晕染技法的壁画不多见，但这绝不是偶然的因素造就的，这是民族融合、交互学习的必然产物。北齐时期闻名于朝野，被后

〔1〕罗世平：《北齐新画风——参观太原徐显秀墓壁画随感》，《文物》，2003年第10期。

图 2-28　徐显秀墓墓室北壁宴饮图

图 2-29　徐显秀墓墓室西壁鞍马出行图

世冠以“曹衣出水”，开创一代画风的曹仲达，本就是西域曹国人。

整个壁画气势宏大，在构图上打破了墓葬结构的限制，从墓室到墓道构成一幅完整的墓主夫妇宴饮和出行图。墓室北壁为宴饮图，整个西壁（包括墓室、甬道、天井、过洞、墓道）为鞍马出行图，东壁为牛车出行图。而北壁的宴饮图又有机地和东西两壁的壁画结合起来，形成了一幅完整的大型画卷。

宴饮图（图 2-28）：壁面正中，墓主夫妇手持杯子端坐于矮床榻上。床榻后有屏风，屏面有彩画。床榻上方高悬帷帐，帷帐左右绘飘逸的莲花纹。墓主夫妇之间摆着一大盘堆积如小山的食品，周围还放置着一圈盛满食物的高脚盘。男主人发髻上束头巾，内着红色交领窄袖长袍，外披白黑相间的裘皮大氅。女主人头梳高髻，内穿浅灰色圆领衫，外穿红色交领长裙，衣衫上缀有珠子，领、袖处饰有花纹。男女主人身侧床榻外各站立一位双手捧盘的侍女，盘内放置 5 个漆杯。侍女头梳双髻，身穿红色长裙，上窄下宽，裙上装饰联珠纹，联珠纹内饰有对兽，外披窄袖衫，脚上穿紫色长靴。墓主东西两侧为乐人、侍从。男女伎乐吹弹的乐器有四弦琵琶、五弦琵琶、竖箜篌、笙、横笛、拍钹等。侍从则持羽扇、华盖等站立于乐人身后。东侧二人手持长条形物件，长 3 米有余，顶端系结。

鞍马出行图（图 2-29）：从墓室西壁开始，接南壁西侧壁面，过甬道，连天井，穿过洞

图 2-30 徐显秀墓墓室东壁牛车出行图

而后顺墓道一直到墓道口为内容衔接的鞍马出行画面。墓室的西壁即画面的中心为已经准备好的供骑乘的鞍马，马为红色，颈下系黑底白毛缨子，络头齐全，鞍鞯具备，马镫垂于身侧，鞍袱为铅灰色，有 3 片花瓣图案，边上装饰菩萨联珠纹。马前后为浩浩荡荡的出行队列，有侍卫随从、侍女仆人等。马旁一人举持已经张开的伞盖，马后一人手持羽扇，马首部位一人持鞭牵马，其余人等或负生活用具，或持旌旗，或佩兵器，作缓步出行状。其中一位侍女肩扛胡床，另一位侍女手捧一黄布包裹着的方形物，似为官授印信，还有一位腋下夹着一个黑色长方形物件，另有两位肩扛长条形物件，与北壁东侧二人所持物件相同。甬道内绘仪卫 4 人，甬道口为一执鞭门吏。天井、过洞、墓道内绘人物 45 个、鞍马 3 匹、神兽 2 只。出行队列里有人手持旌旗，有人肩扛鼓吹，有人腰佩长弓、箭囊。人物均戴紫色头巾，内穿圆领衣，外套右衽窄袖长衫，腰系带，带上缀有装饰，脚穿紫色长靴。在行进队伍的最前端，也就是墓道口，绘两只驱神避邪的神兽。

牛车出行图（图 2-30）：和鞍马出行图对应，绘于墓葬的整个东壁。在内容、构图、表现形式上大同小异，主要就是将准备出行的鞍马换为了牛车。牛车为卷棚顶，棚顶向前出檐较长，檐下垂帘。车体黑色，车轮金黄色，两侧车轴上竖有高杆。驾车的红色公牛形体健硕，犄角直立，仰头前视，左蹄抬起。牛后左侧一人双手持缰绳，双目凝望牛首，注意牛的动静。右侧一人为胡人驭者，头戴毡帽，浓眉大眼，留络腮胡，扭头向后看着牛车。张开的伞盖下有二侍女，头发卷曲[1]，其中一人身穿白色长裙，裙上装饰菩萨联珠纹图案，外披红色窄袖长衫，手捧一白框黑匣子；紧随其后的另一名侍女身穿红色长裙，手捧已经装物打结的包袱。其余部分与西壁相若，亦为出行队列。天井、过洞、墓道内绘人物 41 个、鞍马 3 匹、神兽 2 只。

壁画中多民族、多文化融合的现象很明显，有胡人驭者，有竖箜篌、曲颈琵琶等胡人乐器，有头发卷曲的侍女，有饰菩萨联珠纹和对兽联珠纹图案的波斯锦[2]，有飘逸的莲花纹等。除了这些，还有一处值得一提，就是西壁侍女肩扛的胡床。胡床即现在所说的马扎，又称为交椅，是游牧民族或长途商旅常用的一种坐具。胡床可以折叠，便于携带，汉代传入我国，北朝时期随着民族交流的加剧得到广泛使用，至隋唐更为普及[3]，发展到后世甚至成为身份的象征[4]。胡床的引进，改变了自古以来席地而坐的习俗，变跪坐为垂足而坐。胡床虽然传入我国较早，但鲜见考古实物，徐显秀墓壁画中胡床的出现，证明在北齐时期胡床已经在上层贵族生活中使用，而且使用范围和场所也有一定程度的限定。

除了宴饮图和出行图，墓室内还绘有神兽、天象图等。在甬道的内外顶部各绘有两只神兽，即在进入甬道的时候，有两只神兽临空跃下守护在墓门的位置，在通过甬道进入墓室的时候，也有两只相同的神兽怒目圆瞪，张牙舞爪地守护着墓室入口。有此神兽守墓，骤增墓室威严且阴森的气氛。墓室顶部绘天象图，有银河、星辰等，墓顶正中悬一铁镜。

---

〔1〕在已出土的壁画墓中未见到此类形象，于额头处有分叉，头后部似有一绳结，或为当时的一种发型，抑或是一种卷曲的假发套。

〔2〕据中华书局 1973 年版《梁书·诸夷传》载，梁普通元年（520 年），滑国“又遣使献黄师子、白貂裘、波斯锦等物”。滑国即当时西域的一个游牧部落嚈哒，说明当时南梁地区已经有了波斯锦。此条记载距徐显秀下葬的时间又过去了 50 余年，且当时晋阳城胡商大贾云集，贸易货物中波斯锦或已为不可或缺之物。壁画中多处饰联珠纹的服饰，当属“波斯锦”之类。

〔3〕唐代诗词中常见胡床。譬如耳熟能详的李白的《静夜思》：“床前明月光，疑是地上霜。举头望明月，低头思故乡。”这里的“床”指的便是供坐的胡床，而不是供就寝的床。诗人露天坐于胡床上才可“举头望明月，低头思故乡”，如果是睡在室内的床上，且不说古代的窗户小且不能透光，就是抬头和低头的动作也讲不通。再如白居易的《池上有小舟》：“池上有小舟，舟中有胡床。床前有新酒，独酌还独尝。”

〔4〕宋、元、明乃至清代，皇室贵族或官绅大户外出巡游、狩猎，都带着胡床，以便于主人可随时随地坐下来休息。胡床即交椅，成为身份的象征，所以我国有“第一把交椅”代表首领的说法。

马背功臣——厍狄迴洛墓 

墓葬位于山西省寿阳县西南的贾家庄，1973 年发掘。墓主厍狄迴洛，鲜卑人，以骁勇善战得宠于高氏，是东魏、北齐时的显贵人物，官至朔州刺史、太子太师，死后追赠太尉、定州刺史。

墓志载厍狄迴洛为“朔州部落人”，而《北齐书・厍狄迴洛传》“为代人”；墓志记厍狄迴洛死后“葬于朔州城南”，而墓葬却发现于今寿阳城西南，且寿阳城北齐时就名为寿阳。这种种记载和发现似有冲突，但稍加考证便知，无论墓志和传书记载的不一致，还是志文与现实相左，其实并不冲突。厍狄迴洛本属六镇中的怀朔镇鲜卑人，当为代人。这里所说的“朔州”，并不是现在的朔州市，而是由怀朔改镇为州而来，《魏书・地形志》：“延和二年置为镇，后改为怀朔，孝昌中改为州。后陷，今寄治并州界。”厍狄迴洛生于怀朔镇，即为代北地区。北齐文宣帝高洋时期收复北魏孝昌年间沦陷的朔州，并在侨治并州寿阳的朔州之外重置朔州，名“北朔州”，不过此北朔州已非昔日怀朔镇之朔州了。依厍狄迴洛及其妻妾墓志，志文明确说北齐时朔州侨治并州寿阳城。不仅朔州侨治寿阳，而且朔州所有郡县，几乎都在寿阳城四周[1]。北魏末年和东魏初年，六镇边民徙居并州，寿阳城应当是当时怀朔镇边民的主要徙居地。他们虽在寿阳，但仍以“朔州”自称。这就是墓葬虽发现于寿阳城西南，但墓志依然载“葬于朔州城南”。

厍狄迴洛起初和高欢一样在尔朱荣帐下效力，尔朱荣死后由尔朱兆统领。高欢信都举事时，厍狄迴洛带领部下投奔了高欢，至此便一直追随高欢，效犬马之劳。北齐建立后，仍戎马倥偬，为高氏政权服务，卒于北齐太宁二年（562 年）。厍狄迴洛为东魏和北齐政权的建立、巩固立下了汗马功劳。

〔1〕嘉庆重修《大清一统志》卷一四九山西省平定州古迹门寿阳县“神武故城”条，考证东魏、北齐之朔州五郡县名，各有痕迹保留于寿阳县地名中，曰：“按《魏书・地形志》，神武郡首领尖山县，今有尖山在县北；又太安郡首领狄那县，今有太安镇及狄那寨在县西；又广宁郡首领石门县，今有石门在县东；又太平郡首领太平县，今有太平乡太平村在县东。盖一州五郡，皆侨置县境，不独神武矣。”

墓葬有高大的馒头状土冢，由斜坡墓道、甬道、墓室组成。墓室平面为传统的弧边方形，墓顶塌毁。墓葬随葬有各类陶俑、鎏金铜器、金器、玉器、铁器、陶瓷器等，另外还发现木质残构件、壁画等。

墓葬出土器物300余件，其中鎏金铜器60余件，有瓶、唾壶、高足杯、碗、盒、莲花烛台、龙首等。如此众多的鎏金铜器，在同时期的墓葬中是极为罕见的。器形有中原样式的，也有饱含西域文化元素和佛教文化元素的。这些器物只是为了显示墓主人的富有，还是另有深意，需要进一步深入探讨。

随葬陶瓷器40余件，多为原始青瓷，釉色绿中带黄，泛玻璃光泽，釉面有开片，器形和其他墓葬的相类似，有尊、盘、碗、杯、盒、罐等，其中的一件莲花宝相纹尊，装饰繁缛华贵，堪称精品。

陶俑有120余件，均为泥质灰陶，模制，正面、背面分别制好以后粘贴而成，陶俑内部空心。陶俑多为常见的类型，有镇墓武士俑、武士俑、伎乐俑、文吏俑、侍女俑、舞蹈胡俑等。其中一件舞蹈胡俑造型别致，栩栩如生。

其他有金戒指、玉璜、玛瑙串珠等饰品。另外，铁器有铁剑、铁锄及锁、铆钉等一些杂器。

该墓较为重要的是出土了一具木构屋宇式木椁，虽已被压毁，但仍残存一斗三升拱、半斗、贴耳雀替、散斗、补间人字拱等构件，从这些残构件可看出该木构椁室为斗拱结构，面宽三间，进深三间，是我国目前发现的最早的一座木构屋宇建筑，是研究我国早期木构建筑非常重要的实物资料。

壁画主要位于门楣、板门以及甬道两壁，内容以四神图和人物图为主（图2-31、图2-32）。

图2-31　厍狄迴洛墓墓主人并坐图

图2-32　厍狄迴洛墓朱雀图

子袭父爵——韩裔墓

1973年，在山西祁县白圭镇发现了一座北齐墓，出土墓志一方。墓主韩裔，官至骠骑大将军、青州刺史。史书未见韩裔之传，只是在别人的传记中提及他，但其子韩凤却是北齐后期权倾朝野的显贵。韩裔墓志的出土，把韩贤、韩裔、韩凤祖孙三代的家世关系明确建立起来。

韩裔虽无传，但从墓志及史书中仍能清晰地看到，他作为六镇子弟，当时已是高氏政权核心集团的人物。韩裔的父亲韩贤，出于怀朔镇，作为六镇流民，参加了怀朔镇将葛荣领导的反魏大军；尔朱荣破葛荣后，与葛荣流民大军中的其他流民一起，被强制迁徙到并州；六镇流民武装为尔朱荣所用时，韩贤进入尔朱氏亲卫军队；尔朱荣被北魏孝庄帝杀死后，韩贤又追随尔朱世隆；高欢与尔朱氏分裂，韩贤投靠同样出于怀朔、领导着六镇流民武装的高欢，因此高欢胜利后，韩贤亦得重用；高欢与孝武帝分裂，韩贤果断地站在高欢一边，帮助高欢击溃了孝武帝的军队；孝武帝西投关中，韩贤率军渡河，主持对洛阳以南可能来犯的关中军队的防御；东魏迁都于邺，高欢任命韩贤为洛州刺史，委以驻守洛阳、西御宇文泰之重任；韩贤在击败受到西魏支持的韩木兰起义军之后，亦被刺身亡。这些经历反映出高欢对他的信任和重用，韩贤无疑属于高欢统治阶层中核心的怀朔集团。再说韩裔，有如此被高欢赏识的父亲，韩裔在仕途上自然会相对顺利。从史书及墓志推断，韩裔的“武阳县伯”应该就是承袭其父的爵位。另外，韩裔的妹妹便是高欢的养女，韩裔的妻子鲜于氏为“段孝言之从母子姊”，段孝言与北齐皇帝高洋为姨表兄弟，韩裔无疑是“恩倖政治”的受益者。其子韩凤能成为北齐后期声名显赫的人物，与其家世有很大的关系。

墓葬由墓道、甬道、墓室组成。墓葬虽遭盗扰，但仍出土各类文物140余件，其中以陶俑为主，计120件，有镇墓武士俑、骑马武士俑、站立武士俑、男仆俑、侍女俑等。另有一些日用陶瓷器和灶、马、猪、羊等明器。其中的贴金“常平五铢”极为罕见，青瓷莲瓣纹龙柄鸡头壶造型精美。该墓墓门上方为仿木结构的砖雕建筑，两扇石门皆雕刻有神兽。

塞外将军——朔州水泉梁北齐壁画墓

水泉梁壁画墓位于山西省朔州市朔城区窑子头乡水泉梁村西约 1.5 公里的耕地中，在山西省文物保护单位梵王寺墓群范围之内，2008 年发掘。墓葬所在的地区历来是胡汉碰撞和兵家争夺的边庭重镇。北魏末年，朔州沦于柔然，北齐时收复并置北朔州。推测此墓及梵王寺墓群应是北齐时期北朔州地区的军政高官墓葬区。

水泉梁壁画墓由封土、墓道、甬道、墓室四部分组成，封土已坍塌散漫成高于地表、坡度较缓的土丘状，高约 6 米，大致呈圆形分布，占地面积约 700 平方米。封土经过简单夯筑，夯层厚 10 厘米左右。

墓葬共发现 3 处盗洞，随葬品已所剩无几。值得注意的是盗墓分子已经做好了盗取壁画的准备，壁面上留有用于分割画面的蓝色线条和揭取壁画前用以加固壁画的纱布，所幸发现及时，墓葬中精美的壁画才得以保存。

墓道呈斜坡状，平面南宽北窄，墓道壁内收两次，壁面有清晰、整齐的工具砍削痕迹。

墓门由门框、门槛、门枕石和两扇门组成，均为黄砂石质。上部门额已被盗走，门墩部分圆雕成卧兽状，兽头酷似狮子，双目圆睁，目视前方，前肢前弯，双爪并排向前，墨线勾勒五官及肩部线条。两扇石门用墨线勾绘门钉。

墓室为穹隆顶砖券单室结构，平面呈弧边方形，双层穹隆顶。

该墓被多次盗掘，扰乱、破坏严重。随葬品残存较少，有陶俑、瓷器和其他杂类。

陶俑多为残片，表层施有白陶衣，上有彩绘。以残片对照以往墓葬出土的陶俑分析，有镇墓兽、镇墓武士俑、武士俑、执盾俑、侍卫俑、风帽俑、马俑等。

瓷器也全是残片，无一件完整。胎质疏松，火候较低，釉色黄绿不匀，

图 2–33　朔州水泉梁北齐壁画墓墓室北壁宴饮图

制作工艺较为粗糙。器形有鸡首壶、灯、盘、扣盒等，装饰图案有莲瓣纹、联珠纹等。

另外，在墓葬中发现有木质的榫卯结构的构件，墓顶砖缝内嵌一铁条。据此推测墓内原有棺椁，墓顶悬挂铁镜。

壁画是这座墓葬最重要的发现，分布于甬道和墓室内，墓道内未作画。在砖砌的甬道、墓室的壁面上抹有一层厚约 3~5 毫米的白灰层，而后在其表面上作画，画面保存基本完好。从空间上看，壁画分为天界和人间两部分，表示天界的画面有天象、四神、十二时，表示人间的画面有宴饮图、出行图、回归图等。

宴饮图：绘于墓室北壁（图 2–33）。正中为庑殿顶式亭台，四边垂挂帷帐，墓主夫妇并坐于帷帐内的方形床榻上，帷帐外为男女伎乐、侍从。亭台顶部正脊两端及立柱顶端有类似鸱吻的建筑构件，并点缀瑞草或羽毛类装饰[1]。床榻上铺设镶黑边饰花卉纹的黄色毛毡，床榻后设有黑边素面围屏。墓主夫妇端坐于床榻上，身前摆放着盛满食物的高足豆和平底盘。女主人居右，右手持漆

〔1〕 北壁方顶帷帐顶部的鸱吻、羽毛等形象在河北磁县高润墓中有相似图像，见磁县文化馆：《河北磁县北齐高润墓》，《考古》，1979 年第 3 期；汤池：《北齐高润墓壁画简介》，《考古》，1979 年第 3 期；河北省文物研究所编：《河北古代墓葬壁画》，文物出版社，2000 年，第 66、67 页。

图 2-34　朔州水泉梁北齐壁画墓墓室西壁牛车出行图

杯，左手隐于袖中，自然扶于膝上；内着圆领窄袖衫，肩披黑色兽皮短款大衣，下身为宽袍，饰以横向红色条纹；头梳飞鸟髻，脸形丰腴，一字短粗眉，两眼正视前方，鼻梁挺直，朱唇，神情安详。男主人居左，画面残损，服饰、姿态与女主人相同，唯头束髻饰折巾与女主人相区别。帷帐外为男女伎乐、侍从，男主人身侧七位男性侍从，女主人身侧五位女性侍从。男女伎乐手持乐器，但并未作弹奏状，乐器有竖箜篌、笙等。侍从形象各异，有双手拢于袖中面向主人躬身而立的；有双手托盘，盘内放置高足杯的；有手持圭状物，神情肃穆，站立于主人身侧的；有手持竹节状物回首顾盼的。侍从中有一胡人形象较为特殊，位于画面的最左侧，男性，头发浓密，似有卷曲，上唇八字胡，下颌连鬓络腮胡，手持一物，长不过尺，饰黑白相间的纹饰，上有流苏，似剑鞘，或为犀牛角杯。在以往发现的壁画墓中，胡人作为侍从或者驭者，伴随牛车、鞍马左右，不出现在主壁上。在宴饮壁面的上部和下部的空白处装饰花卉、祥云。

牛车出行图（图 2–34）：从墓室西壁开始，经南壁西侧入甬道而出，绘制一幅由远近景合成的大型出行队列，队列由北往南行进。远景由数小幅骑马卫队组成，绘于墓室西壁和甬道西壁。每幅人数不等，以五六人为多。卫队人员皆骑乘悍马，腰悬刀弓，身后旌旗飘展于烈烈朔风中。整个远景错落有致，虽只寥寥几幅，但仪仗卫队的威武雄壮已跃然壁上。出行图的主体由近景体现。墓室西壁正中绘一辆向南行驶的牛车，上部为浅黄色卷棚顶，前后出檐较多。后檐上饰有黑色绳结和不明垂物。车体黑色，车厢前部为直棂窗，后部垂有黑色车帘，几近拖地。车轮浅黄色。车身前端两侧竖有高杆，上有挂钩。车辕内为一头健硕的黄牛，牛车两侧各有一个黑发虬髯的胡人形象驭者。黄牛左侧驭者上身后倾，腿部弯曲，小腿分开，两手平举，正在用力向后扯拽缰绳。另一侧驭者仅露出头部及部分上身。两人头部相向，张口怒喝，正合力控制黄牛。黄牛左前蹄直立，右前蹄抬起，头部受缰绳的扯拽而略向上抬起，双眼向后凝视。牛车后有侍女五人，头顶为一张开的伞盖，一人手持团扇，四人双手拢于袖中，头部均为飞鸟髻，除手持团扇者衣纹服饰略显特殊外，其余四人相同。往南为墓室南壁的鼓吹部分。两名乐手并立，上身微侧，面部相向，斜向上持举长号角，两号角十字交叉，乐手目视斜上方，挺胸鼓腹，作欢奏状。队列再往南进入甬道，甬道西壁绘三个仪卫，两个位于石门之内，一个位于门外。位于石门之外者乃整个队列最南端的仪卫，高额朱唇，弯眉细目，穿窄口内衣，外穿宽袖长袍，双手拢于袖中，扶于班剑之上。整个出行画面布局得当，安排合理，先是仪卫开道，身后为鼓吹乐手，再后为准备出行的牛车及随从一干人等，仪卫、随从皆步行，与远处的骑马卫队遥相呼应。

鞍马回归图：与牛车出行图相对，绘于整个墓葬砖构部分的东壁（图 2-35、图 2-36）。从壁面构图、人物形象看，除主体的牛车部分换为鞍马外，其余近乎相同，只是所绘形象皆由南往北行进，对正壁墓主而言，作回归状。东壁正中为一匹高大的淡红色骏马，马头微垂，鬃毛浓密，脖下系有缨子，前蹄并立，后腿微曲，马尾整齐下垂，络头齐备，鞍鞯俱全。马前方共有六人，一人持撑开的伞盖，一人持羽扇，一人握缰绳牵马，一人手捧痰盂回望马首，两人手持长矛，矛头下方缠绕褐色编织物。马后有侍从两人，一人黑发虬髯，身体大部分被马遮挡，应为胡人驭者；另一人紧随其后，左小臂平举，上搭有衣物，正迈步前行。画面的其他部分如鼓吹、班剑仪卫、远景卫队等与西壁相同。

天界图像部分位于墓室的上部及顶部，由天象图、四神图、十二时图组成。天象图以深灰色天空背景与四神图自然间隔，四神图、十二时图及下方的墓壁壁画则以赭红色条带间隔。顶部为天象图，以深灰色表示苍穹，银河从西南向东北斜贯，河中绘有细密的鱼鳞状水波纹。银河两侧以稀疏的白色圆点代表繁星。穹顶东部绘太阳，中间

图 2-35　朔州水泉梁北齐壁画墓墓室东壁鞍马回归图

有赤乌形象；西部绘月亮，中间有月兔捣药和蟾蜍形象。天象图下一周绘有四神图，东、西、南、北四方分别勾绘青龙、白虎、朱雀和玄武，四神之间还绘有神兽，四神和神兽之间的空白处以墨线勾勒大朵流云，云头以赭红色略加晕染（图 2–37、图 2–38、图 2–39）。四神图下一周为十二时图，内容为代表十二时的十二生肖形象。北壁正中为鼠，按顺时针方向依次为牛、虎、兔、龙、蛇、马、羊、猴、鸡、狗、猪。十二生肖动物头尾呈逆时针方向排列。

该墓随葬品虽被盗扰严重，遗留之物多为残片，但参照北齐其他墓葬的资料，还是可以将当时随葬的物类基本还原。随葬品也是以陶俑、瓷器为主，陶俑为镇墓俑、镇墓兽系列以及军阵、仪仗队列，瓷器也为当时常见的鸡首壶、灯、盘、扣盒等组合。墓内有棺椁，墓顶悬铁镜。

墓葬壁画内容为宴饮图、出行图、回归图，在内容上和北齐墓葬无二致，表现手法上略有不同。如徐显秀墓鞍马图部分马首南向，意味出行；该墓鞍马，马首北向，表示回归，运用远近景来表现队列的庞大等。墓葬壁画中外来文化元素不多见。

从墓葬规模、形制、随葬品、壁画等方面综合分析，该墓时代为北

图 2–36　朔州水泉梁北齐壁画墓东壁马队仪仗图

图 2–37　朔州水泉梁北齐壁画墓墓顶星象图

图 2-38　朔州水泉梁北齐壁画墓朱雀图

图 2-39　朔州水泉梁北齐壁画墓青龙图

齐晚期，墓主级别要低于娄睿、徐显秀，为中级官吏，墓主族属应为汉人或已经被完全汉化了的边民。另一方面说明，北齐时期的墓葬习俗已经形成一定规制，包括墓葬的形制、随葬品的类别、壁画的内容等，只是依墓主身份地位的高低来决定墓葬的大小、随葬品的多寡、壁画的精疏。

进一步调查中得知，该墓早年曾有墓志，惜已被盗，经多方努力，于民间收藏家手中索得一幅墓志拓片的照片。照片显示，墓主张谟，官至仪同三司，北新城领民正，武平七年（576 年）葬于新城之北岗。考查文字内容，与墓葬规制和壁画时代风格有诸多契合之处，很有可能出自本墓，但现有证据无法证明墓志与本墓葬有直接关联，故存疑备考。

虽然墓主级别不是很高，但壁画中依然有诸多有别于其他墓葬或是可以补充其他墓葬壁画的地方。如壁画中远景的运用，完整的天象图，墓主身侧托盘和持圭状物侍从的发饰，正壁中的胡人形象，墓室结构中的双层穹隆顶等。

空山梵音——石窟、摩崖石刻

在北魏皇室大兴佛教的基础上，东魏、北齐时依然把建庙礼佛作为其统治的一种手段。山西地界如今仍遗存许多东魏、北齐时期的石窟、摩崖石刻、造像等。其中天龙山石窟、蒙山大佛、童子寺等属高氏父子雄踞晋阳时期所凿刻。上有所好，下必附焉，受皇室宣扬佛教的影响，民间也大量开窟造像，重要的遗存有高欢云洞、开河寺石窟、南涅水石刻等。另外还有很大一部分小型摩崖造像存于山野岩壁之上，是当时民间崇释礼佛的见证。

皇室开窟

晋阳作为高氏的龙兴之地，不仅是当时的政治、军事中心，其经济的繁荣、文化的灿烂也不亚于邺都。随着政权的逐渐稳固，统治阶层意识形态领域的崇尚、信仰等也不断地用物质形态加以表现。东魏、北齐时期，在晋阳城内及周边广建佛寺，大兴佛教，皇室主要在城内及晋阳城西面的山上建庙、开窟。如今，晋阳城内的寺庙已淹没于历史的尘埃中，但在西山一带仍有当时开窟造像的重要遗存。这些遗存不仅代表着当时佛教艺术的最高水准，而且真切地反映了统治阶层在穷兵黩武、开疆扩土之余的精神向往。

天龙山石窟

天龙山石窟位于太原市西南 40 公里的天龙山山腰。天龙山海拔 1700 米，风光秀丽，四周山峦起伏，高欢曾在这里修建避暑宫，北齐时在山下兴建了天龙寺，后人就习惯地称之为天龙山了。天龙山被一条淙淙溪水分成东西二峰，东峰有 12 窟，西峰有 13 窟。此外，北山史家峪福慧寺东有 3 窟，圣寿寺西南沟崖上还有 2 窟，全山总计 30 窟。窟数虽然不多，但它却包含了东魏、北齐、隋、唐、五代等 4 个半世纪的雕刻作品，反映了各个时代石窟艺术的特点及其从南北朝至隋唐五代的发展过程，是研究中国石窟艺术的珍贵资料，具有颇高的学术价值和艺术价值。但是，这些宝贵的石窟艺术遗产，在日本帝国主义的侵华战争中，有许多佛像、飞天、浮雕、藻井等作品被抢劫盗走。据不完全统计，天龙山有 150 余件雕刻精品被盗出国外，散失到日本、美国、法国等地，致使其惨遭破坏。

石窟的最早开凿者是东魏大丞相高欢，所开凿石窟为现存的东峰第 2、3 号窟；其子高洋开凿 3 窟，即东峰的 1 号窟和西峰的第 10、16 号窟。东魏的两个窟形制相同，大小相近，圆拱龛门，尖拱龛楣，门两侧雕八角立柱，柱头雕覆莲，覆莲上站立一回首鸾鸟。窟内平面方形，窟顶为覆斗顶，顶心正中饰莲花，四披为飞天。窟内造像形式为三壁三龛式，即在东、西、北三壁各开凿一龛，龛内雕像，龛前设有低坛。龛形分帐形龛和拱形龛。三龛内造像组合都为一佛二胁侍。主尊有结跏趺坐和倚坐两种形象，二胁侍为二弟子或二菩萨。

高欢死后的天保元年（550年），其子高洋代魏自立，史称北齐。北齐年代虽短，但却继神武帝高欢的崇佛之举，也于天龙山开凿石窟。北齐洞窟基本承袭东魏样式，但在造像风格上已有明显区别。窟内的三面壁上都凿有拱形佛龛，内置佛像。佛像体态丰满，骨肉圆润，斜披法衣，法衣轻薄贴体，浑圆的躯体十分优美。在佛坛下方还有浮雕的十位尊者像，其强劲的肌肉健美异常。天井的雕刻模式与前述第2、3窟基本相同。第16窟是目前天龙山保存最为完整的石窟，成于北齐晚期，具有一定的代表性。其窟口呈圆拱形，拱端雕有凤鸟，左右岩石中各雕出一尊力士，力士头戴蔓草冠，身穿甲胄，手持长矛，体态端庄。在洞口外侧，雕有面阔三间的前廊，廊侧为两根八角柱，上覆大斗，下有莲瓣柱础，柱子瘦长且明显收分。在柱子上面又雕出由人字柱和一斗三升组合成的屋檐。其斗拱比例与卷刹做得十分准确，廊子高度、宽度和后面窟口的比例也恰到好处。在窟外右侧的石壁上雕出带螭首的碑形。这些北齐晚期石窟造像风格反映了我国石刻艺术从元魏到隋唐这一过渡时期的特色，即逐渐中国化、民族化的过程（图2-40）。

图2-40 天龙山石窟东魏北齐造像

童子寺

童子寺位于太原市晋源区晋祠镇西镇村西约2.5公里的琉璜沟内，北齐天保七年（556年）始建，金天辅元年（1117年）毁于战火，如今寺庙已成一片废墟，仅在崖壁上发现零星的造像遗存。其中的大佛下身被崩塌后的泥沙乱石掩埋，仅可见胸部及双臂。大佛右侧崖面雕凿一菩萨，现存头高6.6米，颈高1米，颈至腹高8米，身体宽约12米，面部崩毁，颈部较粗，左肩已失，右肩尚存，腹以下为乱石所埋。大佛龛右侧的崖面上雕凿佛像，共300余尊。

童子寺燃灯塔是童子寺遗址的重要遗存，北齐天保七年（556年）宏礼禅师所建，六角单层石塔，通高4.12米，从下至上由塔座、塔身、塔灯、塔顶等四部分组成。

塔座为平面六角须弥座造型，座下部周围雕六力士承托塔身，上部内收作束腰，腰上所刻雕饰已风化不清。其上为六角形平盘，上建塔身，内设六角形灯室，中空。灯室三面开门，外壁和门额上均刻有装饰物，外壁保存有两个立佛浮雕，佛像姿态优美，衣纹流畅，造型朴实，具有极高的艺术价值。灯室上为六角形塔顶，檐头微上翘，顶中央收作六角形小顶，顶部镂空，燃灯烟火从上排出。童子寺燃灯塔塔身比例适度，造型秀美，是我国已知最古老的燃灯石塔。燃灯塔是古晋阳城重要的宗教建筑之一，是我国现存的南北朝时期佛教的代表性建筑之一，为研究佛教早期人物造型、石刻艺术提供了重要的实物依据。现今，龙山文物保管所已组织专家对燃灯塔进行了修复。无独有偶，在太谷县范村镇蚍蜉村西 1500 米的山麓也有一座与此石塔形制相似的石塔，为六角单层亭阁式，通高 3.6 米。石塔坐北朝南，由塔基、塔身、塔刹三部分组成。塔基石砌，平面六边形，高 2 米，由七层砂条石砌筑而成，下四层渐收，上三层呈须弥式。塔身一层，平面六边形，高 0.85 米，空心，正南设拱券形龛，与龛门相邻两面各雕立像一尊，塔身上部设六角攒尖式顶，其上设二层砂石六边形塔檐，塔刹已毁。两座石塔皆在古并州境内，一南一北，遥相呼应。

蒙山大佛

蒙山大佛位于太原市晋源区罗城街道办事处寺底村南的蒙山，始凿于北齐文宣帝高洋天保二年（551 年），完成于幼主高恒承光元年（577 年），历时 26 年。依山开凿，高约 66 米，是世界上现存时代最早的石刻大佛。大佛威坐西山，俯瞰晋阳，风雨飘摇中见证了晋阳城千年的兴衰历程（图 2-41）。

图 2-41　蒙山大佛

民间造像

除了这些皇室开凿的大型石窟及造像外，晋阳及其周边地区还留存很多中小型石窟及摩崖造像。这些民间佛教信仰的遗存主要分布于晋阳到邺城的交通要道周边，体现出佛教信仰由上至下发散传播的态势。重要的有位于左权县的高欢云洞、平定县的开河寺石窟、盂县苌池镇段家山的大齐天统四年（568 年）摩崖造像、沁源县郭道镇康家庄村的大齐天保九年（558 年）摩崖造像、黎城县东阳关镇小门村的北齐天统五年（569 年）摩崖造像、沁源县景凤乡社科村的北齐武平五年（574 年）摩崖造像等。

高欢云洞

高欢云洞又名避暑宫，位于左权县桐峪镇桐滩村申家峧自然村西北约 1000 米，207 国道北侧的岩壁上，上有百尺悬崖，下临深渊急流。据清雍正《辽州志》载，高欢云洞因东魏时高欢在此避暑而得名。高欢云洞现存 1 窟，坐北朝南，平面略呈横长方形，窟顶不平整，窟外壁设仿木构前廊，前廊前部雕四根八角立柱，使外观构成面宽三间的仿木构建筑样式。明间两立柱基本雕成，下有覆盆柱础，其上设八角立柱，柱头雕仰莲，其上承火焰宝珠，两柱间雕成拱门样式，门楣尖拱形，楣面雕火焰纹。次间两八角柱未雕完，柱体与前廊后壁相连，两柱间施阑额一道。前廊后壁凿窟门。前廊上方雕成五个相连的长方框，其中间及两边框内雕圆拱龛，应系未完工洞窟的一个明窗。窟内壁面及窟顶凹凸不平，未见任何雕凿龛像痕迹，1995 年《文物》第 9 期中《山西左权石佛寺石窟与“高欢云洞”石窟》判定，该石窟时代为东魏时期。这本是一个规模宏大、工程浩繁的巨大石刻建筑群，平面面积至少在几百平方米以上，可惜这一巨大工程不知因何半途而止。

开河寺石窟

开河寺石窟[1]位于平定县石门口乡乱流村西魁头山北侧，坐北朝南，共有3窟，中窟为东魏武定五年（547年）开凿，左右两窟为北齐皇建二年（561年）和北齐河清二年（563年）开凿。石窟开凿于断崖上，三个洞窟大小、形制基本相同，平面方形，四角攒尖顶，三壁三龛式。门楣上方凿成长方形横匾式框，内镌刻纪年发愿文。窟内设坛，坛上三壁各开一圆拱龛。龛形为“凸”字形，正中圆角平顶，龛梁尾部雕龙首。窟门外两侧雕八角形门柱，门柱两侧雕二力士，北齐的两个窟侧壁龛下均雕凿神王像。造像题材为三壁三佛，正壁龛内雕一佛二弟子二菩萨，侧壁龛内雕一佛二菩萨像。三窟共有大小像70余尊，雕像形态各异，或坐或立，姿态万千。

小门摩崖造像

小门摩崖造像位于黎城县东阳关镇小门村西200米路旁向南的岩壁上，分布于长约50米的崖面上，共有11个造像龛和1处题记。造像龛大小不一，但形制相同，都为尖拱龛楣圆拱龛，龛楣素面，龛内浮雕一佛二菩萨或一佛二弟子像，造像面相、衣饰多风化不清。题记位于雕凿于崖壁上的碑状题刻处，碑只残留半截，依题记可辨“北齐天统五年二月五日”纪年。

〔1〕李裕群：《山西平定开河寺石窟》，《文物》，1997年第1期。

寺庙遗珍

除了这些存乎山野之中历经千年风雨的石窟、造像外，还有很多因各种原因被废弃的寺庙内的石雕像深埋于黄土之下，难现光华。一些非常偶然的因素使得其中很少一部分在沉寂千年之后重见天日，傲然于世。这些出土的造像，在展现艺术品精美绝伦的同时，也诠释了当年寺庙的繁盛和文化的璀璨。南涅水石刻、忻州发现的石造像是这些发现中具有代表性的。

南涅水石刻是 1959 年在沁县牛寺乡南涅水村北的一处古寺庙遗址内发现的，出土了北魏至宋代的各种石刻两千余件。石刻多开凿于红色砂岩之上，有单体造像、组合造像、造像碑、碑刻等，尤以四面开龛造像的方形石块叠垒成塔形的造像石为多。造像石塔的石刻多为平面正方形和锥形，每组 5~7 块，每块石刻周围都雕有佛龛，龛内雕有佛像。每龛内除一佛像外，还分别衬有数目不等的菩萨、弟子、力士。造像形态各异，栩栩如生。佛龛龛楣多为龙首，龙首取势变化多端，有的垂首汲取，有的昂首欲飞，有的逍遥平视，有的怒欲吞云，有的嬉戏吐雾，有的口衔佩玉。这批石刻造像内容上集中表现了佛教人物、佛传故事、佛教经律、佛教文化艺术及崇奉佛法的佛事活动等，其造型在继承前代传统的基础上又有了新意和突破，雕刻技艺精湛，风格流派多样，表现了浓郁的民间特色与广泛的群众性。南涅水石刻群是在云冈石窟的先导和影响下出现的，但却不同于各地的石窟造像。它不是远涉深山摩崖凿窟雕像，而是因地制宜，就地取材，凿石成像成塔，或大或小，既易取置，又简便经济，造就了一批生动活泼、形式不拘的艺术珍品，无愧“皇家石刻看云冈，民间石刻在沁州”之说。南涅水石刻造像为系统地研究中国古代社会风俗、中国文化史、中国佛教史、中国雕塑艺术史以及雕刻技术、

图 2-42 沁县南涅水石刻

图 2-43 忻州出土的东魏造像

服饰、设计、建筑形制、书法、绘画等艺术，提供了极为重要的实物资料，具有重要的保护价值、观赏价值和科学研究价值（图 2-42）。

山西经常出土石刻佛像或者佛像窖藏，2013 年 9 月底，山西省忻州市忻府区秀容街道办事处西街村委在进行地下管道改造工程时，发现了埋藏的佛教造像。山西省考古研究所、忻州市文物管理处、忻府区文管所联合考古队进行了考古发掘，共出土北魏至唐代佛教石刻造像 39 尊，其中一件造像铭刻“大魏武定二年”纪年（图 2-43）。

此外，其他寺庙遗址也零星出土有纪年造像，太原市晋源区晋祠镇花塔村寺庙遗址出土了兴和二年（540 年）和武定三年（545 年）造像，晋中市昔阳县出土了东魏、北齐石造像，晋中市寿阳县发现了一批东魏至唐代的铜造像，晋中市榆社县福祥寺遗址出土了北齐石造像，长治武乡县党城村出土了北齐铜造像等，这些造像的出土，充分反映了东魏、北齐时期三晋大地上佛教信仰的兴盛。

金戈铁马——古战场

东魏、北齐时期，高齐政权围绕玉壁城和西魏、北周进行了大小三次会战，地点位于今山西省临汾市稷山县境内。如今的玉壁古战场遗址周边仍残留有玉壁城、高欢寨、斛律光寨等遗存。

玉璧古城

玉璧古城遗址位于稷山县太阳乡白家庄村、均安村一带，处于汾河南岸的台地上，是北朝时期东魏和西魏、北齐和北周的分界地带，地理位置十分重要，是我国著名的古战场之一。玉璧城地势突兀，险峻天成，易守难攻，东、西、北三面皆为深沟巨壑，唯有南边一条大道供人出入。据清康熙四十七年版《平阳府志》载，始建于西魏大统四年（538 年）。城址东西长约 1850 米，南北宽约 1430 米，整体略呈“凹”字形，总面积约 260 万平方米。城址内残存部分南城墙、万人坑、烽火台和地道等。在南城墙入口的西侧，有两处平面是凸形的地方，地形高，墙基厚，如今荒草野蒿横生疯长。据说这两处就是当年西魏守城主将韦孝宽下令缚木连接建高楼，以抵御东魏高欢大军筑土山欲乘之而入的地方。城北部有一条土岗，高约 3 米，宽约 10 米，长约 100 余米，平面为拱形，当地群众形象地称其为“圈椅背”。据说，这个“圈椅背”上原有一座宫殿式建筑，可能是韦孝宽的指挥所。这里曾发生多次会战，战争的硝烟在历史的天空弥漫着。

第一次会战

会战双方为东魏、西魏。公元 542 年，东魏权臣高欢为了打通西进的道路，第一次率兵攻打玉璧，西魏守将是王思政。由于天气寒冷，风雪过大，士兵死伤过多，高欢未攻下玉璧便撤退了。

第二次会战

会战双方为东魏、西魏。公元 546 年，高欢再次率重兵抵玉璧城下，西魏大将韦孝宽率军坚守城池。通常所说的“玉壁之战”便是指这次战役。双方在战场中一攻一防，攻自然是绞尽脑汁，防也一样煞费心机，在数次的攻防之中演绎出一段惊人的战事。

高欢时任东魏大丞相，已然是东魏政权的实际掌控者，他领兵出征，无异于御驾亲征，自然是兵多将广，所以一到城下东魏的军队便将玉壁城围得严严实实。虽然大兵压境，但西魏韦孝宽早有准备，所以并不慌张，城墙坚固，城内粮草充足，只要守住城墙，玉壁城便无忧虑。

高欢一看玉壁城城坚难破，马上决定在城南堆土建造一座超出城墙高度的高台，好居高临下进攻城墙，以掩护地面部队攀城而入。韦孝宽马上看出高欢的意图，命令在城内原有的两座高楼上绑木头继续往高建，要超过高欢修筑的土山，进而压制来自土山的进攻。战事一开始，两位主帅不着急出兵，而是一个做起泥瓦工的活，在城外堆土造山，一个做起木工的活，在城内绑木建楼，比赛谁的建筑会更高，让战场这个本肃杀的场面马上变得活跃起来。

高欢看到自己造山的速度远不及韦孝宽建楼的速度，便果断打住，扬言要在地下见分晓，“纵尔缚楼至天，我会穿城取尔”。于是高欢下令迅速展开地道的挖掘工作，准备从地下穿城而入。韦孝宽一看，也不闲着，也抓紧在城里挖长沟，并命令将士守在长沟旁，只要高欢的人一从地道出来，就直接擒杀。不仅如此，韦孝宽还让人在长沟里生火，利用牛皮囊鼓风，把浓烟吹入高欢所挖的地道。这样，高欢的队伍出地道则被擒杀，不出地道则被烟熏，至此，想通过地道进攻的招式也被韦孝宽拆解。

高欢一看从高处进攻不行，从地底进攻也不行，遂决定改造战车，直接从地面进攻，用战车撞毁城墙。据《资治通鉴·梁纪》记载，“车之所及，莫不摧毁，无能御者”。看到高欢改变了进攻策略，韦孝宽稍一思索便想到了应对之策，“孝宽缝布为幔，随其所向张之，布既悬空，车不能坏”。他命人缝制了巨大的幔帐悬于战车前进的路上，战车虽坚，但属于硬碰硬的工具，布幔柔韧不受力，使战车空勇猛却无用武之地。这一招以柔克刚，堪称绝妙。

看到自己的如此利器居然被对方轻松克制，高欢很是不服，又命人拿上长杆，杆头绑上麻布，浇上油，点着火，用以烧布幔、焚楼。想法不错，但韦孝宽乃一代良将，自有破解之法。他命士卒做好铁钩，安上利刃，火杆一来，在很远的地方就将它砍断。冷兵器时代多近身厮杀，而此时双方士兵却都远远地站着，手拿长杆，你来我往，你要烧我布幔，我就削掉你的杆头的火，这种战争场景是极为罕见的。

高欢见火杆烧布幔不能奏效，便又在城周围挖地道，想要直接把城墙挖塌。他命士兵先将城墙底部挖空，边挖边用木柱支撑，以防止在挖掘的过程中城墙就倒塌，而后在木柱上涂油，等基本挖掘结束后点火燃烧木柱，木柱烧断，城墙底部没有了支撑，自然就倒塌了，墙倒则城破。高欢曾用此法攻破邺城〔1〕。在看似无力回天的情况下，韦孝宽还是想出了应对之策。他命人建造木栅栏守在城内，看哪里木柱要烧断，便用木栅栏支撑城墙。高欢煞费苦心，还是不能攻入城内。

围绕城墙的争斗，高欢没占得半点便宜，反而伤亡惨重，改而将目标直指城内。高欢再命士卒用“兀盗”向城中射去，“神武使兀盗射之，每中其目”。韦孝宽让城中的将士戴着面具防护。玉璧城中缺水，要从汾河汲水补充，高欢派人一夜间从上游截断汾水，但堵截一两天可以，时间长了，水照样要决口，后来也就不了了之。

战事至此，攻方已绞尽脑汁，筋疲力尽，而守方则沉着应对，见招拆招。一代雄主高欢本想以逞勇耍横攻下城池，但最后还是不能如愿。在力斗无果的情况下，高欢不甘心就此收场，于是又用上了威逼利诱等手段，先派参军祖孝征劝韦孝宽投降。韦孝宽回答说：“我堂堂的关西男子汉，绝不当降将，也绝不会弃城不顾。”见祖孝征劝降不成，高欢又使用离间计：“韦孝宽受宇文泰的恩宠和俸禄，所以如此卖命，你们何必要替他赴汤蹈火呢？”接着，用箭将招降悬赏书射入城中。韦孝宽看到后，怒不可遏，也亲笔书写了悬赏书，从城内反射到城外。高欢诱降和瓦解韦孝宽军心的伎俩未能

〔1〕北魏太昌元年（532 年），高欢率兵攻打邺城，挖好地道，将支撑地道顶部的柱子点火烧掉，于是城墙坍塌，陷入地中，高欢进而攻占邺城。

得逞，便将韦孝宽的侄儿捆绑到城下，将刀放在他的脖子上，向城中高喊："若不早降，就杀死他。"韦孝宽慷慨激昂，大义凛然，感动和激励了士卒，更加坚定了将士与城共存亡的信念。

高欢苦战了60天，士卒死伤者达7万余人，葬在一个深坑。玉璧城不仅没有被攻破，韦孝宽反而夺据了土山。高欢因愤恨恼怒而病倒，最后只得退兵。这时，韦孝宽军中传出高欢中箭身亡的消息。为了稳定军心，高欢带病坐帐，强作镇定，会见幕僚，让斛律金唱《敕勒歌》。高欢自己领头唱和，但禁不住伤心落泪。玉璧未克，损失惨重，两个月后，高欢郁郁而死，终年52岁。

第三次会战

会战双方为北齐、北周。公元570年，北齐后主高纬，命斛律金的大儿子斛律光率步骑5万，第三次来到玉璧，修筑华谷、龙门二城，两军对垒，相持许久。斛律光率军围攻定阳，筑南汾城，对玉璧形成围攻的形势。公元571年，斛律光再次奉命修筑南阳、平陇等镇，韦孝宽率步骑万余人来逼南阳。斛律光实行"坚壁清野"政策，将士卒屯聚在南阳城堡内，紧关城门。北周韦孝宽率众在城下围攻。斛律光命士卒乘机打开城门与韦孝宽"战于汾水之北"，俘虏和杀死北周军数千人。南阳之战，尽管韦孝宽一时失利，但北周在全局上已由过去的防御转入了进攻，而北齐则由过去的进攻转入了防御，直至最后灭亡。

玉璧之战距今已过去了1400多年，当年鏖战在这里的风流人物，已被滚滚西去的汾水浪花淘尽，固若金汤的玉璧城也只剩残垣断壁，肃立于萧萧风中，唯有断崖上触目惊心的累累白骨仿佛还在诉说着那些曾惊天地泣鬼神的战役。

高欢旧寨

高欢寨又名高欢城址，俗称南阳堡，位于稷山县稷峰镇南阳村北，处于汾河北岸，隔汾河与玉璧城遥遥相对。据清康熙四十七年版《平阳府志》载，东魏高欢筑，为与西魏韦孝宽对敌处，南隔汾河与玉璧城相望。城址平面呈“凸”字形，东西长 320 米，南北宽约 215 米，分布面积约 7 万平方米。现地表残存部分墙体。

斛律光寨

斛律光寨又名张开西村堡，位于稷山县化峪镇张开西村东北姑射山南端山头上，四面临山谷，地势险峻。据清康熙四十七年版《平阳府志》记载，北齐武平二年（571 年）正月，斛律光率众而筑。堡址由前堡和后堡两座城堡组成。前堡坐北朝南，平面呈长方形，东西长约 200 米，南北宽约 65 米。后堡与前堡相距约 200 米，平面呈椭圆形，东西长约 30 米，南北宽约 26 米。

黄花梁古战场遗址

黄花梁古战场遗址位于应县臧寨乡水磨村西南黄花梁上，东北—西南走向，东临大运高速公路，南临左沙公路。最高峰黄花岭，海拔 1153 米，历代为军事重地。据《应县志》记载，北齐天保五年（554）四月，突厥与柔然大战于黄花梁，俘虏柔然头领及部下 3 万余人。遗憾的是，这里一直没有做考古调查，还没有发现有关这次大战役的遗物。

雄关据险——长城关隘

东魏、北齐时，为维护其统治，高氏政权广筑长城，以抵御北方少数民族的袭扰，防御西魏、北周的侵略。

东魏时期修筑的长城有肆州长城。东魏虽建都邺城，但实际权力却掌握在居住在“霸府”晋阳的大丞相高欢手中，史谓“军国政务，皆归相府”。而实为权力中枢的并州地区，西有西魏虎视眈眈，北有突厥、柔然等少数民族伺机掠扰。有霸主之心的高欢自东魏建立便攻城略地、开疆扩土，梦想完成一统中原的雄图霸业，而他的主要目标便是西魏。为了稳固后方以便全身心投入到与西魏的争夺中，高欢采取和亲（据史书记载，高欢曾迎娶柔然的公主，蠕蠕公主墓已在河北发现）、修长城等手段来应对来自北方少数民族的威胁。

东魏肆州治在今山西忻州，肆州北山是战略地位十分重要的管涔山与恒山两大山系的相连处，在此筑长城，可控制从晋北进入并州的通道。东魏肆州长城分布于今宁武县和原平市境内 6 个乡，大体呈东西走向，现有遗存实际长度约为 60 公里，其中宁武境内约 18 公里，原平境内约 43 公里。长城西起宁武县城西 7.2 公里处的榆庄乡榆树坪村，然后顺管涔山东坡下行至苗庄村与苗庄古城北墙相连，又跨越恢河后，沿凤凰山西坡而上，经东坝沟、东庄乡三张庄后村，于三张庄后村东 5.5 公里进入原平市，而后经后口、龙宫、段家堡、官地 4 个乡，于官地乡黑峪村北 300 米终止。宁武境内有三张庄后村、阎王壁等障城，原平境内有黑峪障城。东魏长城建筑所用材料，一般就地取材，适宜用石头就用石头，适宜用土就用土夯筑。现存长城遗址多为片石垒砌。

北齐是我国历史上大规模修筑长城的王朝之一。东魏末年，高欢玉璧之战失利，不久便郁郁而终。应该说高欢的死是东魏、西魏争夺战的一个节点。高欢死后，高澄兄弟的精力主要用在逼魏主禅位而自立上，东魏由战略进攻转为战略防御。另一方面，来自北方柔然、突厥、契丹的威胁依然存在。为了能在这群雄争霸中苟得安宁，北齐一代便大肆修筑长城。

史籍记载北齐修筑长城有六次：

北齐文宣帝天保三年（552 年），首先在西北境修筑长城，南起今山西省汾阳市西北，北至山西省五寨县境，长四百余里。这条长城实际沿吕梁山脉绵延，其意图是用来防御稽胡，对付西魏。

北齐文宣帝天保六年（555 年），在北部边境大规模修筑长城。起于今居庸关的附近，终于今山西大同，长九百余里。这段长城基本上是沿北魏长城线进行的修葺和增筑。

北齐文宣帝天保七年（556 年），又大规模修筑长城，除了对在 552 年和 555 年所修筑的两处长城进行增筑外，又向东新筑长城，至今山海关海边止，全长三千余里。

北齐文宣帝天保八年（557 年），于长城内侧筑第二防线的长城。

这段内长城自今山西省偏关县境内起，东经雁门关、平型关，到达山西省下关附近，长四百余里。

北齐武成帝河清二年（563 年），斛律金奉命修筑了沿太行山走向的一段长城，长二百余里。这条长城是为防御北周的进攻而修建的。

北齐后主天统元年（565 年），将原东魏时所筑一段旧长城增筑至雁门关，又对在公元 557 年所筑内长城进行了修葺，长两千余里。这次修筑及增补是为了防御北方的柔然。

有学者认为明长城的一些地段覆盖了北齐长城，有的是两条长城亦断亦续地相连，也有分开的，但都不很长。比如在山西偏关老营镇南曾发现一段长约 25 公里的北齐长城遗址。这段北齐长城，先是与明长城并行，南行至新庄子村后两者分开，明长城趋向西南，北齐长城则走向偏东南，绕了个弯后，在北场村南复与明长城会合。

历经千年风雨雪霜，仍有断断续续的长城遗存于山巅沟壑。虽然这些石墙、土墙、山险、障城未必如统治者所愿发挥作用，但正是这些寂静于荒野之中的遗存见证着历史的是非成败、兴衰荣辱。

山西境内遗存的北齐长城有多处，虽大部分都保存不佳，但仍能从这些残破不堪的长城遗存判断出当年北齐长城及其相关遗存的壮观规模。

晋庙铺北齐长城遗址位于泽州县晋庙铺镇大口村东北约 3 公里的满安岭山梁之上，绵延至河南省济源市，大体呈西南—东北走向，在该县境内全长 5 公里左右。长城充分利用天然的地理环境，跨山越谷，或削山为堑，或片石构筑。现存残高 1 米至 3 米不等，顶宽约 2 米。北齐清河二年（563 年）三月，“齐诏司空斛律光督步骑二万，筑勋掌城于轵关，仍筑长城二百里，置十二戍”。泽州县境内的这段北齐长城应该就是此次所筑长城的一部分，是为防御当时北周宇文氏的北侵。

北齐长城遗址兴县段是北齐长城的西端，西距黄河约 40 公里，保存较差，从魏家滩镇西坡全长村西南至阳木崖头村东约 500 米处共残存 4 段，总长约 2600 米，残高约 2~5 米，底宽 3~8 米，顶宽 1~2.5 米。修砌方式也是就地取材，分土石混筑和片石垒砌两种，以土石混筑为主。该段长城南侧存烽火台 2 座，台体均呈圆形。据《北齐书·文宣帝纪》所载，该段应是天保七年（556 年）所筑的“自西河总秦戍筑长城东至于海”的长城遗迹。

合河关城址位于兴县瓦塘镇裴家川口村北大坪梁上，东魏、北齐时期遗存。现存城址平面呈长方形，南北长约 105 米，东西宽约 102 米，分布面积约 1 万平方米。现存东墙、西墙、北墙残段。墙基宽约 1.5 米，残高 2~5 米。墙体夯筑，夯层厚 0.17~0.2 米，上部有增补痕迹。北墙中部设门，残宽约 3.6 米；西南城角外侧有夯土台基 1 座，平面呈长方形，东西长约 14 米，南北宽约 13 米，残高约 7.2 米。该城址应是守卫长城的一处戍所。相类似的还有距此城址不远的兴县瓦塘镇裴家津城址，位于村东约 200 米处的城墙梁，北齐时期遗存，也是一处长城戍所遗址。

黄栌岭长城遗址位于汾阳市峪道河镇向阳村西约 14 公里之黄栌岭之巅。该段长城保存较差，多被灌木丛覆盖，地表仅可见残缺不全的石券门洞一座、石券残窑一孔。门洞东西贯通，顶部塌毁，仅存两侧墙体。门洞宽约 7.25 米，进深 3.8 米，残高约 4 米。该处遗存应是《北齐书·文宣帝纪》载天保三年（552 年）自黄栌岭“起长城，北至社平戍，四百余里”所筑长城中的一段。

岁月留痕——遗珍赏析

东魏、北齐时期，晋阳是北方政治、经济、文化中心，有“霸府”“别都”之称。其时，胡商辐辏，商贸发达，留下许多珍贵遗存，壁上丹青、胡乐歌舞、千年窑火、法相尊严……显示出晋阳作为丝绸之路东端的繁荣与民族汇聚的历史趋势。

壁上丹青

壁画是东魏、北齐墓葬中反映当时社会生活、墓葬习俗的重要部分。发掘的墓葬中壁画都出于砖室墓。目前发现的近千余平方米的壁画几乎涵盖了东魏、北齐时社会生活的方方面面，从天上到人间，从宴饮到出行，无一不在诉说着当年艺术的辉煌，因前文述及墓葬时已详细讲述了壁画，此处不再赘述。

尚武崇勇

在随葬的陶俑中基本都有武士形象。东魏、北齐虽守土一方，但时刻面临西魏、北周的威胁，为维护其统治，高氏政权多重用以武功为其效力的人。另外，高氏政权本就是通过武力来夺取的政权，因此更注重以武力维护国家的稳定和开疆扩土。政权以军功行赏赐的做法必然导致尚武崇勇的社会风气，反映在墓葬文化中便是这些威武雄壮的军阵队列俑群。

这些武士俑依造型或所持兵戎不同又可细分为甲骑具装俑、骑马武士俑、盔甲俑、负盾武士俑、三棱风帽俑、披氅武士俑等。

甲骑具装俑

北魏墓曾出土过大量甲骑具装俑，这是武士俑中级别较高的俑。甲指骑士头戴兜鍪，身披铠甲，具装即马的防护铠甲。甲骑具装的骑兵是当时的重骑兵，主要用于大部队冲锋陷阵，当时有歌谣："男儿欲作健，结伴不须多。鹞子经天飞，群雀两向波。放马大泽中，草好马著膘。牌子铁裲裆，钰锋鹳尾条。 前行看后行，齐著铁裲裆。前头看后头，齐著铁钰锋。"描述的就是甲骑具装。这种俑往往随葬于官秩级别较高的墓葬中，且随葬数量相对较少。武士头戴兜鍪，身穿铠甲，骑乘于马上，或持兵戎，或携弓囊，马匹也用铠甲保护，从头至尾披挂着鱼鳞甲。在冷兵器时代，这种骑兵的战斗力和杀伤力都是很大的。娄睿墓、贺拔昌墓、韩祖念墓（图 2–44）内都随葬有此类俑。

骑马武士俑

骑马武士俑造型上类同于甲骑具装俑，马匹身上鞍、辔、勒、蹬俱全，只是没有装饰铠甲。这类俑是当时军队以骑兵为主的反映，在北齐官吏的墓葬中常见（图 2–45）。

盔甲俑

这类俑的造型基本和甲骑具装俑的武士相同，只是区别于骑乘马上和站立于地上。武士头戴头盔，身穿鱼鳞铠甲，腰悬武器，浓眉大眼，气势威武。盔甲俑广泛随葬于墓葬中，上至位列三公的徐显秀（图 2–46），下到普通官吏如狄湛、库狄业等，其墓葬中皆有发现。

图 2–44　韩祖念墓甲骑具装俑

图 2–45　韩祖念墓骑马武士俑

图 2–46　徐显秀墓盔甲俑

图 2-47　贺拔昌墓按盾武士俑

图 2-48　韩祖念墓披氅武士俑

负盾武士俑

依据所负盾牌位置的不同又可分为背盾俑和执盾俑等。这类武士俑在墓葬的随葬陶俑中较为普遍。陶俑为武士形象，或头戴头盔，或头戴毡帽，或头上束巾，其中部分武士俑上身还着明光铠甲。有的曲左手执盾牌于胸前，如贺拔昌墓（图 2-47）、太原南郊北齐壁画墓陶俑；有的将盾牌背于左肩后部，如贺娄悦墓、贺拔昌墓、厍狄迴洛墓陶俑；有的将盾牌斜挎于身体左侧左臂处，如徐显秀墓、厍狄业墓陶俑。

三棱风帽俑

这类陶俑的随葬数量最多，无论官员品秩高低，几乎全有这类陶俑随葬。典型的特点就是头戴三棱风帽，帽后部下垂到肩部，有护耳的功能，帽顶似“山”字形凸起三个棱角，所以又叫“山”字形风帽俑。陶俑造型基本相同，细部略有区别，有的是左臂屈肘置于胸前，手心中空持物，右臂自然下垂，如贺拔昌墓、厍狄业墓陶俑；有的左臂屈肘弯曲后下垂，右臂自然下垂握拳，拳心中空持物，如娄睿墓、狄湛墓陶俑；有的双臂皆屈肘于胸前，两手都中空持物，如徐显秀墓、贺娄悦墓陶俑。这类陶俑因所持之物不明，故也可能是仪仗俑。

披氅武士俑

武士头戴红色头盔，身穿红色短襦，披黄褐色大氅，下身穿白裤，脚穿白鞋，高鼻梁，凸眼珠，腰斜挂长刀，右肩部似挂箭囊，右手置于腹部，左手下垂。这类陶俑在中下级官吏的墓葬中较为常见。太原神堂沟贺娄悦墓、韩祖念墓（图 2-48）、太原南郊北齐壁画墓内都有发现。

神鬼传奇

大多数墓葬中出土有镇墓武士俑和镇墓兽，从目前资料看，有的墓葬只有镇墓武士俑而没有镇墓兽，有的墓葬只发现镇墓兽，这可能是因有部分墓葬曾被盗扰，或者是镇墓俑序列还没有完备。在几座未被盗扰的墓葬中发现完整的镇墓俑组合：两个镇墓武士俑、两个镇墓兽。镇墓武士俑形象相似，镇墓兽一种为人面兽身，一种为兽面兽身。

镇墓武士俑

这种武士俑不同于墓葬随葬的其他武士俑，其他武士俑更接近于写实，而镇墓武士俑则夸张、狰狞。镇墓武士俑是整个墓葬随葬陶俑中体型最大最高的，一般都在 40~60 厘米之间，而其他陶俑一般在 20~30 厘米之间。镇墓武士俑是以武士的形象来行使镇墓的功能，是将武士神鬼化的一种象征，和镇墓兽搭配成组使用（图 2−49）。

镇墓兽

分为兽面兽身和人面兽身两种样式，一般和镇墓武士俑成组使用，最多两组，即两个镇墓武士俑、两个镇墓兽，但也有单独使用镇墓兽而不使用镇墓武士俑的。

兽面兽身镇墓兽。多数墓葬有这种类型的镇墓兽出土。太原南郊北齐壁画墓内出土的这件为蹲坐状，狮首，血口大张，利齿外露，尖耳上竖，仰头作怒吼状，前肢直立，马蹄足，后肢蹲坐，长尾上卷于背部，背生鳞甲，颈后和背部有鬃毛（图 2−50）。

人面兽身镇墓兽。在太原南郊北齐壁画墓、厍狄业墓、贺娄悦

图 2-49 徐显秀墓镇墓武士俑

图 2-50 韩祖念墓镇墓兽

图 2-51 贺娄悦墓镇墓兽

墓等有出土。厍狄业墓位于太原市小店区南坪头村，1984 年清理发掘，墓葬年代为北齐天统三年（567 年）。厍狄业生前曾任泾州刺史、金紫光禄大夫、领民都督、仪同三司等职，封爵高平县开国子、咸阳县开国侯、彭城县开国公等，是东魏、北齐时期有一定地位和影响的中级官吏。这件人面兽身镇墓俑通高 30 厘米，面部为人的形象，头部往下为动物躯体，面相威严凶恶，尖耳上竖，浓眉大眼，连鬓络腮胡，前肢蹄足，直立，后肢作半蹲状。这种把人面和兽身结合在一起的做法形成于北朝，兴盛于隋唐，贺娄悦墓镇墓兽较有代表性（图 2-51）。

胡乐歌舞

晋阳地区乐舞百戏传统源远流长，到北朝时期更成为全国有名的歌舞繁盛之地。其原因既有对传统的传承，更因为此期山西胡汉杂处，大量北方少数民族入居山西各地，匈奴、鲜卑、羯、氐纷纷建立政权，特别是尔朱荣、高氏父子均以晋阳为基地，客观上使少数民族甚至西域歌舞大量传入。既有民间习俗作基础，又有上自皇帝下至朝臣贵族穷奢极欲生活方式的推动，晋阳地区歌舞娱戏蔚然成风。

东魏、北齐时期是民族交流、文明互动的大融合时期，在这个过程中，胡人的乐器、歌舞大量传入中原。少数民族习俗喜歌善舞，其将领，甚至帝王、大臣，少有汉族士大夫的矜持与约束。其歌舞正是因无拘无束、随心所欲等特点，受到上至帝王贵族，下到平民百姓的喜欢。契胡贵族、北魏权臣尔朱荣常驻晋阳，常“酒酣耳热，必自匡坐唱虏歌”。到东魏、北齐时期，有过之而无不及，高氏父子酷爱歌舞，并躬自实践。在与西魏韦孝宽相持于玉壁战场的时候，高欢曾“使斛律金作《敕勒歌》，神武自和之，哀感流涕”。文宣帝高洋则常常“或躬自鼓舞，歌讴不息，从旦通宵，以夜继昼。或袒露形体，涂傅粉黛，散发胡服，杂衣锦彩”。后主高纬“自能度曲，亲执乐器，悦玩无倦，倚弦而歌。别采新声，为《无愁曲》，音韵窈窕，极于哀思，使胡儿阉官之辈，齐唱和之，曲终乐阕，莫不陨涕”。北齐后期这种崇尚胡舞胡乐的现象更为严重，因能歌善舞而得到封赏的人不在少数。幼主高恒时更对歌舞人员滥加赏赐，其中包括许多西域人，“诸宫奴婢、阉人、商人、胡户、杂户、歌舞人、见鬼人，滥得富贵者将万数”。齐末，“刑残阉宦、苍头卢儿、西域丑胡、龟兹杂伎，封王者接武，开府者比肩”，“其帝家诸奴及胡人乐工，叨窃贵幸，今亦出焉”。如和士开，其先为西域胡商，因“倾巧便僻，又能弹胡琵琶，因此亲狎”。还有“史丑多之徒胡小儿等数十，咸能舞工歌，亦至仪同开府、

图 2-52 厍狄迴洛墓胡人舞俑

封王”。“其以音乐至大官者：沈过儿官至开府仪同，王长通年十四五，便假节通州刺史”。《旧唐书·音乐志》中说：“后魏有曹婆罗门，受龟兹琵琶于商人，世传其业，至孙妙达，尤为北齐高洋所重，常自击鼓以和之。”《北史》卷九十二《恩幸传》又说：“胡小儿曹僧奴子妙达，以能弹胡琵琶，甚被宠遇，俱开府封王。”可知曹婆罗门暨子僧奴、孙妙达“世传其业”，均为琵琶演奏能手，特别是曹妙达，尤为北齐高洋所“宠遇”，高洋常常自击胡鼓，与曹妙达的琵琶相应和，可见曹妙达当时已是琵琶国手。又据《北史》记载，曹僧奴的女儿也是琵琶能手，颇受北齐后主高纬的赏识和厚待。从史书中的这些记载不难推断当时歌舞文化的繁荣。

上行下效，势所必然。近年在山西地区发现的北朝墓葬资料真实地展现了王侯将相豪华的乐舞生活情景。

胡人舞俑

寿阳县北齐河清元年（562年）厍狄迴洛墓出土，通高25厘米（图2-52），胡人形象，头戴红褐色船形帽，身着红色广袖衫，下身穿白色肥大裤子，左手持一为舞蹈助兴或伴奏的道具，右手握起，拳心向内，深目高鼻，面带笑容，正在翩翩起舞。舞俑所穿广袖衫肘以上袖管紧窄，而自肘以下突然张开呈喇叭状[1]。这种服饰还见于河南宜阳县丰里镇马窑村杨机墓出土的乐俑、

〔1〕这种服饰最早见于战国时期中山国王族墓出土的一件银首铜身人形灯，铜人左衽衣之袖管即是这种风格。

图 2-53 厍狄迴洛墓乐俑

图 2-54 贺拔昌墓鼓吹骑俑

河北磁县的两件北齐舞女俑等。下身所穿肥大裤子在舞蹈时更能展现飘逸的舞姿。该舞俑双腿微屈，双臂上展，神态喜庆夸张，塑造得惟妙惟肖，把已经凝固的舞姿还原成活灵活现的动态场面，让我们似乎看到伴着竖箜篌、琵琶等乐器的演奏，他又开始扭动腰肢，欢快起舞。

太原北齐天保四年（553 厍狄迴洛墓）贺拔昌墓出土的舞俑，通高 16.5 厘米，胡人形象，头发卷曲，戴“山”字形帽，浓眉高鼻，穿红色窄袖紧身衣，袖口向外翻折，腰勒细绳，腹部微鼓，脚穿尖头靴。舞俑右手上曲持物，左腿微曲，脚尖点地，作舞蹈状。左臂和右腿残缺。

琵琶乐俑

寿阳县北齐河清元年（562 年）厍狄迴洛墓出土，通高 28.2 厘米（图 2-53）。乐俑头戴红色束发小冠，上穿圆领窄口白色长袖衫，外罩交领广袖红色短襦，袖口宽及膝处，上衣领口、袖口及下摆边缘饰有红色宽带纹，腰带多余部分于中间打结，反折于左侧腰间，下着宽脚及地白色长裤，两条裤带垂于腰前，足蹬圆头履。立俑长眉细目，口涂朱色，怀抱镶黑边琵琶，左手横持琵琶曲柄，右手抱琵琶琴身，用拨子弹奏。弹琵琶俑衣饰考究，神情端庄，塑造了一位五官端正、眉清目秀的青年乐手全神贯注地演奏的情景，是同类题材陶俑中的精品。

骑马击鼓俑

太原地区北齐武平二年（571 年）徐显秀墓出土，通高 30 厘米，头戴圆顶风帽，帽顶两侧折出两角，上身穿白色窄袖衫，下身穿白裤，脚蹬黑色尖头靴，腰左侧挂一扁圆鼓，有带自右肩斜挎束鼓。击鼓俑上身微侧，目视左方，骑乘一匹枣红色骏马，两手握拳上曲，拳心有孔，作持物击鼓状。马站立于长方形台座上。这种类型的俑在太原地区天保四年（553 年）贺拔昌墓内也有发现[1]。

鼓吹骑俑

太原北齐天保四年（553 年）贺拔昌墓出土，通高 25 厘米（图 2−54）。此俑体形肥胖，脸丰满圆胖，大耳，头顶前部头发似被剃光，余下头发作扇形拢于背后。头发分十三辫，中间一辫较细且无装饰，其余十二辫左右两边各六辫，并饰有不规则形月牙饰，似乎是表示头发的辫结，发辫的末端用绳系结后分为五小辫垂于背后腰部。陶俑跨骑于马匹之上，身穿红色窄袖衫，红色裤子，红色尖头小靴，右手曲于腹前，似持缰绳，左手微握，上举至嘴部，作吹奏状，手心有孔。马备有鞍、辔、蹬，站立于长方形台座上。陶俑头部微扬，双目微眯，神情陶醉。类似发饰的陶俑在徐显秀墓内也有发现[2]。

骑马乐俑

太原北齐武平元年（570 年）娄睿墓出土，通高 31 厘米。乐俑头戴“山”字形护耳风帽，穿窄袖右衽短衫，下身穿黄裤，脚穿黑靴，左手微张，虎口贴于嘴部，右手侧上举作托物状，双目平视前方，作欢愉吹奏状。所骑乘马匹为黄色，配黑色马鞍。马站立于长方形台座上。

---

〔1〕太原市文物考古研究所：《太原北齐贺拔昌墓》，《文物》，2003 年第 3 期。

〔2〕徐显秀墓出土的一件胡人骑马俑，头发分为十二辫，披于背部，发式与此俑相似。山西省考古研究所、太原市文物考古研究所：《太原北齐徐显秀墓发掘简报》，《文物》，2003 年第 10 期。

异域交融

在东魏、北齐的墓葬中，有许多异域文化的元素。北朝是民族融合的时期，佛教文化与汉文化的融合，西域文明被中原文化的吸收借鉴，都发生在这一时期。

骆驼俑

骆驼是丝绸之路上必备的交通工具，东魏、北齐时随着晋阳地位的确立，越来越多的胡商来晋阳经商，有的慢慢定居下来，后来甚至在朝廷为官。晋阳本来就是以徙居六镇边民而逐渐兴盛的城市，胡商、胡人的加入更丰富了这一地区的文化色彩，反映在墓葬文化中便是随处可见的驮满货物的陶骆驼。除了前文已述的张肃俗墓的陶骆驼，后来清理发掘的东魏、北齐墓葬又新增添了不少实物资料。娄睿墓中，不仅在壁画上淋漓尽致地展现了驼队的浩荡，而且用雕塑的手法，立体地将满驮货物的骆驼更直观地展示出来。娄睿墓出土驮满货物的骆驼四峰，二站二卧。骆驼小耳，短尾，头高昂，仰天嘶鸣，背负满载货物的垂橐，橐下为帐篷杆和丝绸，橐顶放置帐篷顶圈，两侧挂有水袋。站者刚健，卧者悠闲，栩栩如生（图 2–55）。

骑驼俑

韩祖念墓出土。墓葬位于太原市万柏林区小井峪村，年代为天统四年（568年）。韩祖念官至大将军，封武功王。墓室为砖室墓，有壁画，出土有陶俑、青瓷器、庖厨明器、铜器、玻璃器、陶器等。其中鎏金铜瓶、骑驼俑造型别致，异域风格明显。骆驼昂首挺立，仰天嘶鸣，驼背上载满货物，在货物和驼颈之间骑跨着一个胡人。这是目前发现的载人又载货骆驼俑最早的实例，这种造型在隋代的斛律彻墓也有发现。

鎏金铜瓶

库狄迴洛墓、韩祖念墓皆有发现。库狄迴洛墓铜瓶（图 2–56）细颈，卵形深腹，圜底，圈足，有盖。盖顶为锥形钮，盖里衔接二铁片插入瓶内。这种器形在北朝墓葬中并不多见，应是舶来品或仿异域文化而制。

图 2–55　娄睿墓骆驼俑

图 2–56　库狄迴洛墓鎏金铜瓶

千年窑火

在东魏、北齐墓葬的随葬品中，有一类器物有别于前代，即瓷灯。灯虽作为实用器在北朝墓葬中已有发现，但多数为石灯。东魏、北齐时期，瓷灯作为明器大量出现在高级别的墓葬中。娄睿墓、徐显秀墓、厍狄迴洛墓随葬多件瓷灯。

娄睿墓出土的一件瓷灯，通高 50 厘米（图 2–57）。灯由灯盏、灯柄、底座三部分组成，柄和座连在一起，灯盏是另外做成后和柄接在一起。瓷灯用高岭土制作，但火候较低，器壁厚实拙朴，釉色厚重。莲瓣、忍冬、宝珠等装饰图案先用手捏制而成，而后粘贴于器物上，再上釉入火烧制。灯盏为直口，腹部圆鼓，腹壁斜弧向下收缩，口沿部分装饰两圈弦纹，弦纹中间装饰一圈联珠纹。灯盏的腹部由忍冬、摩尼宝珠、莲花、火焰纹和新月纹组成图案，在每组图案旁用较大的忍冬衬托，相间排列，共有四组。灯柄为圆柱状，上细下粗，柄上部有一粗大的圆箍，将柄分为上下两部分。柄上部装饰四片倒垂的莲瓣纹，再上与盏连接的部分装饰莲花纹；下部装饰六组倒垂的镶嵌宝珠的忍冬纹，再下与底座连接的部分装饰一周联珠纹。灯座为覆莲状，八瓣宝装莲瓣，饱满厚重，极具立体感，好似一朵活灵活现的莲花盛开在灯座上。底座外沿饰两周棱纹，棱纹间装饰一圈联珠纹。瓷灯通体施黄绿釉，有细密的冰裂纹，釉色泛玻璃光泽。

徐显秀墓瓷灯由盏、柄、座三部分构成，高 48 厘米。通体饰黄绿釉，釉面泛玻璃光泽，冰裂纹明显。灯盏部分釉色偏黄，灯座部分釉色偏绿。灯盏为钵状，外壁堆贴八个模制饱满的仰莲瓣纹；灯柄为上下略粗中间略细的管状，装饰三圈联珠纹；灯座部分装饰八瓣宝相覆莲瓣纹。

此外，北朝时期，原始制瓷技术得到进一步发展，东魏、北齐时墓葬中出土的青瓷器中也不乏精品。

二彩盂，娄睿墓出土，通高 6.2 厘米（图 2–58）。胎质纯白细腻，近圆球状，器身饰七道弦纹，内外满饰淡绿色釉，釉色薄而均匀，光泽晶莹，有冰裂纹。从口沿到底部，竖向装饰七道黄绿相间的二色釉。底部有三个凸起的小支垫。这件器皿虽小，但已从单色釉发展为二色釉，不失为釉色上的一次突破，为日后繁盛的唐三彩开了先河。

莲花宝相纹尊，厍狄迴洛墓出土（图 2–59），共 7 件。形制相同，大口略向外侈，颈部粗短，鼓形腹部，平底，有盖。胎体厚薄不均，上薄下厚。器物遍体满贴莲花、宝相花和圆片菊花等装饰。器盖为伞状，宝珠形钮，周边装饰锯齿纹和菊花纹。通体施釉，釉色浅黄，光泽晶莹，有冰裂纹。高岭土胎，较厚，色白纯净，吸水性强，属低温釉陶，未发现使用痕迹，应是专用于随葬的明器。

图 2–57　娄睿墓瓷灯

图 2–58　娄睿墓二彩盂

图 2–59　厍狄迴洛墓瓷尊

华光溢彩

富贵与奢华同时反映出工艺的精湛。位高权重的墓主生前的饰品在其死后便一同下葬，目前已经发现的饰品有戒指、玉璜、带钩、玛瑙串珠等。

玉带钩，柳子辉墓出土[1]。两件，形制相同，雕刻精美，泛蜡状光泽。整体为一条带状回首的祥兽，兽首反翘，作为钩头。

玛瑙串饰，库狄迴洛墓出土（图 2-60）。出自棺内中间一副人骨架的胸部，由红、白、紫三色约 200 颗玛瑙和绿松石组成。珠为椭圆形或圆形。

串珠玉饰，娄睿墓出土（图 2-61）。串珠 1153 粒，大小不等，

〔1〕王玉山：《太原南郊清理北齐墓葬一座》，《太原考古》，山西古籍出版社，2003 年。

图 2-60　库狄迴洛墓玛瑙串饰

图 2-61　娄睿墓串珠玉饰

分圆形和椭圆形两种，质地有白玉、玻璃和料珠等，颜色有白色和蓝色等，特别是蓝色串珠，表面有层层细纹，古朴典雅。出土玉璜 12 件，形制相同，但大小不等，颜色分为白和墨绿，皆在末端钻有二孔供穿系，周边及四棱原贴有金箔，但多已脱落。出土玉佩 14 件，大小不一，形状各异，但皆钻有供穿系的小孔，玉佩周边也以金箔镶边。

镶宝石金饰件，娄睿墓出土（图 2-62）。金片做底，镂孔做成花卉图案样式，边为联珠纹，间饰三个大小不一的莲花纹，周边为草叶纹。饰件上满嵌珍珠、玛瑙、蓝宝石、绿宝石、蚌和玻璃等材料，精美华贵。这一饰件只是某件物品的一部分，可能为金冠上的附件。

金戒指，徐显秀墓、厍狄迴洛墓、贺拔昌墓各出土一枚，其中徐显秀墓出土的镶嵌蓝宝石金戒指异域风格明显，最为精美。

图 2-62　娄睿墓残金饰件

法相庄严

东魏北齐崇尚佛教，留下许多精美的金石造像。

东魏兴和二年（540 年）石造像：1954 年出土于太原市晋源区花塔村附近[1]。造像高 35 厘米，结跏趺坐于方形台座上，跣足，坐前雕双狮及宝珠。造像饰馒头状发髻，施无畏、与愿印，着双领下垂式袈裟，袈裟下摆呈水波纹覆于座前。造像面相清瘦，身材修长，神情端庄祥和，与天龙山石窟第 2 窟北壁主尊基本相同。

东魏武定六年（548 年）观音铜造像[2]：晋中市寿阳县出土。通高 20.8 厘米，鎏金。观音跣足站立于圆形覆莲座上，头戴高宝冠，宝缯垂至两肩，面相方圆，细目高鼻，袒胸，颈饰项圈，披帛绕臂后十字交叉于腹部，下身穿短裙，手腕带钏，右臂上屈，左手下垂于腹前。观音身后有舟形大背光，背光饰火焰纹，背光周边及顶端饰透雕的莲瓣纹、火焰纹，顶端正中为一化身佛。莲座下有四组床，床左、右、后侧刻发愿文，有“武定六年”纪年。

北齐天保六年（555 年）菩萨及弟子造像：晋中市昔阳县出土，汉白玉质，已残损，残高 40 厘米。菩萨头戴三叶宝冠，宝缯垂肩，面相长圆，双目微合，裸上身，腰束裙，腕戴钏，披帛绕两肩后下垂于坛座。菩萨右臂上部残缺，左手扶右腿，跣足半跏趺坐于高台座上。背光及头光大部分缺失。菩萨左侧站立一弟子像，像高 15 厘米，头后雕有圆形头光，身着袈裟，浅刻衣褶，双手于胸前合十，站立于素面圆形台座上。右侧弟子像已不存，仅留一台座。造像下部为长方形坛座，正面有浮雕，中间为一力士双手托举一宝炉置于头顶，左右两侧各有一蹲狮守护，狮身外侧各有一力士。

---

〔1〕郭勇：《山西太原西郊发现石刻造像简报》，《太原考古》，山西古籍出版社，2003 年。

〔2〕晋华、吴建国：《山西寿阳出土一批东魏至唐代铜造像》，《文物》，1991 年第 2 期。

图 2-63　北齐皇建二年铜造像

坛座右部及后部刻铭文，有“天保六年”纪年。

北齐皇建二年(561 年)铜造像：长治市武乡县党城村出土(图 2-63)。通高 17.2 厘米，面型长方，眉眼细长，高肉髻，身披广袖通肩僧衣，双手合十，置于胸前，结跏趺坐于束腰方座上，袖端自然下垂，将两膝覆盖。座下设高足床。佛像背后有桃尖形大背光，头后有头光，背光满饰螺旋状火焰纹，头光饰莲花纹。在床架上阴刻“皇建二年”纪年。

屋宇春秋

在我国古代的冷兵器时代，政权的建立、稳固是以城池的坚固为基础的，即使像北魏这样的马上民族建立的政权也不例外，一旦取得政权，便马上开始大兴土木改建、扩建城池。东魏、北齐时期，高氏政权曾多次改建、扩建晋阳城，于是便有了“霸府”“别都”的兴盛。但一直以来，东魏、北齐的建筑到底是什么样子，因缺乏实物资料，不得而知。我国现存最早的木构建筑是大唐时期的，且建造工艺已经非常成熟。那么，大汉到盛唐期间建筑究竟是怎么发展演变的？所幸，在尘封千年的文物中或多或少地残存一些迹象，能让我们一窥当年建筑的样式。目前，就考古资料来看，已经发现多处东魏、北齐时期的建筑样式，其中不乏精美之作，如天龙山石窟的第 2、3、16 窟残存的窟檐建筑，高欢云洞窟外壁仿木构前廊。这一时期的建筑不仅残存于石窟中，在墓葬中也有发现。徐显秀墓过洞口彩绘仿木结构建筑；韩裔墓墓门上方为仿木结构的砖雕建筑；太原南郊北齐壁画墓墓室四角各砌一方形角柱，柱顶以砖砌、抹灰加彩绘的手法做成仿木斗拱结构；厍狄迴洛墓中置木椁；忻州九原岗壁画墓甬道口上方彩绘木结构建筑等。另外，在 2012 年晋阳古城的考古发掘中，还出土有东魏、北齐时期的建筑构件，其中两件有确切纪年的空心砖为晋阳古城的变迁提供了极为重要的实物依据。

忻州九原岗壁画墓木结构建筑绘于墓道北壁，即甬道口上方。庑殿顶木结构建筑，面宽五间，中间大门闭合，两侧偏门半启。脊头兽面装饰与晋阳古城发现的同类型器物如出一辙。中间的大门上固定 32 颗圆形门钉，大门中央设有门环，门环底部装饰有狮形猛兽，瞪着双目，露齿衔环。在屋顶的正上方绘一火盆，左右两侧各绘一兽首鸟身的怪兽形象，屋檐下还有 6 个侍女侧立，是目前发现的重要的斗拱结构古建筑资料。

隋唐画卷

图 3-1 唐李世民《晋祠铭》碑

历史背景

隋唐时期，随着长安和洛阳成为统一王朝的都城，晋阳由北齐“别都”，成为北周、隋、唐抵御北方突厥的主要屏障和军事重镇。隋朝建立，延续北朝惯性，依然重视晋阳，因其乃“天下精兵处”、军事重镇，杨坚封次子杨广为晋王，坐镇晋阳。杨广称帝，任李渊为太原留守。李渊到任，利用风起云涌的反隋风暴，进兵长安，夺取杨隋政权，灭隋建唐，晋阳也成为李唐王朝名正言顺的龙兴之地。贞观二十年（646 年），李世民回到晋阳，撰文书写了一通碑，即《晋祠铭》，歌颂“爰初鞠旅，发迹神邦。举风电以长驱，笼天地而遐卷。一戎大定，六合为家”（图 3-1）。

晋阳地位显赫，是黄河以北的经济中心和政治文化中心，又是武则天的故乡，唐天授元年（690 年），武则天颁诏：“其并州宜置北都，改州为太原府。”从此，太原府与京都长安、东都洛阳并称“三都三府”。唐玄宗天宝元年（742 年），又“改北都为北京”，太原府又与西京长安、东京洛阳并称“三京”，即唐代诗仙李白称赞的“天王三京，北都其一”。与此同时，开元九年（721 年），唐玄宗改蒲州为河中府，升中都，蒲州地位开始上升。

隋唐繁华的大背景下，隐藏着无数鲜为人知的民族争斗和融合统一的曲折故事，许多就发生在今山西地区。

纵观隋唐两代，山西南部由于靠近长安和洛阳，受京城影响，经济得到进一步发展；山西北部，特别是雁门关以北，由于靠近蒙古草原，经常被突厥等游牧民族袭扰，经济上呈现出农业与游牧业并存、农业优先发展的状态。从文化上来看，南部与关中接近，北部受游牧文化影响，中部兼顾南北，自有特色。

山西的隋唐遗存较为丰富，有遗址、石窟、墓葬等，还有许多碑刻。遗址以晋阳古城遗址、蒲州古城遗址为代表，石窟遗址以天龙山石窟、高平羊头山石窟为代表，墓葬以太原虞弘墓和斛律彻墓、长治唐墓、襄垣隋唐墓、运城唐代薛儆墓、大同唐墓等为代表。这些墓葬群，主要分布在太原、晋东南和晋西南地区。

隋代墓葬

全国隋墓分砖室墓、土洞墓和竖穴墓三种，山西发掘的隋代墓葬都是砖室墓，分为单室墓与多室墓两种。山西隋墓都是纪年墓，时间清楚，目前已发现的纪年墓有昔阳隋代宁州刺史王季族墓（开皇三年，即583年）、沁源韩贵和墓（开皇四年，即584年）、太原虞弘墓（开皇十二年，即592年）、太原斛律彻墓（开皇十五年，即595年）、汾阳梅渊墓（开皇十五年，即595年）、襄垣浩喆墓（大业三年，即607年）等。几座墓葬墓主人的民族属性以及墓葬的地理分布，与本地区民族融合的程度有一定关系。

草原来客——斛律彻墓

斛律彻（563—595 年），原名锺，字智通，是北齐假黄钺、使持节、都督朔定冀并瀛青齐沧幽肆晋汾十二州诸军事、相国、太尉公、录尚书、朔州刺史、酋长、咸阳忠武王斛律金的曾孙，太傅、左丞相、第一领民酋长、咸阳王斛律光的孙子。

斛律部落出自高车，是塞北游牧民族。据史书记载，其祖上先依附柔然，后依附北魏，随鲜卑拓跋部进入中原，就在山西扎下根来。斛律家族称得上是北朝名门望族，斛律金与斛律光、斛律羡父子在《北齐书》《北史》中都有记载。脍炙人口的《敕勒歌》就出自斛律金之手，歌词是：

敕勒川，阴山下。
天似穹庐，笼盖四野。
天苍苍，野茫茫，
风吹草低见牛羊。

斛律光被人誉为“北齐长城”，率军抵御北周，后被反间计所杀。后人痛惜，建造许多祠庙纪念他，新绛县和稷山县曾修建斛律王庙。

斛律彻是名人之后，其墓位于晋阳遗址北部，即太原义井公路西南沙沟村西侧，砖筑单室墓，由墓道、天井、甬道、墓室四部分组成，延续了北朝流行的砖墓结构与形制。

墓室平面呈方形，南北长 3.58 米，东西宽 3.5 米，四壁稍外弧。墓室地面以长条砖满铺，墓顶坍塌，四壁亦倒塌严重。残壁上尚存壁画痕迹，是在一层较薄的白灰面上以红、黑二色绘制，遗憾的是，壁画已剥落，内容已不可知。

该墓随葬品皆置于墓室内，随葬器物比较丰富，共 328 件，其中大多数为模制陶俑及动物模型。这类器物原均有彩绘，但由于长期水浸土埋，剥落较严重。另有生活用器、明器模型以及墓志等。

陶俑占出土器物的大多数，可细分为女侍俑、仪仗俑、仪仗骑俑、伎乐骑俑、武士俑、持盾俑、武士骑俑、甲马骑俑、骑骆驼俑等，显示了墓主人生前的一些生活场景。现各选择一两件加以介绍。

女侍俑，高 17.1 厘米。面微右侧，束元宝形发髻，着红色窄袖襦、白色长裙，肩披帛，项前交叉，并垂于两侧 ，或双手握于腹前，腰束带，腹略鼓，双臂弯曲，窄袖下垂（图 3–2）。这种女式服装在隋代比较普遍，各地都可见到。

仪仗俑，常见于高级官僚墓中。高官出行，讲究威仪排场，有专门的仪仗队，仪仗俑就是其象征。该俑高 23.5~25 厘米。头戴红色山形帽或黑巾，身着窄袖衫，袒右臂，腰束带，右衣袖系于腰带内，下着袴。双手握于胸前，拳中有孔，说明原先手里握有兵器或旗帜，因年久腐朽，所持物已不存。

武士俑，一般是军队将士或侍卫，高 23.9 厘米。站立，头戴兜鍪，内穿窄袖衫，腰束带，外披风衣，下着袴。右手屈握腰前，所持兵器已不存在，左臂贴腹部下垂。腰部左侧有圆孔，原插有物，亦朽无存，腰间佩箭囊。这类俑有长短兵器，右手兵器为对付附近之敌，腰中弓箭是射杀远处之敌。

持盾俑，指持盾的武士俑，高 23.3 厘米。站立，面略左侧，头戴风帽，身着窄袖衫，袒右臂，腰束带，下着袴，乌鞋。右臂屈于胸前，拳心有圆孔，所持兵器已朽无存，左手持一个盾牌（图 3–3）。随葬俑中，常见持盾俑，是因为作为随从侍卫，随时预防有人偷袭。手握盾牌，是为阻挡攻击的兵器或丛箭，有效地保护主人。

武士骑俑，即骑马的武士俑，通高 29.5 厘米。头戴卷檐形帽，上衣有桃形饰物，腰间束带，下着红色袴，乌鞋。右臂弯曲，手握缰绳，左手置胸前，拳心有圆孔，可知原持兵器已朽。腰两侧皆佩物，左为刀，右为箭箙。马作站立状，昂首前视，鬃毛整齐，长尾下垂，面有络头，背有鞍鞯，额前、项

图 3-2　斛律彻墓女侍俑

图 3-3　斛律彻墓持盾俑

图 3-4　斛律彻墓武士骑俑

下饰瓔珞，胸带、鞧带佩串饰（图 3-4）。沿袭北朝惯例，腰佩刀、上衣有桃形饰物者，往往是武士头领（图 3-5）。

甲骑具装俑，即古代重装骑兵。《宋史·仪卫志》：“甲骑，人铠也；具装，马铠也。”指人和马都有铠甲。该俑通高 30.4 厘米。头戴兜鍪，身穿两裆铠，加腿裙。双臂下垂握拳，拳心有圆孔，原持物不存。腰部两侧佩物，左为腰刀，右为箭箙。马作站立状，昂首，披马铠，戴面帘，马身甲面墨绘鳞片（图 3-6）。古代这种骑兵防护性能好，专用于冲锋陷阵，突破敌军阵势。另外，墓主陪葬这样的甲骑具装俑，明显担任高级军职。

仪仗骑俑，实际上是骑兵仪仗俑，通高 30.2 厘米。头戴卷檐形帽，身着红色紧袖衣，腰束带，下着窄腿袴，乌鞋。两臂弯曲至胸前，原持物已朽不存。马作站立状，昂首，长尾下垂，面有络头，臀有鞧带，背有鞍鞯，额头、项下佩瓔珞（图 3-7）。

伎乐骑俑，就是骑马的乐手。有 5 件。如吹奏俑，通高 28.3 厘米。头戴红色山形帽，身着半袖衣，腰束带，下着窄腿袴，乌鞋。面微左侧，左臂上屈，作吹奏状。马站立，面有络头，臀有鞧带，背有鞍鞯（图 3-8）。该墓还出土有骑马吹排箫俑、骑马击鼓俑等，

图 3-5　斛律彻墓武士俑头领

图 3-6　斛律彻墓甲骑具装俑

图 3-7　斛律彻墓仪仗骑俑

它们共同组成一个军乐队。

骑马乐队多与军队有关，古代部队出行，军乐手要奏乐，以壮声威，也为统一号令。如唐代诗人王翰的著名诗作《凉州词》："葡萄美酒夜光杯，欲饮琵琶马上催。醉卧沙场君莫笑，古来征战几人回？"就反映出军队中使用军乐的情形。墓中出现军乐队，说明墓主人是军队高级将领。

骑骆驼俑有 2 件。丝绸之路自北朝以来，一直是联系东西方的重要通道。骆驼号称"沙漠之舟"，是穿行沙漠最有效的交通工具。这两件俑就是当时历史文化背景的缩影。两件俑基本相似，稍有分别，其一，高 45.5 厘米，骆驼高大健壮，昂首站立，张嘴似嘶鸣，短尾上翘，双峰间驮有丝绢、皮囊等物，囊端饰虎头图案，皮囊上坐一人，浓眉，深目，高鼻，头戴圆毡帽，身着圆领窄袖衫，两腿一伸一屈，左手紧握缰绳，右手持饼进食（图 3-9）；其二，也是骑驼俑，左手紧握缰绳，右手握拳高举，拳心有孔，原执有物。人物与骆驼的比例很夸张，但造型生动，惟妙惟肖。山西出土过许多骑骆驼俑，最生动最典型的，就数这两件。它们出现于墓内，间接显示出胡商与军队高级将领也有密切往来。

图 3-8 斛律彻墓伎乐骑俑

除俑外，还有镇墓兽（图 3-10）和一些动物模型，如羊、猪、马、牛（图 3-11）等；还有些生活明器，如灶、碓、井、仓、筒形器等；另有陶器，如盘口壶、卷沿罐、圆唇罐、碗、盒等。该墓出土的瓷器数量较少，均属小型器皿，却显示了隋初北方制瓷工艺的时代风格。青瓷尊的制作既承袭了北朝时期的传统，又为唐代制瓷业的先导。

墓室内还有串珠 33 颗，直径 1.1~2 厘米，按质地可分 3 类，其中石英珠 16 颗，青绿色琉璃珠 6 颗，湖蓝色料珠 11 颗，形状不甚规则，有圆形和扁圆形两种，均有穿孔。

随葬种种俑类或器物，一是反映墓主人生前的生活状态，二是希望墓主人在冥世也能保持生前的地位和生活。

最重要的是，该墓出土墓志一合，清楚地告诉我们墓主人的身世。

志文记载："公讳彻，字智通，朔州狄那人也。……曾祖金，齐相国假黄钺、咸阳忠武王。……祖明月，齐左丞相、咸阳嗣王，周赠使持节、上柱国、恒朔赵安燕云六州刺史、崇国公、邑五千户。……父武都，咸阳国世子，尚义宁公主，除驸马都尉、特进、开府仪同三司、西衮梁东衮三州刺史、太子太保，周赠使持节上开府、怀平邵三州刺史。……公育自椒房，长于戚里。童卯在年，家屯祸难。既逢周武封墓表闾，继绝存亡。……建

图 3-9　斛律彻墓骑驼俑

图 3-10　斛律彻墓镇墓兽

德六年九月蒙除使持节仪同大将军，袭祖崇国公，户邑如旧。……以开皇十五年十一月廿日薨于京师，春秋卅有三。以隋开皇十七年岁次丁巳八月乙巳朔十七日辛酉窆于并城之北十里。”据墓志，墓主是斛律光之孙斛律彻。

史书记载，斛律金墓就在晋阳南面，近年，斛律金父亲的墓碑又被发现，斛律彻的墓志也在太原出现。斛律家族几代人的墓志陆续问世，意味着将出现许多新资料，很可能会补正史书记载之缺误，对研究斛律家族和当时的民族融合甚为重要。

图 3-11　斛律彻墓陶牛

魂归丝路——虞弘墓

太原虞弘墓是一座隋代墓葬， 1999 年 7 月发现于太原晋源区王郭村南，为单室砖墓， 现存墓葬由墓道、甬道、墓门、墓室几部分组成，总长 13.65 米。

墓室平面呈弧边方形，砖壁略带弧形，砌法是三顺一丁，共四组。墓室地面无铺地砖，仅在四周墓壁下用砖平铺一层，呈方形框，作为砖壁基础，弧形砖壁就砌在这方形砖基上。

墓内葬具仅存一汉白玉石椁，安放在墓室中部偏北之处。该石椁外观呈三开间、歇山顶式殿堂建筑，由长扁方体底座（石床）、中部墙板和歇山顶三大部分组成，每一部分又由数块或十几块汉白玉组成(图 3-12、图 3-13)。石椁总长 2.95 米、宽 2.20 米，高 2.17 米。

图 3-12　虞弘墓石椁复原线图

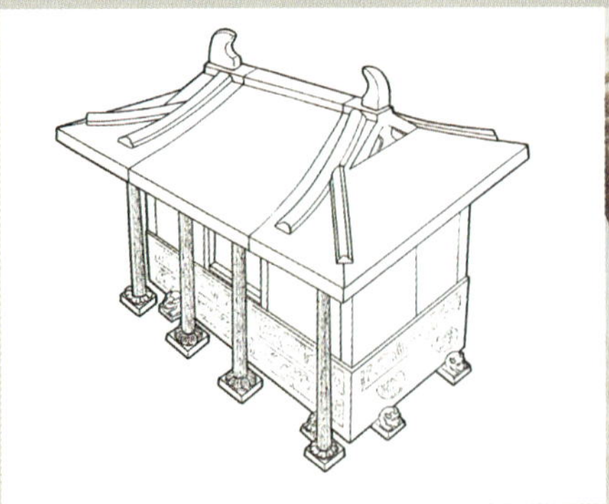

图 3-13　虞弘墓石椁外观

图 3-14　虞弘墓石椁正面

图 3-17　虞弘墓石椁东侧的随葬品

图 3-15　虞弘墓石椁前面西部的随葬品

图 3-16　虞弘墓石椁前面中部的随葬品

图 3-18　虞弘墓石椁西侧的随葬品

山西出土北魏到隋代的石椁不少，但是汉白玉制作的，目前仅此一例；石椁雕刻彩绘的也不少，然而高浮雕又彩绘加贴金的，也仅此一例（图3-14）。这种汉白玉高浮雕彩绘又贴金的技法，多用于佛教造像，石椁采用这样的材质，是超豪华的葬具。因此当该石椁才清理到一半时，发掘者已经被它的豪华奢侈惊呆。

发掘者按捺住内心的激动，继续向下清理，在墓室出土两根完整的八棱柱和三根残八棱柱。清理椁内淤土和墓室淤土时，不见棺木遗痕和任何木器遗痕，也不见棺钉，再加上此墓早年被盗和破坏，人骨散见于椁内、墓室和椁座盖板下，经鉴定为两具人骨，一男一女。

该墓还出土石质人物俑、残陶俑、白瓷碗、墓志、石灯台、铜币等随葬品（图 3-15、图 3-16、图 3-17、图 3-18），共 80 余件。人物俑分汉

图 3-19　虞弘墓侍从俑

图 3-20　虞弘墓侍女俑

图 3-21　虞弘墓伎乐俑

白玉和砂石两种石质，可分侍从俑、伎乐俑和拄剑俑三种类型。侍从俑皆为砂石质，无彩绘，二男二女。男俑为胡人形象，一个完整，一个头部残。完整者戴尖圆毡帽，着窄袖长袍，腰系一带，两侧吊系有小刀、囊袋等 7 件物事，怀抱一鸭嘴形单耳瓶，立于一块方石板上，全高为 68 厘米（图 3-19）。

女俑 2 件，梳双髻，着交领窄袖长裙，外罩圆领衫，双手在胸前捧一巾，也立于一块方石板上，全高为 65.5 厘米（图 3-20）。

伎乐俑均系汉白玉加彩绘，残存 10 件，有男有女，皆汉人形象。男俑，高约 55 厘米，戴黑色幞头，面颊丰满，双目微垂，面带微笑，身着浅褐色圆领窄袖袍，腰系黑带，双手握一横笛（图 3-21）。女俑高 50 厘米，头梳双髻，弯眉细目，神态恭谨，身着圆领窄袖长裙，腰系红色长带，双手在身前握一排箫。

拄剑文吏俑共 2 件，汉白玉石质，均残，头戴小冠，黑眉红唇，身着交领宽袖红色长袍，两手于胸腹间相交，握一长剑，剑直竖于身前。

考古发掘进行到中期，石椁多半部分浮现出来，图像越来越多，考古队员看到图像中尽是波斯因素，不免产生疑问，这到底是什么人的墓葬？来自何处？葬于何时？这些问题，将考古队员的注意力自然地吸引到墓志上。

考古人都清楚，墓志相当重要，它不仅会叙述墓主人的身份和履历，也将解释图像产生的基本背景。尤其面对的是一幅幅陌生的充满异国风情的石椁浮雕图案，墓志的重要性更加凸显，谁也明白，如果没有墓志，读懂图像异常艰难。

令人激动的一刻终于来到了，1999 年 7 月 20 日上午 10 时 30 分，清理过程中，忽然在石椁前出现了一方墓志，经过辨识，是墓主人虞弘的墓志（图 3-22），工地顿时欢呼雀跃。真是好事成双，下午 5 点左右，又在石椁西侧发现了虞弘夫人墓志。两方墓志均是细砂石质，有盖有志。墓志与图像是相辅相成、互补有无的珍贵资料，是对石椁图像最好的解读，发现墓志，等于找到了开启图像境界的钥匙。

中国怎么出现了充满波斯文化气息的石椁？读了墓志，大家茅塞顿开，恍然大悟。据墓志，墓主为鱼国人，为北魏领民酋长之孙，茹茹莫贺去汾之子，自 13 岁起，任茹茹国莫贺弗，出使波斯、吐谷浑等国，后转莫缘，出使北齐，又在北齐、北周和隋三个朝代任过官职，历任直突都督、轻车将军、直斋都督、直荡都督、使持节、都督凉州诸军事、凉州刺史、射声校尉、假仪同三司、游击将军、仪同大将军、仪同三司等职，封爵广兴县开国伯，食邑六百户。还曾“检校萨保府”，

图 3-22　虞弘墓志

上：图 3-23　虞弘墓石椁出行图
下：图 3-24　虞弘墓石椁酿酒图

执掌来华外国人事务。其官品或高或低，临终为隋仪同三司，品阶为正五品，却"敕领左帐内，镇押并部"。原来他是一个经历非凡、身份特殊的入华粟特人。参考墓志，再观石椁雕绘内容，浓郁的粟特气息扑面而来。石椁四周内外皆有雕绘，由 50 多个单体图案组合而成，图案内容宏富，具体有宴饮图、乐舞图、射猎图、家居图、行旅图等。狩猎图中，多为骑马、骑象、骑骆驼搏杀狮子者，人狮搏斗的场面甚为激烈。图中人物皆深目、高鼻、黑发，属于地中海高加索人种。图中的人物服饰、器皿、乐器、舞蹈以及花草树木等，均源于波斯与中亚诸国，典型的有带绶鸟、带绶马、胡腾舞和带端为扇形的飘带及长帔等，波斯、粟特文化色彩非常浓厚。有些画面甚至和祆教有关，对研究丝绸之路与古代东西文化交流有极重要的意义。

雕绘内容大略分为三部分。第一部分由正壁外部左、右两块画面和椁内右、后、左三壁的画面组成，共 9 块。该部分画面大，由一大一小两个画面组成，皆为浮雕加彩绘，应为整个石椁的主要画面。

第一块椁壁图案位于石椁前壁右方，上部画面下方，浮雕一人牵一骏马，牵马者为年轻男性，鼻子又高又尖，双眼凹入，身着圆领窄袖红色长袍，足蹬一双白色高筒皮靴。马右侧后立三人，均为男性，深目高鼻，身着圆领窄袖长袍。在画面中还有两条犬和两只鸟，两鸟一大一小，大鸟有头光，脖颈系一向后飘扬的彩带，似为一只孔雀。孔雀右是一只绿色小鸟，正在衔一条葡萄的枝蔓。大图案下还有个横长方形小图案，雕绘着一匹奔驰的有翼神马图，马的后部变形为鱼身鱼尾（图 3-23）。

第二块椁壁图案位于东壁南部，在上部大图案中，雕刻一个六角台座，栏内从左至右并列三人，手臂相接，蹲腿屈膝，作舞蹈状。三人均为男性，体态肥腴，短发披肩。在台座下右侧有二人，男性，一左一右，左边一人多半身掩在台座后，右边人双手在胸前抱一敞口圈足大坛。经考证，这是一幅酿酒图。大图案下还有个长方形小图案，雕绘着一幅雄狮与神马搏斗图（图 3-24）。

第三块椁壁图案位于东壁北部，上部图案为一人骑驼射杀狮子的场面。一人跪骑在骆驼背上，左手平举，撑着一张大弯弓，注视着左方扑上来的一头红色雄狮，引弦待射。骆驼配合着主人与另一头狮子搏斗，咬住那头狮子的腰脊。大图案下的小横长形框内，绘着另一图案。一个有头光、深目高鼻、带有耳环的人侧身坐在一个又大又厚、镶有花边的圆垫上，右手握一角形器送向嘴边。该角形器略有弯度，大口朝上，小口朝下，像来通、角杯之类的饮器（图 3-25）。

第四块椁壁图案位于后壁东部，上部图案是一幅骑驼猎狮图。一头高大精健的单峰骆驼昂首挺胸疾奔，背上负一骑者。骑者仅可见背侧，黑色长发，穿一件长袍半臂衫，下为紧身裤和软靴，扭身向后，左手握一张大弓，右手扯紧弓弦，箭头对着驼后的一头雌狮，引弓欲射。在骆驼前方还有一头雄狮，直立而起，从正面拦扑骆驼。驼下有一犬，冲向雄狮。大图案下的小图案，花草中部雕一只奔跑的鹿（图 3-26）。

第五块椁壁图案位于后壁中部，上部图案构图复杂，人物众多，中部是一大毡帐的后半部，在帐内靠后，是一亭台式的小建筑，在亭前平台上，坐着一男一女，似为夫妻。男者头戴冠，右手端着一只碗。女子面对着他，屈腿坐于平台上，

上：图 3-25　虞弘墓石椁骑骆驼猎狮图
下：图 3-26　虞弘墓石椁骑骆驼猎狮图

头戴花冠，右手举一高脚酒杯，陪男子饮酒。在二人后侧，各有两名男女侍者，两两相对。在主人和侍者前面，还有很大的场地，六名男乐者分左右跪坐于两侧。乐者之间还有一大片空地，有一男子正在中间跳着胡腾舞，构成一个欢乐祥和的宴乐场面。在大图案下的小图案中，表现的则是又一个内容不同、人狮搏斗的情景。整个画面雄壮惊人，甚为惨烈（图 3–27）。

第六块椁壁图案位于后壁西部，上部大图案内中部为一人乘象杀狮的场面。该人头戴花冠，波状长发披在肩后，深目高鼻，胡须浓密，身穿一件长袍，外套一件红色圆领半袖衫，足蹬一双软鞋。他两手各握一把长剑，左手之剑在身后挡住一头从身后扑上来的雄狮，右手之剑高举过头，奋力向该狮劈去。所乘之象形体高大，长鼻高卷，护住主人，迎击前面上方袭来的一头狮子。大图案之下是个横长方形小图案，雕绘一只鸽子，鸽子脖上系一条丝带，带端向后飘去（图 3–28）。

第七块椁壁图案位于西壁北部，上部大图案中雕绘三人一马在行途中驻足饮食之情景。马为深红色高头大马，神骏异常。马背上坐一人，气宇轩昂，头戴镶有宝珠的红色王冠，身穿红色圆领长袍半臂衫，下着白色紧腿长裤和软靴。他安然坐于马背上，左手端一碗，举于面前。

右：图 3–28 虞弘墓石椁猎狮图
左：图 3–27 虞弘墓石椁宴饮乐舞图

马前站一年轻随从，面对主人，双手端一盘，盘内盛满果实，高举着进献给主人。马后内侧还有一个年轻随从，立于一侧，注视着二人。在大图案下的小图案内，雕绘着一只白色带黑斑的山羊，山羊看着前方的小花，缓步向小花走去（图 3-29）。

第八块椁壁图案位于西壁南部，上部大图案是主仆三人休息的场面。主人在左，二仆在右。主人有头光，戴一冠，身穿窄袖长袍，坐在一个红色束帛座上，右手握一白色高脚大口杯。在他面前有一年轻仆人，单腿跪地，双手捧一装满万寿果的果盘。仆人身后，还立着一年轻仆人，两手于胸前抱一琵琶，为主人奏乐。下部小图案内容简单，中部突出雕绘了一只飞跑着的白色大角鹿（图 3-30）。

第九块椁壁图案位于前壁右方，上部图案中间雕一人骑一马，马上之人头戴冠，穿一件圆领窄袖长袍，足蹬白色高筒长靴。马后立着一位侍从，手举华盖。马前不远处还立有一人，双手举于胸前，捧一小盘，盘内放一果实。大图案下还有个长方形小图案，左边是红色忍冬叶和小花朵，中部为牛狮搏斗图（图 3-31）。

第二部分由石椁外壁右、后、左的画面组成，均为绘画，共

右：图 3-31　虞弘墓石椁行路图
中：图 3-30　虞弘墓石椁进酒图
左：图 3-29　虞弘墓石椁进献图

图 3-32　虞弘墓石椁墨线图

7 块，每块上绘一人，虽然画面亦大，但内容简单，主要为墨线勾边，内填白黑二色，有男有女，有立有跪，皆无头光，神态恭谨，似为侍者（图 3-32）。

第三部分由数十个图案组成，画面众多，或雕或绘，内容复杂，画面较小，位于椁座，共 4 块 29 幅（图 3-33、图 3-34、图 3-35、图 3-36），其中最重要的是雕绘于椁座前壁下排正中的画面。画面中部是一个灯台形火坛，上有熊熊火焰。在其左右两旁，有两个人首鹰身的人相对而立，身着红色圆领半臂衫，上身倾向火坛，手戴手套，一手捂嘴，一手伸出，抬着火坛一侧（图 3-37）。这种形式在世界各地拜火教图像和波斯银币图案中常见，是典型的祆教礼仪的象征。

在底座雕绘作品中，还有许多饮酒图、交谈图、奏乐图（图 3-38、图 3-39、图 3-40、图 3-41、图 3-42）等，栩栩如生，令人过目难忘，有很大的艺术魅力。

按古代风俗习惯，棺椁所绘图像，主要是墓主生前生活、信仰及本民族人文环境的反映，图像中的人物形象，主要是墓主本民族的人物形象，这些内容的图案和他及本民族的信仰有关。另据图案看，墓主坐于帐幕之中，骑马射猎的画面比例较大，可以推测，这可能是一个游牧民族。

墓志自叙虞弘为“鱼国尉纥驎城人也”。志文又追叙其先为有虞氏，后“派枝西域”，说明鱼国曾在西域发展。从石椁图案中人物看，无论侍者、射猎者、奏乐者，还是宴饮者，皆深目、高鼻、黑发，多须髯，均为西域人种，与志文“派枝西域”相吻合，亦可作为鱼国曾处西域的证据。以石椁图像人物所着服饰与今出土西域诸国人物服饰资料相对照，就人物多饰长帔、飘带观察，与中亚、波斯所见图像中人物更为接近。再就

图 3-33　虞弘墓石椁底座正面雕刻

图 3-34　虞弘墓石椁底座右侧雕刻

图 3-35　虞弘墓石椁底座左侧雕刻

图 3-36　虞弘墓石椁底座背面彩绘

图 3-37　虞弘墓石椁底座正面火坛祭司图

图 3-38　虞弘墓石椁底座正面饮酒图

图 3-39　虞弘墓石椁底座正面壁龛奏乐图

图 3-40　虞弘墓石椁底座背面壁龛彩绘饮酒图

图3-41 虞弘墓石椁左侧底座饮酒图

图3-42 虞弘墓石椁左侧底座饮酒图

图像中火坛观察，也与所见中亚和西亚波斯银币中火坛相仿。志文又记述，在北周时，虞弘一度“检校萨保府”。翻检北朝至隋唐任萨保府职官者的资历，发现均来自粟特地区康、米、何、史、安诸国，虽然“检校萨保府”和直接任萨保一职有区别，但绝非毫无关系，至少应由熟悉这方面事务的人来担任。由此几方面进一步推析，鱼国原位于粟特地区西部地区。

由上可以认定，墓主是由粟特地区鱼国来到晋阳，死后葬于晋阳的鱼国人。

虞弘墓的发现与研究，再次引起许多研究者对丝绸之路的关注。虞弘墓石椁图像的价值有多大？由其源于西亚、粟特地区，与多个国家关系密切，又具有广博深刻的文化内涵和艺术特点的这批图像来看，其画面内容之丰富，艺术特点之独特，传播地域之宽广，全世界也极为罕见，作为古代东西艺术交流之物证和杰出的艺术品，价值难以准确估计。正如《文物天地》刊物编辑在介绍祆教资料时说：“直到1999年，中国的祆教画像石才开始被学界注意。太原隋虞弘墓祆教画像石墓的发现，引起了学界的一场地震，被评为当年的中国十大考古新发现。”[1]

〔1〕杨军凯:《关于祆教的第三次重大发现——西安北周萨保史君墓》,《文物天地》,2003年第11期，第29页。

情系上党——浩喆墓

襄垣隋代浩喆墓是2001年在基本建设过程中发现的，县文博馆工作人员闻讯赶到，做了抢救性清理。该墓葬位于襄垣县城新建西街中段，坐北朝南，为多室砖墓，由墓道、甬道、前室、左右耳室、后甬道和后室组成。

在前、后室均有砖砌的棺床。棺床上面散乱地遗存13副骨架，有成年人，也有儿童，有男性，也有女性，年龄在10~30岁之间，似乎是一个家族墓。这样的隋代墓葬并不多见，注定要给后世留下一个谜团。

随葬物主要有陶俑、陶器、墓志等，共53件。后室早已被盗，只剩两个陶罐，该墓所见随葬品主要集中于前室中央的墓志周围（图3-43）。

图3-43　浩喆墓墓室所见部分随葬品

墓中发现最多的是小冠男侍俑，共 20 件，均为灰陶立像，面形方圆饱满，细眉细眼，粗脖窄肩，头戴小冠，内穿至脚长袍，上身穿半大交领大袖袄子，双手置于胸前，两手中有一圆孔，似原执一物。俑先施白彩，再施红彩。高约 27 厘米（图 3–44）。另外发现高冠男侍俑 5 件，面形方圆饱满，细眉细眼，粗脖窄肩，头戴宽大高冠，脸侧似垂有一带，服饰与小冠俑相近，高约 27 厘米（图 3–45）。

侍女俑共发现 12 件，灰陶立像，面相丰满，身体丰腴，黑色低矮发髻，身着曳地长裙，外套窄袖对襟短衫，外披红色披风，裙衫上均施红、白彩绘，一手下垂，一手置于胸前，身前垂一长带，背后扁平，体内空，高约 25.5 厘米。

除了主人身边的侍者，还有为主人服务的后勤人员。随葬俑里，还发现厨房女俑 2 件。一件为烧火女俑，灰陶，完整，位于前室随葬品陶灶的一侧，身着长裙，蹲于地，双手在前，衣上先施白彩，再施红彩，高约 11 厘米（图 3–46）。一件为执箕女俑，灰陶，残，位置同上一件，

图 3–44　浩喆墓小冠俑

图 3–45　浩喆墓高冠俑

图 3–46　浩喆墓烧火女俑

图 3–47　浩喆墓端簸箕俑

图 3-48 浩喆墓男仆俑

图 3-49 浩喆墓陶猪

身着红色长裙，蹲于地，双手在前，手端一簸箕作操作状，高约13厘米（图3-47）。

男仆俑2件。一件完整，灰陶，头上扎巾，身着翻领左衽长袍，腰系宽带，左手弯曲，横放胸前，右手下垂，衣施红彩，高约27厘米（图3-48）。另一件脸部稍残，衣着相同，高约27厘米。

墓室还发现陶灶、簸箕、笤帚、陶罐等生活用具明器以及陶制母猪、小猪崽（图3-49）和陶鸡等家畜与家禽。

与前面斛律彻、虞弘墓随葬品相比，三个墓的俑各有特色和重点，反映出生前社会地位和文化背景的差异，给后人提供了一个了解不同阶层的窗口。

墓室出土墓志一套，外观是一个匍匐行走的石龟，内藏墓志，石龟连

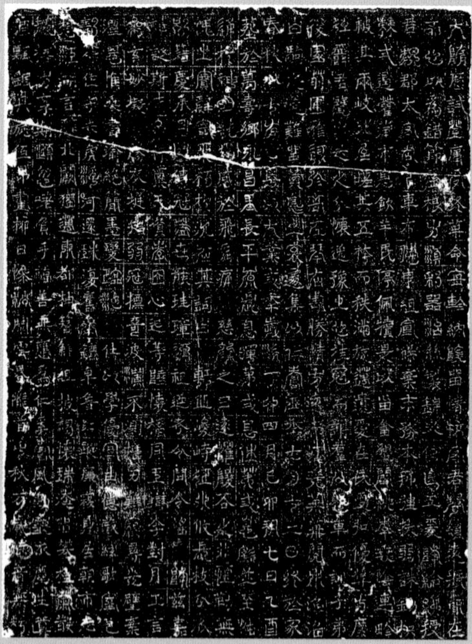

图 3-50 A　浩喆墓墓志

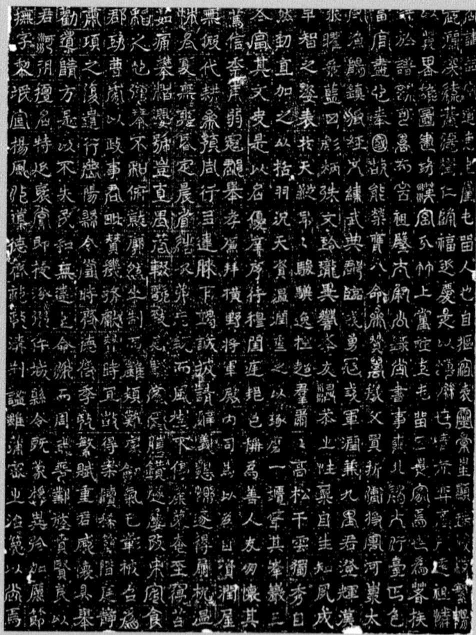

图 3-50 B　浩喆墓墓志

头带尾通长1米，通高55厘米。龟背上刻有龟甲纹，在小异兽两侧，各刻有6个篆文，文字内容为“隋故魏郡太守浩府君墓志铭”。

两块墓志由青石所制（图 3-50 A、B），共约1000字。志文记载，墓主人姓浩名喆，字道惠，上党屯留人也，曾由郡举孝廉拜横野将军、殿中司马、郡功曹、北齐岳阳县令、北周汾州仵城县令，最后官至隋魏郡太守，隋仁寿四年（604年）七月十二日逝世，终年八十有七，大业三年（607年）四月七日葬于万寿乡。

墓志外形的演变也很有意思，古代墓志经过北魏平城百年的发展，至北魏迁都洛阳后基本定型，形制以正方形为主，有志有盖，志文有了一定规范。但是定型后，又出现新的变化，即从正方形向异形变化，如徐显秀墓志四角带足，此墓的墓志外形为龟，内藏墓志，突出了艺术性，尽管以后墓志仍然是以方形为主，然而对于外形艺术性的探索一直没有停止。

唐代墓葬

山西唐墓分砖室墓和土洞墓两种，数量比较可观，仅次于陕西省。唐墓最大的特点是地区差异，以现在发现唐墓的太原、长治、大同、运城等地来讲，各有各的特色。太原唐墓壁画较为醒目；长治唐墓没有壁画，随葬器物比太原唐墓的丰富；大同唐墓少见壁画；运城唐墓既有壁画，也有随葬品，有的还有石椁。

壁画遗风——太原唐墓

太原曾是唐王朝发祥之地，因此留下许多唐墓。唐墓壁画流行“树下老人图（高士图）”或“仕女图”。从风格布局看，北朝满墓壁是一幅画的情形少见了，新出现一种屏风式的布局，将一面墓壁人为分成几个条屏，数量或多或少。现以太原焦化厂唐代壁画墓为例，介绍如下。

1987 年，山西省考古研究所在太原市南郊区金胜村附近为配合太原化工焦化厂的基建施工，清理了一座唐代壁画墓。

墓葬位于金胜村西南太原化工焦化厂厂区内，为单室砖结构，方向 180°，由墓道、甬道、墓室组成。墓室平面呈弧边方形，内长 2.28 米，宽 2.18 米。墓室东西两侧各有一砖砌长方形棺床，上施彩绘。

墓室壁画分墓顶和墓壁两部分。画面均以黄色起稿，再以墨笔勾出轮廓，然后填以红、黄、绿等色。

墓顶为星象图，星象之下用红、黄、绿三色画出挽结的花幔，其间以弧形联珠纹相接。东、西、南、北四面分别绘出四神。东边青龙昂首曲颈，张口吐舌，长尾高扬，其上绘一轮红日，内有三足乌，空白处布满小圆圈，表示漫天星辰。西边白虎腾云吐雾，头前一轮明月，空间亦有圆圈，表示群星闪烁。北边玄武龟蛇缠绕，形象生动。南边朱雀羽翼张开，单足独立。画中日月星辰都用圆点规施墨画出，凹入的圆心一目了然。

墓壁壁画是先在四壁用红色粗线绘出房屋的立柱、斗拱、阑额、枋等建筑构件，下边分成几个界格，东、西两壁各四格，北壁三格，南壁墓门两侧各一格，每格内绘壁画，有侍卫图、侍女图、驼马人物图、树下老人图（高士图）等，共计 13 幅。

南壁壁画分上下两部分，上绘一朱雀，下部于墓门两侧各绘一个守门武士。画幅高 0.99 米，东侧的宽 0.6 米，西侧的宽 0.69 米。东边一人圆目高鼻，颏下蓄髯，左手执笏，右手握剑，躬身向墓门而立，头戴黑色幞头，身着素色翻领长袍，腰系黑带，足蹬乌靴，通高 92 厘米。西边一人面容丰满，蓄八字须，双手执笏于胸前，腰右侧佩剑，面向墓门拱手而立，头戴黑色幞头，身着橙黄色团领袍，腰系黑带，足蹬乌靴，通高 96 厘米。上部除梁柱额枋外，彩绘一只朱雀和云气（图 3–51）。

西壁上部绘一白虎，下部由一幅侍女图和三幅高士图组成。仕女图绘于墓室西壁南端，高 1 米，宽 0.45 米。侍女头梳高髻，面相丰满，双目注视右前下方，左手持一似“丫”形的杖，右臂上屈，右手伸出二指，身着浅色碎花曳地长裙，外罩黄色对襟半臂，足穿高头履，通高 78 厘米。中间三幅高士图，高 0.75 米，宽 0.45 米。第一幅位于西壁南侧。老翁头戴冠，身穿黄条纹长袍，腰系带，足蹬如意履。老翁面容丰满，颏下留须，左臂屈曲，右手捋须，面向杨树，注目沉思。高约 39 厘米。第二幅位于西壁中央。老翁容貌装束与前幅相同，左手屈于胸前，右手指向树枝。第三幅位于西壁北侧，树前有一土丘，上有三株野草，可能表示坟墓，老翁面向坟丘，以袖拭面，似嚎啕恸哭，不胜伤感（图 3–52）。

东壁上部绘一青龙，下部由一幅侍女图和三幅高士图组成。仕女图绘于墓室东壁南端，高 1 米，宽 0.45 米。侍女头梳高髻，面相丰满，双目注视前下方，双手持一麈尾，身着黄色碎花曳地长裙，披帛从背后绕出，搭于胸前双手之上，足穿高头履，通高 78 厘米。中间为三幅高士图，高 0.75 米，宽 0.45 米。第一幅位干东壁南侧，老翁背对一树，一手高，一手低，作欲步行状。第二幅位于西壁中央，老翁腰佩剑，面对一树，右手上探。第三幅位于西壁北侧，树前有老者，右手在下，左手举一杆，探升到树，似在摘取树叶（图 3–53）。

北壁上部绘一玄武，下部两旁是高士图，中间是驼马人物图。第一幅位于北壁西侧，老翁右手指向上方垂柳树枝，手指中祥云仙气飘然逸出。第二幅是驼马人物图，绘于北壁正中。画幅高 1 米，宽 0.5 米。一胡人穿黄色团领窄袖衣，腰系黑带，下着黄裳，足蹬乌靴，执马鞭拱手躬身立于马前，身后为一马一驼，马身白毛黑斑，红鬃，鞍鞯齐备，骆驼曲颈昂首，背负行囊，

图3-51 太原焦化厂唐墓南壁壁画

图3-52 太原焦化厂唐墓西壁壁画

图 3-53　太原焦化厂唐墓东壁壁画

图 3-54　太原焦化厂唐墓北壁壁画

图 3-55　太原焦化厂唐墓北壁胡商图

描画出一幅似乎远行归来的场面。第三幅是高士图，位于北壁东侧，一老翁以袖拭面，痛哭流涕（图 3-54）。

北壁的驼马人物图很有意思，画面是一驼一马一个人物，此人深目高鼻，身穿窄袖长袍，应当是西域人。结合画中骆驼满载货物的内容，该画题材是胡商贩运，胡商携带货物来到晋阳，拜访富贵之人，推销西来商品（图 3-55）。这是现实的反映，在晋阳其他唐墓壁画中也有相同题材，如龙山火葬场出土的唐墓壁画，也有一幅胡商牵驼贩货图，说明在唐代，晋阳的对外贸易和文化交流还比较发达。

四壁上部的四神图（又称四灵图）也很精彩。从汉代到唐代，墓内常用四神图，一般是左青龙，右白虎（图 3-56），南朱雀，北玄武（图 3-57），目的是祛邪、避灾，因此在瓦当上，也有四神形象。

此墓随葬器物共 27 件。其中陶罐 3 件，三彩鸡、鸭各 1 件，铜钱 2 枚，三彩女俑 3 件，釉陶牛 1 件，三彩男俑 3 件，三彩马、三彩骆驼、陶猪、釉陶羊各 1 件，还有陶仓、陶碓、陶灶、陶瓶形器、陶异形器等生活用具模型。

金胜村位于唐代晋阳西部，汾河之畔，是一片广阔的山前坡地。从这里发现的一些唐代墓志，可知其地当时名为“金城村”。

这座唐墓，墓室四壁以红色粗线绘出房屋的立柱、斗拱、阑额和枋，既象征着房屋，又兼作界格，将画面分成一个个相对独立的部分，具有唐代前期墓室壁画的特点。墓中出土的3件女俑，头梳高髻，腰肢修长，亭亭玉立，反映出唐代前期女俑的特点。此外，出土的“开元通宝”铜钱，钱文也具有唐代前期的特征，因而，此墓的年代约当高宗或武周时期。

墓室壁画中的树下老人图，也称“高士图”。在翠树之下立着一位老翁，高冠大履，长袍曳地，或静或动，或悲或喜，8幅画动作各异，似用连环画的方式描绘一段故事。在唐代，高祖李渊自认为是道家祖师李耳之后，高宗和武周时期亦推崇释、道二教，因而道教在当时相当流行。根据画中人物的服饰、举止和环境，结合墓顶的四神图，可以认为，树下老人图的内容当与道教有关。在西安附近，也发现过许多有高士图的唐墓。高士图内涵深奥，与道家关系密切，对后世影响很大，后来许多画家都画高士图，可能与唐代高士图有一定的渊源关系。高士图和侍女图是唐代晋阳墓葬壁画最流行的题材，在赤桥唐墓壁画、金胜唐墓壁画、晋源唐墓壁画、乱石滩唐代温神智墓壁画中，都有高士图或侍女图，内容有同有异，还需要深入研究。

墓室的壁画虽顶部遭到破坏，四壁却保存完好。壁画中的人物造型线条流畅，生动传神，门卫威武雄壮，仕女高雅恬静，女童毕恭毕敬，而身着长袍的老翁，或凝神沉思，或掩面悲哀。各种不同身份的人物的不同动作或表情，都刻画得栩栩如生，堪称太原地区唐代壁画的佳作。

图3-56　太原焦化厂唐墓西壁白虎图

图3-57　太原焦化厂唐墓北壁玄武图

州郡吏民——长治唐墓

长治唐墓主要是指在今长治市范围内发现的唐代墓葬，有土洞墓（长治县郝家庄唐郭密墓）和砖室墓之分，砖室墓又分为单室墓和多室墓（长治王深墓），单室墓以襄垣唐墓为代表。

襄垣唐代墓葬

襄垣已发现数十座唐代墓葬，最早的一座为唐永徽三年（652 年）。2003 年 3 月，襄垣县一户居民院中挖出一座古墓葬，县文管所闻讯，立即派工作人员奔赴现场，对墓葬做了清理。

这是一座单室砖墓，方向朝南，有斜坡墓道，墓门在正中，有封门砖。墓室平面为弧边方形，长宽约为 3.6 米，高约 3 米。

随葬物除墓志外，尚有近似粗瓷的男女俑，镇墓兽，仰观、伏听、仪鱼、墓龙等俑，以及陶牛、羊、猪、鸡、鸭、狗、骆驼和香炉、罐、壶、盆、磨等器物，共 41 件。陶器质地坚硬，颗粒较大，胎质为灰白色，应是介于瓷陶之间，

图 3–58　襄垣唐永徽三年墓盔甲武士俑

接近于瓷器。器物至今色彩鲜艳，纹饰清晰，略有脱落。

随葬品中，人物俑和陶质动物很醒目，一是色彩艳丽，二是在山西唐墓中，如此接近瓷的俑非常罕见。太原市唐墓曾出土过一批白瓷俑，造型、色泽两佳，但是和这批盛装艳彩的俑相比，不免逊色，因此这批俑称得上是唐俑精品。

这批俑中，盔甲武士立俑有 2 件。第一件头戴虎皮纹兜鍪，浓眉重须，身穿长袍，上披护肩胸的甲装，还有护颏等，腰系黑色革带，足着黑色长靴。第二件面部不清，似乎无须。二俑盔甲上都绘着形状不同的鳞片状图案。第一件长袍下沿有一圈红色联珠纹图案，第二件长袍下沿有一圈红色菱形图案，另在身体右侧佩一黑色小囊袋。俑立于一方形瓷板上，双手置于胸前，手心中空，似原先握有一物，均高 27.5 厘米（图 3–58 ）。

牵马驼俑有 3 件，两件是胡人装束，头戴一种红、绿、白三色搭配的皮帽，帽前正中有一条形饰物，浓眉大眼，身体魁梧，身穿一件皮毛外翻、黑白相间、斑斓分明的皮袍，下身穿黄黑色的虎皮纹肥裤，足蹬一双黑靴。双手都在身前，左手在上，右手在下。从两手摆放姿势看，像是原先紧牵着缰绳。两俑均高 26 厘米。第三件为头戴黑色幞头的胡人，方面大耳，深目高鼻，留有八字胡，身穿圆领窄袖红袍，腰系一黑色革带，下穿黄黑色长裤，足蹬一双肥大的靴子，双手在身前，左手高，右手低，

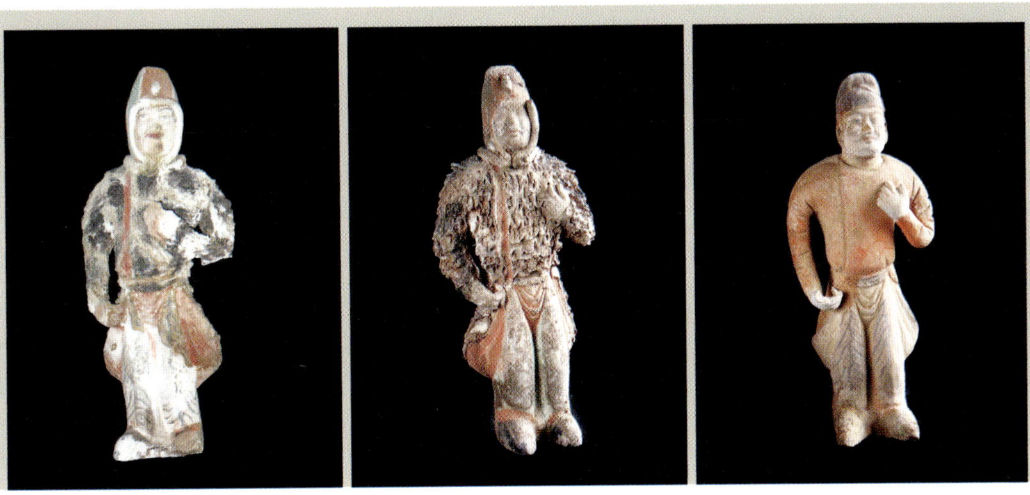

图 3–59 襄垣唐永徽三年墓牵马驼俑

图 3-60　襄垣唐永徽三年墓侍女俑

右手残一指。从两手摆放姿势看，与前两件俑相同，像是原先紧牵着缰绳。高 24.5 厘米（图 3-59）。

侍女俑 3 件，高 25 厘米。头上盘着整齐的黑色高髻，椭圆脸，细眉长描，鼻挺唇红，身材丰腴。一个穿红白相间的彩条曳地长裙，肩披红色丝巾，两端搭在背后，身前垂下一长一短两条红色飘带，赤着胳膊，左手在胸前，右手垂在身侧，略有弯曲。一个穿红蓝相间的彩条曳地长裙，肩披红色丝巾，两端搭在背后，身前偏右垂下两条粉红色飘带，赤着胳膊，右手抬在胸前，左手垂在身侧。另一个身穿红绿相间的彩条曳地长裙，肩披一块蓝色丝巾，两端搭在背后，身前垂下两条红色飘带，赤着胳膊，右手抬在胸前，左手垂在身侧。三个侍女俑的特点是脸部丰腴，双眼上视，毫不谦恭，有些傲气（图 3-60）。

端簸箕女俑 1 件，头上盘着整齐的发髻，坐于一块方形板上，头部下俯，双目注视着手里的簸箕，脸部未施妆，上身穿窄袖袒胸绿色短衫，下身为红色长裙，双手端一个彩绘横纹的簸箕，正在工作。高 17 厘米（图 3-61）。

女舞俑 1 件，右臂残，头上盘整齐的黑色高髻，面相丰腴，

图 3-61　襄垣唐永徽三年墓端簸箕女俑

图 3-63　襄垣唐永徽三年墓男立俑（仰观）

图 3-66　襄垣唐永徽三年墓人首镇墓兽

目视前下方，上身穿白色窄袖短衫，下为蓝色长裙。她侧坐于一块方形板上，身体偏向左侧，左袖横拖地上，右臂在上，右腿弯曲，正在表演一种舞蹈（图 3-62）。俑高 9 厘米。这些女俑具有唐前期的体态特征，身材丰满。

男性立俑（仰观）1 件，完整，头梳整齐的高发髻，黑色，圆脸上仰，浓眉大眼，肩宽体胖，身穿浅黄色长袍，上套一件红色交领宽袖短衫，腰系一条黑色革带，足蹬一双黑靴，双手于胸前捧一物，立一圆形板上。高 26 厘米（图 3-63）。这种俑较特殊，墓中仅 1 件，对比伏听俑装饰，两者相同，再结合该时期葬俗，可知该俑名称为“仰观”，属于当时的神煞明器。

男匍匐俑（伏听）1 件，头戴黑色幞头，方面大耳，圆脸，浓眉大眼，留着胡须，身穿红色长袍，腰系黑带，双手在脸下垫着，匍匐在一块长方形板上，脸部扭向左侧（图 3-64）。俑高 5 厘米。

什么是仰观或伏听？为何随葬仰观俑和伏听俑？这和中古葬俗有密切关系。所谓仰观、伏听，原来是一种厌胜祛邪的神煞明器，如同上古的方相氏，起着保护墓主人及其后代的作用。仰观、伏听皆为一种殉葬俑，仰观作仰首观天状，伏听作伏身谛听状，均属厌胜性质的神煞明器。据成书于金元时期的《大汉原陵秘葬经》

图 3-62　襄垣唐永徽三年墓舞蹈女俑

图 3-64　襄垣唐永徽三年墓男匍匐俑(伏听)

图 3-65　襄垣唐永徽三年墓人首鱼身俑(仪鱼)

图 3-67　襄垣唐永徽三年墓双首连体俑(墓龙)

图 3-68　襄垣唐永徽三年墓镇墓兽

中的《盟器神煞》记载，天子至庶人，墓中皆置大小不等的仰观、伏听之类的神煞明器，“大凡葬后墓内不立盟器神，亡灵不安，天曹不管，地府不收，恍惚不定，生人不吉，大殃咎也”。在畏惧神煞的时代心理下，种种神煞明器自然流行，具体内容很多，如“十二辰俑”“当圹”“当野”“仰观”“伏听”等，包括下面述及的仪鱼、镇墓兽、墓龙等，都是神煞明器，其中伏听和仰观有跪伏状，也有站立状，墓龙也有多种形态。

人首鱼身俑（仪鱼）1件，头为人首，面相完全是人，只是耳朵发尖，向上竖起。身体是鱼形，浑身还彩绘着鱼鳞，鱼尾上也有彩绘。但鱼身下还有细弱的四肢，伏在一块板上。通长20厘米，宽5.5厘米，高9厘米（图3-65）。

人首镇墓兽1件，头为人首形，戴黑色尖顶帽，面相丰满，浓眉大眼，留着黑色胡须，身体为绿色，呈蹲兽状，后腿蹲，前腿直立，兽蹄，蹲坐于一块方形板上。通高12厘米，长17厘米（图3-66）。

双首连体俑（墓龙）1件，头为人首形，两个头反向，均戴黑色尖顶帽，方面大耳，浓眉大眼，留着黑色胡须，身体为红色，前腿直立，蹄为黑色，胸部前挺，身体浑圆相连，像蛇蟒之身，下面是一块长方形板。通高17厘米，宽8.6厘米，长27.5厘米（图3-67）。

镇墓兽1件，为猛兽形状，浑身绿色，前胸为白底红纹，嘴大张，露出锋利的牙齿，双目圆睁，形状凶恶，卧伏于一块长方形板上。通长 17 厘米，宽 11.3 厘米，高 19 厘米（图 3-68）。

另外有陶牛 3 件、陶骆驼 1 件、羊 2 件、猪 2 件、犬 2 件、鸡 2 件、鸭 2 件、磨 1 套、碾 1 件（图 3-69 A、B、C、D、E），并出土有罐、盆、甑、三足器、朱砂写的墓志等（图 3-70）。

这座墓葬就墓葬形制看，与以前发现的其他唐墓基本一致，单室砖墓，弧边近方形。就随葬品讲，基本组合相近，除常见的侍俑、镇墓兽、胡人牵驼马俑、家畜、家禽等外，还有这一地区常见的仰观、伏听、墓龙、仪鱼等。就此墓葬具体特点看，武士俑和牵驼马俑较有特色，其装束及衣服图案在此地区独见，有着浓厚的外来因素。因墓志剥蚀严重，墓主人姓氏不清，是一个低级官吏，祖上任襄垣中正，遂留居本地。该墓葬时间为唐高宗永徽三年（652 年），是长治地区目前发现的最早的唐墓，随葬品也都有初唐的特点，但器物组合和人物造型与隋代相比，已经发生了较大变化。

图 3-70 襄垣唐永徽三年墓墓志

图 3-69 A 襄垣唐永徽三年墓陶彩鸭

图 3-69 B 襄垣唐永徽三年墓陶彩鸡

图 3-69 C 襄垣唐永徽三年墓陶羊

图 3-69 D 襄垣唐永徽三年墓陶牛

图 3-69 E 襄垣唐永徽三年墓陶骆驼

图3-71　王惠墓武士俑

长治唐代王惠墓

1993 年 12 月，长治市博物馆在市东郊长淮机械二厂住宅楼工地发掘清理了一座唐代墓葬。这是一座单室砖墓，墓室底部距地表约 3.6 米，由墓道、墓门与墓室组成。

墓室因早年渗水，顶部坍塌，幸运的是，室内随葬品基本保持在原来位置。清理时发现，墓室北壁正中放置一长方形木质葬具，已朽，东西长 2.06 米，南北宽 1.1 米，厚 0.03 米。随葬的陶骆驼、骑马俑、镇墓兽等大件器物，分置棺具两端。棺具后有瓷钵和陶井、灶、磨、碾、碓等。正对墓门置墓志 1 合。

随葬器物共 47 件，大部分为陶器，多为泥质灰陶，火候较高，陶质坚硬，器表有一层白色化妆土，彩绘已脱落。陶马、骆驼等大件器物体内有铁筋加固。其他还有石墓志 1 合、钱币 2 枚、瓷钵 1 件、铜珠与骨珠各 1 串。现择主要的加以介绍。

陶俑较多，包括武士俑 10 件、女俑 3 件、胡人牵马（驼）俑 3 件、男俑 1 件、匍匐俑 1 件，有的艺术性较高，特别是陶马，虽然没有上彩，但是极有精神，制作技术精湛。

武士俑 10 件，身高 27 ~ 28.5 厘米。头戴兜鍪，身穿铠甲，腰束带，下穿裤，足蹬靴，站立于方形踏板上，目圆睁，双手合拢于胸前，手中有孔，所持物已佚（图 3–71）。

女俑 3 件，分两种。第一种有 2 件，高 24.5~25 厘米。头绾高髻，面丰圆，朱唇凤目，上着交领窄袖襦衫，下穿束胸长裙，足蹬云头靴，或双手拱于胸前，帔帛覆手下垂，或手捧方盒。第二种有 1 件，高 51.5 厘米。头顶高绾单刀半翻髻，面丰圆，颈戴项圈，内穿圆领窄袖襦衫，外罩半臂，下穿百褶长裙，腰带结于右侧下垂，右足露于裙外，穿高翘云头靴，身体结实，左臂下垂，右臂平举。

胡人牵马（驼）俑 3 件，高 25.5 厘米，底长 5.6 厘米。头戴尖顶帽，高鼻深目，身穿翻领胡服，腰束带，下摆扎于腰际，长裤，尖靴，袒右胸，赤臂上举作执缰状，左臂卷袖握拳于腰侧，立于方形踏板上。

男俑（仰观）1 件，高 57.5 厘米，底长 20 厘米。束发戴冠，粗眉大眼，身穿交领右衽宽袖短袍，腰系带，长裙曳地，右足外露，穿云头靴，左臂下垂，右手上举，拇指与食指向上（图 3–72），手指结八字形，表示某种寓意。从造型与服饰看，其地位要高出其他陶俑。

匍匐俑（伏听）1 件，高 9.5 厘米，长 23.5 厘米。头戴无脚幞头，穿袍束带，面向下，双手合拢，跪伏于地（图 3–73）。

胡人骑驼俑 1 件，高 76.5 厘米，长 68 厘米。驼昂首，双峰，高足，短尾，背负鼓皮囊。胡骑俑长发后梳，狮鼻长目，高颧骨，身穿羊皮衣，袒胸露脐，足蹬高筒靴，双手下垂作揽缰状（图 3–74）。

胡人骑马俑 3 件，高 44 厘米，长 45.2 厘米。其中一件马双耳向后，马鬃后

图 3–72　王惠墓男俑（仰观）

图 3–73　王惠墓匍匐俑（伏听）

图 3–74　王惠墓胡人骑驼俑

扬，右蹄高抬，作奔驰状。马背鞍鞯齐备。胡骑俑头戴无脚幞头，高鼻深目，身穿圆领窄袖胡服，腰带系有皮囊，足蹬高筒靴，上身前倾，双手弯曲作执缰状。另一件马站立，胡骑俑着窄袖衣，足蹬尖头靴（图 3–75 A、B、C）。

骑马女俑 4 件，高 43~44 厘米，长 43.5~44.5 厘米。马作站立状，俯首或侧首，背有鞍鞯。女骑俑发髻后梳，面目姣好，身穿圆领或交领窄袖短裙，长袖掩手，宽裤，尖头靴（图 3–76）。

动物模型是随葬品中的重要内容，该墓的泥质灰陶动物极其精致，堪称唐墓精品。

图 3–75 A　王惠墓胡人骑马俑

图 3–75 B　王惠墓胡人骑马俑

图 3–75 C　王惠墓胡人骑马俑

图 3–76　王惠墓骑马女俑

陶马 2 件，高 53~54 厘米，长 55~58 厘米。侧首，长鬃，体形矫健，前蹄高抬。马背有鞍鞯，鞍鞯装饰华丽。马体肥壮，比例适度，或奔驰，或静立，动静之态形象逼真（图 3–77 A、B）。

陶载货骆驼 1 件，高 62.2 厘米，长 60 厘米。昂首，曲颈，高足。驼背负行囊、卷毡，挂一只猎物（图 3–78）。

双首人面蛇（墓龙）1 件，高 20 厘米，长 31 厘米。人面，首起尖角，兽蹄双足，蛇身弓起（图 3–79）。

墓室出土一合墓志，边长 52.5，厚 12 厘米。方形，青石质。志盖盝顶，正中线刻虎头，四周阴刻“唐故王君墓志之铭”8字篆书。四刹线刻缠枝卷叶纹。志石四边对称阴刻壸门，内饰龙纹。志面有界格，志文楷书19行，满行19字，计373字。首行“唐故云骑尉王府君墓志并序”。志文节录如下：“君讳惠，字善智，上党人也。……曾祖珍齐任幽州司户，祖瑞随授朝散大夫。君……蒙授云骑尉，从班列也。……春秋六十有五。上元三年六月廿一日，终于家第。……即以其年岁次景子，八月景申，朔十三日戊申，窆葬于州城东南五里之平原，礼也。”

图3–77 A　王惠墓陶马

图3–77 B　王惠墓陶马

图3–78　王惠墓陶载货骆驼

图3–79　王惠墓双首人面蛇（墓龙）

由此可见，墓主王惠，上党人，卒于高宗上元三年（676年），葬于州城东南五里之平原。根据资料，唐初改郡为州，武德元年（618年），置潞州，州治在今长治市，属河东道。太宗贞观元年（627年），把全国分为十道，开元中又增至十五道。墓志记载州城位置与资料吻合。

有趣的是，该墓随葬的陶马、骆驼等大件，体内有铁筋加固，因此保存较为完整，证明随葬陶器的制作技术也在与时俱进。

西望长安——晋南唐墓

运城和临汾在唐代比较繁荣，墓葬也自有特色，有太原未发现的唐代石椁墓，可以万荣唐代薛儆墓为典型。

唐代薛儆墓位于万荣县皇甫村南约 1 公里处，墓葬之西为孤山，之东为稷王山，北有汾河。1994 年，不法分子在皇甫村村南盗挖古墓，被当地群众及公安干警及时发现，县博物馆闻讯后赶到现场，对被盗的 M1 墓室做了简单清理。次年，山西省考古研究所对该墓做了正式发掘。

该墓葬由墓室、甬道、天井、过洞、壁龛、墓道等组成。

薛儆墓有 6 个壁龛、6 个过洞、6 个天井，总长 46 米，为山西目前所见规模最大的唐墓。墓室、墓道、甬道原都有壁画，现多数已塌毁，仅残存极少部分。在 1 号过洞出土一合青石墓志，90 厘米见方，志盖阳刻篆文“河东薛府君墓志之铭”，墓志首题“唐银青光禄大夫驸马都尉上柱国汾阴郡开国公赠兖州都督薛君墓志并序”，志文记载，墓主人薛儆死于唐代开元八年（720 年）十二月七日，开元九年（721 年）“归葬于万泉之孤山”。

该墓的墓室为砖砌，平面呈弧边方形，南北长 4.7 米，东西长 4.7 米，高 5.5 米。石制墓门，上刻花草及门吏图案。墓室西侧放置一青石板和石倚柱构建的石椁，整体如一庑殿顶之殿堂，由屋顶、墙体和底座三部分组成，通高 1.98 米，底座长 3.45 米，宽 2.08 米。屋顶上雕有脊瓦、勾头、滴水等，墙体由 10 块青石板与 10 根倚柱相隔围立而成，石板内外雕刻着供侍人物、门窗等图案，倚柱内外雕刻出各种花草、鸟兽等。石椁底座的东、南、北 3 个立面上，分别雕有 6 、3、3 共 12 个壶门，其内细线雕刻珍花异草、飞禽走兽（图 3-80 A、B）。

图 3-80 A　薛儆墓石椁

图 3-80 B　薛儆墓石椁线图

该墓线刻图像极有价值，其中刻在墙体石板上的侍者人物图最引人注目。侍者皆为立像，高在 1 米上下，有男有女，女的均为侍女，或拱手侍立，或手握团扇，或捧碗、捧盒、捧包袱、持莲花等，个个体态轻盈，容貌秀丽，栩栩如生，充分展示出线雕的艺术魅力。

山西是全国目前发现石椁最多的省份之一，从北魏定都平城至唐代，山西已发现不少石椁。该石椁仿木构古建筑，庑殿式顶，出檐较大，石壁有雕刻，就山西而言，唐代仅有薛儆墓一个。

尤为重要的是，薛儆墓有墓志出土，纪年准确，因此这些线雕作品，特别是线雕人物的服饰、发型，自然成为标本器物。在开放繁盛的唐代，服饰、发型演变很快，有准确纪年的实物资料越多，时间距离越近，越有利于了解其演变过程。

薛儆墓所见 23 位线刻人物，有两个儿童，两位成年男性，余 19 位为女性。刻在墓门门扉上的两位男性，是两个门吏，左右分立，相向而对，头戴巾顶前倾的软里幞头，身着圆领宽袖长袍，足蹬短靴，上身微躬，两手于胸前握一笏。视其容貌，颧骨突出，神态恭谨，似两个忠心耿耿的老年侍臣。

在石椁正面，仿府第外观，刻有装饰豪华的大门。门额中央靠上部分，是一片翻卷流动的祥云以及盛开的莲花。祥云之下正中，是一嬉戏玩耍、胖胖的男童。莲花两侧，又分别是两只振翅飞翔的瑞鸟。

在石椁倚柱之间，也雕刻着一个小孩，骑在一头疾速奔跑的怪兽背上。从其发式、高鼻、深目及服装、长靴看，该男孩显然不是汉族人，像是西域人，正在戏骑怪兽。

在这部分画面下部，是门柱、门扇、门槛，门扇上雕刻着两位侍女。二侍女头挽高髻，面庞圆润秀丽，双眉弯如新月，身穿开领袒胸宽袖长衫，长裙裙腰高达乳房中部，裙前垂着两条绶带，长裙曳地，露出一双重台高履（图3-81）。在唐代壁画线刻图中，侍女守门者，多为这种轻便服装。之所以由女性守内宅之门，显然是为严格区别内外。

妇女着袒胸裙装源于北朝，流行于盛唐，是该时期一个鲜明的时代特征。在这时期的墓葬壁画中，常可见到身穿袒胸裙装的侍女。唐天宝以后，妇女虽也常穿低领裙服，

图3-81　薛儆墓石椁门扉侍女图

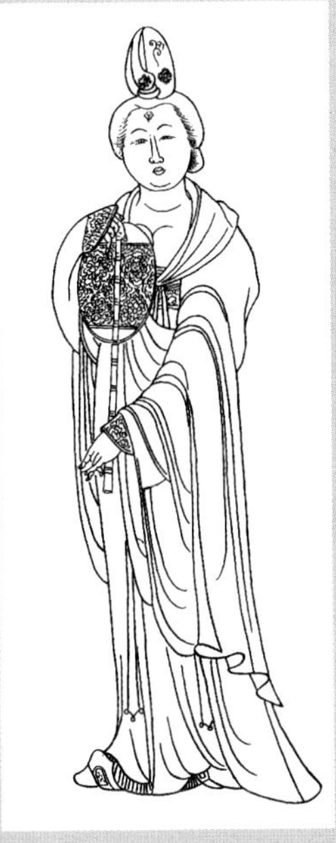

图 3-82 A　薛儆墓石椁持扇侍女图

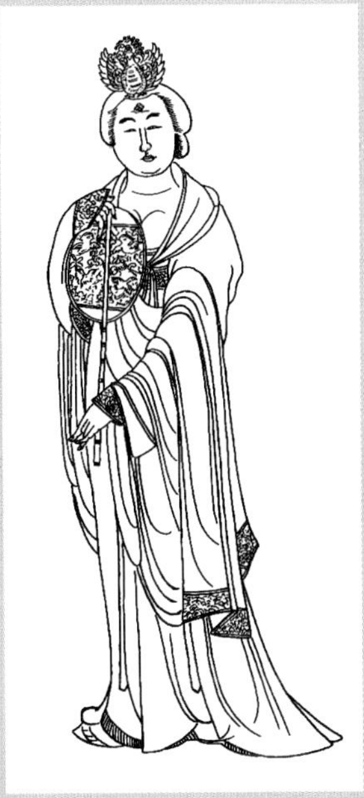

图 3-82 B　薛儆墓石椁持扇侍女图

图 3-82 C　薛儆墓石椁持扇侍女图

却少见袒胸裙服了，如传世已久、享有盛名的唐《簪花仕女图》，图中贵妇仍穿着薄纱低领裙衫，却加以抹胸，发生这种变化，可能与社会风尚的转移有关。

石椁石板墙体上还雕刻着 17 位侍女，其中持扇者有 3 位，比例之高，殊为罕见。3 位持扇者有一个共同特征，就是年龄稍大，风度优雅，与其他侍女比，犹如鹤立鸡群，明显不同。具体表现在三方面：

一是身材比其他侍女肥胖，与中唐以后“人物丰浓，肌胜于骨……以丰肥为美”的仕女接近。可以说，这批人物资料，开了以后唐代墓葬壁画中妇人体态趋向丰腴的先河，反映了妇人体态演变的轨迹，说明了社会上的尚肥审美观念已经流行。

二是衣饰比较华丽，或贴花钿，或悬玉佩，或戴簪花发罩，或戴金珠头饰。

三是气质雍容高贵，秀丽却不失端庄，年龄也稍显大，给人一种非普通侍女的感觉，应是女官一类的人物（图 3-82 A、B、C）。

妇女持扇在汉晋、北朝、隋唐的壁画、绘画和线雕中均不乏见，但是扇形不一，有大扇、小扇之别；即使是日用团扇，也有长圆、小圆、方形、长柄、短柄之分。

图 3-83 A　薛儆墓石椁拈花侍女图

图 3-83 B　薛儆墓石椁拈花侍女图

图 3-83 C　薛儆墓石椁拈花侍女图

石刻第六位为一拈花侍女，侧身而立，身材窈窕，娴静雅丽，头梳一高髻，身着束胸长裙，上套低领窄袖短襦，裙裾曳地，掩住双足，肩披单色帔帛，左手在腹前插入长帔之中，右手抬至身前，手指轻捏着一大朵盛开的带茎叶的鲜花，据花朵与花叶看，似为山茶花（图 3-83 A）。

石刻第七位也是一拈花侍女，侧身而立，面向与前一位相反，也是头挽螺髻，但是在头的另一侧，又露出一串珠饰，身着束胸长裙，长裙之上，套着一件低领窄袖花边彩条纹短襦，裙裾至地，盖住双履，肩披长帔，右手在腹前插入长帔之中，左手上抬至胸前，捏一朵开放着的莲花，似刚摘下，吸引着一只花翅膀蝴蝶在莲花上飞舞。侍女身体前倾，目光如水，温柔地注视着蝴蝶，构成一幅人与自然和谐融洽的生活画面（图 3-83 B）。

第八位也是一拈花侍女，侧身而立，头挽高髻，戴一簪花发罩。该发罩与第一位持扇者所戴发罩形制相同，花色不同。该侍女也是上身着低领窄袖小花短襦，内着束胸曳地长裙，肩披单色帔帛，左手在腹前插入长帔之中，右手抬至胸前，拈一朵莲花，举至鼻下，眼睑下垂，凝视着莲花，仿佛正准备嗅莲花的花香（图 3-83 C）。

妇女持花是唐代较普遍的绘画、雕塑题材之一。这种题材起源于何时，有何背景，尚不清楚。但在北朝佛教石窟的雕塑、壁画或造像中，常见有菩萨持莲花者，或许这就是唐代持花题材之源。总而言之，唐代妇女持花的题材背景是社会安定、

图 3-84 A　薛儆墓石椁捧盒侍女图

图 3-84 B　薛儆墓石椁捧盘侍女图

图 3-84 C　薛儆墓石椁捧碗侍女图

人民富裕的体现，也是妇女喜花爱花、追求自然美的表现，是当时美好生活的真实写照。

石椁所刻第九位为一捧盒侍女，头戴顶部前倾的软脚幞头，身穿大翻领缺胯长袍，内着圆领衫，腰系蹀躞带，足穿软锦靴，双手隐于袖内，在胸前相拱，捧一长方形扁盒。从隋至唐，侍女捧盒也是墓葬壁画、雕刻的常见题材之一，所捧扁盒，内盛梳妆用具。该侍女尽管身着男装，但从眉目脸庞看，仍能判定，此乃女扮男装（图 3-84 A）。

女扮男装是唐代一大时代特征，是当时社会风尚之一，表现在考古资料中，是在唐前期墓葬所见陶俑、线雕和壁画中，都有大批女扮男装的侍女。由此可知，这在当时极普遍，也极流行。在北朝晚期墓葬壁画中，已经有了女扮男装之形象。

石刻第十位是女扮男装的捧盘侍女，身体朝左侧立，细眉小口，头发向上梳起，戴软幞头巾，身着开领窄袖缺胯长袍，内着花边圆领衫，外罩一件花边半臂衫，下身内着长裤，足蹬锦制翘尖鞋，双手前伸，捧一花盘，内盛一些食物（图 3-84 B）。

缺胯袍兴起于北朝，袍面胯下开衩，这是受胡服的影响，是为行动方便，因此初为庶民和婢仆诸人之服。隋统一全国后，逐渐在士人中也流行起来，女扮男装者，多喜爱选择此袍。

第十一位是女扮男装的捧碗侍女，身体侧立，蛾眉淡描，神态自然，戴向前倾伏的幞头，穿窄袖开衩长袍，外套花边半臂，双手捧一花碗（图 3-84 C）。

图 3-84 D 薛儆墓石椁捧包袱侍女图

图 3-84 E 薛儆墓石椁捧包袱侍女图

图 3-84 F 薛儆墓石椁拱手侍女图

图 3-84 G 薛儆墓石椁捧包袱侍女图

第十二位是女扮男装的捧包袱侍女，身稍偏左侧站立，头戴软脚幞头，身穿大翻领缺胯长袍，领边、袖口皆饰花边，内着圆领衫，下着彩条紧口裤，足蹬锦面翘尖头软鞋，双手在胸前缩于袖内，捧一包袱（图 3-84 D）。

第十三位是女扮男装的捧包袱侍女，侧身而立，面部丰腴，双眉与其他侍女不同，又浓又宽，即所谓的“蛾翅眉”，头戴幞头，身着大翻领缺胯长袍，下着彩条裤，足穿翘尖头锦鞋，双手在胸前捧一包袱（图 3-84 E）。

第十四位是女扮男装的拱手侍女，身体侧立，头戴幞头，身着翻领缺胯长袍，上身内着圆领衫，下身着条纹裤，足穿尖头锦鞋，两手在胸前相拱（图 3-84 F）。

第十五位是位捧包袱侍女，头挽一前伏过额的高髻，身着大翻领缺胯长袍，腿着紧口裤，足穿翘尖头软锦鞋，两手在胸前捧一包袱（图 3-84 G）。

第十六位是位拱手侍女，侧身而立，头梳向前倾伏的高髻，颈戴一串珍珠项链，上身着袒胸窄袖衫，外套一件花边彩条纹半臂，下为紧身

图 3-85 B　薛儆墓石椁拱手侍女图

图 3-85 C　薛儆墓石椁梳双髻侍女图

图 3-85 D　薛儆墓石椁梳双髻侍女图

曳地长裙，露出一双重台履，肩披帔巾，双手拱于胸前（图 3-85 A）。

第十七位也是头梳前倾高髻的拱手侍女，双颊丰满，着袒胸窄袖衫，外罩花边半臂，下着紧身长裙，遮住双脚，肩搭长帔，拱手而立（图 3-85 B）。

第十八位是一较年轻的侍女，发式不同前者，是将长发从头顶中部向两边分开，在双耳旁盘卷成两朵花形。该侍女柳眉杏目，额中部贴一花钿，耳旁两髻上各簪一朵小花。该侍女上身着袒胸窄袖衫，下着裙腰至胸的曳地长裙，裙下露着重台履，肩披单色长帔，右手抬至胸前，左手斜伸在右腿侧，手指有弯有伸，表现出一副柔软娇慵之态（图 3-85 C）。

第十九位也是一位年轻侍女，侧身而立，发式与第十八位相同，身着袒胸窄袖衫，外套一件花边半臂，下为一紧身曳地长裙，掩住双履（图 3-85 D）。

通过以上描述与比较，我们大概了解了该墓线雕人物的组合、服饰及其反映的问题。墓志使这批资料有了准确时代。将这批资料与它前后的资料对比，其承前启后的特征非常明显。从考古类型学的角度讲，这批资料中有几个特点比较引人注目：

1. 从幞头看，其顶部向前更加倾伏，后脚更长。

2. 从侍女体态看，唐前期的比较瘦弱，约从唐中宗始，侍女体态已从瘦弱变得丰满。薛儆墓所见侍女，脸庞更加丰腴，但身材大多还较苗条，只有少数几位例外，已趋向丰肥。开元晚期及以后的侍女，身材、脸庞皆已丰肥。

3. 从侍女服饰看，袒胸衫、紧身长裙、翻领缺胯长袍、翘尖软锦鞋甚多，与之前所见人物更为接近，其后这些服装日趋减少，而长裙日趋肥松，衣衫袖子日趋宽大。

4. 女扮男装者比例较高，也是这批资料的一大特色。在 19 位侍女中，女扮男装者有 7 位，占三分之一强。在其之前各批资料中，内侍妇女男装者比例没有这么高；在其之后诸批资料中，女扮男装者比例更是日见其少，甚至绝迹；唯独这时期比例最高，反映出这时社会上女扮男装风气正浓盛的景况。

5. 受中亚、西亚文化影响甚大，也是这批资料的一大特色。如大翻领缺胯长袍、袒胸窄袖衫、紧腿裤、软尖头鞋、蹀躞带、香囊、帔帛等，这批线刻人物中，几乎每一个人身上都或多或少地有外来文化因素。

以上五方面特点，可以汇总为一大特点，即这批资料既有开元之前的元素，又有天宝以后的元素，处处显示出过渡期间承上启下、继往开来的变革特点，这些特点，使我们对唐代线雕人物及服饰诸演变过程有了更细致的了解，对这一阶段唐代社会的发展也有了更深刻的认识。

就薛儆墓石椁侍女形象而言，有两点比较突出：一是端庄恬雅，清丽脱俗；二是手法简洁，形神兼备。这些侍女形象，与传世的唐代名画相比毫不逊色，与其他墓的线雕人物、壁画人物相比也是各有千秋，具有独树一帜的艺术风格与欣赏价值，充分体现了作者丰富的生活经验、敏锐的观察力以及杰出的艺术才能。

佛教遗迹

山西隋唐时期的佛教遗迹数量较多，分为寺院遗址、佛教石窟、摩崖造像、石造像、铜造像和造像碑几种，主要有榆社福祥寺遗址、平顺荐福寺遗址、芮城延庆寺遗址等，这些遗址都发现过唐代佛像或遗物。最著名的是高平清化寺遗址，据记载，该寺始建于北魏孝文帝太和年间（477—499年），原名定国寺，北齐时改名宏福寺，隋末寺废，唐武则天天授二年（691年）重建，并改额清化。今清化寺建筑已不存，尚留石佛3尊、明碑1通和殿堂遗址，但四周北魏至隋唐时期的窟龛造像和石塔依然如故。

心灵寄托——佛教石窟

石窟原是印度的一种佛教建筑形式。佛教提倡遁世隐修，僧侣们多选择幽僻之地开凿石窟，以便修行。印度石窟的格局大抵是以一间方厅为核心，周围是一圈柱子，三面凿几间方方的修行用的小禅室，窟外为柱廊。中国的石窟起初是仿印度石窟开凿的。隋唐佛教石窟在山西尚存不少，在太原天龙山石窟、高平羊头山石窟群内都有隋唐石窟，还有一些隋唐石窟散布各市，较典型的如平定县开河寺石窟、祁县来远镇北关村石佛窑自然村东南石佛窑山隋开皇十一年（591 年）石窟、静乐静居寺等。

平定开河寺石窟

开河寺位于阳泉市平定县县城东 8 公里处，分上下两院，上院为开河寺，下院为古雷音寺（图 3-86）。

上寺额匾“开河寺”，正殿为石券结构，前出檐，砖木结构，两个圆形的“佛”窗户。正中为一半跏趺坐佛，通高 4.63 米，头高 1.2 米，座高 3.33 米，称“丈八佛”，佛头肉髻低平，水平纹发髻，面目浑圆，眉如弯月，眼大嘴小，双耳下垂，肩宽胸挺，体形健壮，内着圆领衫，身着双领下垂式袈裟，左腿下垂，脚踏莲台，右腿盘起架于左腿上。左侧菩萨像高 2.02 米，右侧像高 2.12 米，左侧下面镌刻隋开皇元年（581 年）开凿摩崖大像题记。

武乡良侯店石窟

武乡良侯店石窟位于武乡县良侯店村南 1 公里太（太原）洛（洛阳）公路东侧崖面上，原只有 1 个属于北朝时期的大型洞窟和 9 个晚期小龛，

后又暴露出1个唐代洞窟，且将北魏窟编号为第1窟，唐代窟编号为第2窟。

武乡良侯店石窟第2窟敞口，平顶，面宽1.4米，进深1.15米，高1.8米。正壁设坛，左右壁开龛。石窟正壁组合为一佛二菩萨，主尊结跏趺坐于束腰须弥座上，主尊整高1.18米，座高0.52米。主尊头部残毁，头后有两圈头光，内圈圆形饰莲花，外圈桃尖形饰忍冬纹，双肩宽平，双手均残，袈裟下摆呈倒“山”字形覆于座前。右侧菩萨风化严重，仅可辨认有宝缯顺双耳下垂至肩，衣裙下摆微呈“八”字向外撇，跣足，高81厘米。左侧菩萨可见束发，宝缯下垂及肩，右手残，左手下垂，似持有一物，衣裙下摆微向外撇，跣足，高81厘米。左右壁各开一龛，龛内造像均为菩萨，左壁菩萨高82厘米，右壁菩萨高81厘米（图3-87）。

图3-86　平定开河寺石窟局部

图3-87　武乡良侯店唐代石窟

千年心愿——摩崖造像

山西唐代摩崖造像很多，从南到北都有，分布特点是南密北稀，如唐代黎城佛爷凹摩崖造像、唐显庆四年（659 年）寿阳松塔镇横岭村摩崖造像、唐咸亨元年（670 年）寿阳松塔镇北榆摩崖造像、唐咸亨三年（672 年）盂县西烟镇上文村上文摩崖造像、唐上元二年（675 年）沁水县胡底乡前岭石窟、唐调露元年（679 年）沁县牛寺乡山曲村烂柯山摩崖造像、唐开元七年（719 年）寿阳解愁乡羊摩寺村灵嵩寺摩崖造像、唐乾元三年（760 年）沁源汝家庄摩崖造像和唐中和三年（883 年）沁源社科院村摩崖造像等。

山西隋唐摩崖造像较好的有吉县挂甲山摩崖雕刻（隋开皇二年）、寿阳羊头崖乡强风坡村摩崖造像（隋开皇二年）、盂县上文村石佛山唐代摩崖造像、黎城县小门唐代摩崖造像、乡宁县西交口乡中交口摩崖造像（隋开皇十五年）、太谷县阳邑乡杨庄村槐树底自然村西摩崖造像（隋开皇十六年—隋开皇十八年）和沁源韩家窑摩崖造像等。

吉县挂甲山隋代摩崖造像

吉县挂甲山摩崖造像位于吉县吉昌镇桥南村，西邻吉壶公路，为吉县

图 3-88　吉县挂甲山隋代摩崖造像

八景之一。摩崖造像始凿于隋开皇二年（582年），唐、宋、金时期多有补刻，其内的题刻也多为唐、宋、金时期（图3-88）。造像分为多组，1、2、3组龛内佛像多为一佛二弟子或一佛二菩萨。2组的思维菩萨像和3组龛内的二菩萨，从雕凿手法和表现艺术来看，都别具特色。第8组为线刻人物、飞鸟，雕刻粗糙，时代不详。

盂县西烟上文村石佛山唐代摩崖造像

盂县西烟镇上文村南2.5公里有座石佛山，乌河从山前流过，四季不绝，近山顶处有一条长约30多米的石灰岩质崖壁，高不过3米，却有13组佛龛，开凿年代都在唐代。13组佛龛中10组有题记，其中有纪年者6品：咸亨五年（674年）八月、上元元年（674年）九月、上元三年（676年）十一月、仪凤、仪凤二年（677年）九月、仪凤二年（677年）十月，都是唐高宗的年号。

上文村摩崖造像13组分24个小龛，其中16个圆拱龛，6个圆拱尖楣龛，2个尖拱龛。造像组合以单体佛造像为主，一铺三身和一铺双身较少。除1号龛外，佛均为结跏趺坐，高肉髻，外着双领下垂式袈裟，内着僧祇支，袈裟下摆覆腿，衣纹多呈“U”形。佛座均较高，素面方形座稍多于

图3-89　盂县西烟上文村石佛山唐代摩崖造像

束腰须弥座。单体像均为禅定印，组合像（包括一铺双身、一铺三身或座下有狮子龛者）都是无畏与愿印。菩萨仅出现 4 尊，基本相近，形体修长，上裳下裙，跣足立于有梗莲座上，区别只是持物不同。造像局部仍保留一些早期特征，如龛上部有火焰宝珠等（图 3-89）。

此外，黎城的摩崖造像较多，如老金蛟、小门、佛爷凹等，较著名的佛爷凹唐代摩崖造像位于长治市黎城县东阳关镇老金蛟村西北约 2 公里的王帽山。造像分为三区，一区相对独立，位于山坳东侧石岩底部，二区和三区位于山腰一凹形崖壁处，距地面约 4 米。二区为山坳东壁造像，三区为山坳北壁造像（图 3-90）。一区位于山坳东侧石崖底部，共有大小不等的龛 6 个，造像 2 尊。二区在高 3 米、宽 2.8 米的壁面上共开凿有大小不等的 7 个龛，大体分上下两层，共有造像 23 尊。三区造像分三层，共有大小造像 16 尊。其中 10 处有题记，年代为唐代永徽二年（651 年）至北汉乾祐二年（949 年）。

图 3-90　黎城佛爷凹唐代摩崖造像

佛身金妆——铜造像

山西隋唐时期的铜造像出土不少，以寿阳出土的金铜造像为代表。

1986年7月，在寿阳县城北1.5公里处，从一窖穴中出土金铜佛像等90件，有铭者40件，占全部造像的44%。其中佛及菩萨像62件，有铭许愿文的29件，有纪年的24件，完好的56件，残损的6件，通高5.7~20.8厘米，大小不等。纪年造像中，东魏武定3件，北齐天保2件、河清1件、武平2件，隋代开皇13件、仁寿2件、大业1件。

造像经东魏、北齐、隋、唐四代，分三期：其中，东魏武定四年（546年）至隋大业九年（613年），32件，观音为主，立佛次之，出现释迦、多宝并坐的造像，一佛二菩萨的三尊像较少；发髻由半圆球状高髻渐变为低平肉髻，面相逐渐方圆丰满，裸上身或袒右肩，披帛于腹部交叉绕臂披肩垂于体侧，着紧身裙，极少饰璎珞、项圈者；台座以四足座为主，有少量覆莲、圆束腰，一例束腰须弥座。初唐至盛唐的造像，头光呈桃形，不见早期舟形背光，佛座为圆形覆莲座、束腰须弥座，佛像坐姿多于立姿，菩萨多立姿。

其中有一批隋代铜造像，如开皇二年（582年）田磨女造像，开皇四年（584年）杨林造观音像，开皇四年（584年）翟阿妮造观音像，开皇九年（589年）赵善敬造菩萨像，开皇九年（589年）赵要煜造佛像，开皇十一年（591年）盖娘子造观世音像，开皇十一年（591年）徐承先造佛像，开皇十三年（593年）程长洛造菩萨像，开皇十三（593年）年张清德夫妇造菩萨像，开皇十四年（594年）造佛像，开皇十四年（594年）造观世音像，开皇十六年（596年）赵□□发愿文碑，开皇十八年（598年）郭□仁，田曾荣造观世音像，开皇十八年（598年）郭河必造佛像，开皇二十年（600年）武纂发愿文碑，仁寿二年（602年）杨世贵造观世音像，仁寿三年（603年）白朋威造观世音像，大业三年（607年）侯冰如造观世音像，大业九年（613年）□永贵发愿文碑等，现选择几例加以介绍。

开皇十四年（594年）造观世音像，通体鎏金，通高7.8厘米，身高2.9

图 3-91　开皇十四年造观世音像

图 3-92 A　开皇十八年造观世音像

图 3-92 B　开皇十八年造观世音像

厘米，跣足立于圆形座上，披帛交叉于腹部绕臂披肩垂于体侧，下着裙，手施无畏、与愿印（图 3-91）。座下为四足床，身后为舟状火焰纹背光，头后有圆形莲瓣纹头光。足床四侧刻发愿文："开皇十四年二月八日，□□□小兴息□□造观世音像一区。"

开皇十八年（598 年）郭□仁、田曾荣造观世音像，通高 13.7 厘米，身高 4.5 厘米。主尊观世音跣足立于圆形座上，高肉髻，披帛交叉于腹部绕臂披肩垂于体侧，下着裙，衣纹简洁粗犷，手施无畏、与愿印。身后为舟状火焰纹背光，头后有圆形联珠、莲瓣纹头光。二胁侍菩萨跣足立于座左右两侧伸出的忍冬托莲台上，均高 2.8 厘米，头束髻，披帛绕臂垂于体侧，下着长裙，双手合十，头后有桃形头光（图 3-92 A、B）。座下为四足床，足床右、后、左侧刻发愿文："开皇十八年十一月二十八日，造观世音像一区。郭普仁、田曾荣平安□□到家作一伯人斋。"

许愿文一般为祈求国祚永隆，家口平安，一时成佛，无病长寿。较为特殊的为大业九年（613 年）铭，记载了永贵从军征辽平安，还愿祈求干戈永息。明显反映净土宗思想的为开皇二十年（600 年）二月二十三日铭："佛弟子武纂敬造观世音像一区，为己安泰，元诸□厄，又为七世常生净土，现有存眷属□与善会□，上为皇帝国祚永隆，为法界有刑，俱升上道。"大业九年（613 年）铭，"又为亡过七世父母托生西方妙乐国土"。

经像瘗埋——单体石造像

山西的隋唐单体石造像很多，有的是单体埋藏，有的是群体窖藏，主要是佛教造像，如定襄七岩山出土的睡佛、罗汉头、供养人石造像，五台县佛光村古竹林寺遗址出土的唐代白石佛造像等。

灵丘曲回寺石像冢

灵丘曲回寺附近有许多唐代墓，据曲回寺发现的一块元代碑刻记载，墓葬数量多达 300 余座，令人奇怪的是，这些墓中埋葬的不是死者，而是大大小小的半成品佛像。这种情况极为罕见，目前已知全国仅此一例。

1959 年，灵丘曲回寺就被山西省政府公布为山西省级文物保护单位。1999 年，山西省考古研究所派人对石像冢做了专门调查，发现在以曲回寺村为中心的方圆几十里范围内，分布着 40 多座石像冢。冢为石片盖砌，每冢内有石佛像数尊，花岗岩雕造。造像有释迦、观音、文殊、普贤、力士、沙弥等，30 厘米至 100 厘米，大小不等。造像面相丰满，佛为螺髻，在冢内分两列排放，相向而立。从石片缝隙中望去，有的只可见到佛头像，其身全埋于土中。

图 3-93 灵丘曲回寺石像冢

村西一座石像冢前沿石壁雕七佛，旁镌“天宝十载”字样（图3–93）。据曲回寺遗址保存的元代石碑记载，曲回寺为唐代所建，为五台山下寺，环境优美，元代国师刘秉忠亦曾在此修行。曲回寺村中曾有数十尊石雕出土，现已妥善保存，有待进一步的工作、研究，才有可能揭示其内涵。

榆社福祥寺佛教石造像

榆社县福祥寺是一座千年古刹，坐落于县城西25公里岩良寺村东，北面为坡地，有路相连，南、东、西三面百步之遥，便是著名的云竹湖。湖水浩淼，风景绝佳。现存正殿五间，金代建筑风格，山墙上还有元代壁画。另有3间南殿，为明代建筑。1983年，县文管所在维修大殿的过程中，曾在大殿地面下发现并出土6尊佛教石刻造像和1个残石幢。

2001年，村民在维修福祥寺时，偶然在大殿地面下又发现了一个埋藏窖穴，面积约9平方米，最深达3米，距地表仅20余厘米。县文物局闻讯赶到现场保护，组织人员对埋藏的石造像作了清理，并且上报了山西省文物局。

这次发现的石造像大多数为单体佛教造像，共有40多个，有立佛、坐佛、菩萨、弟子等，大者两米多，小者数十厘米，有的上面还有供养人的题记，

图3–94 A 榆社福祥寺出土的唐代石造像

图3–94 B 榆社福祥寺出土的唐代石造像

也有造像塔，大多残缺。就单体造像而言，有的有头无身，有的有身无头，时代大约从北魏晚期到唐末五代（图3-94 A、B）。埋藏原因不明。

这两批造像的时代从北魏晚期到唐末，有些遗物甚至更晚，如在1983年该遗址出土的一个八角经幢上，刻有一段铭文，曰："大晋开运三年，岁次丙午，九月五日……合邑……建造释迦牟尼佛像一区记。"文中写明造释迦牟尼佛像和大晋开运三年（946年）的年号，是断代的重要依据。同时从造像中北朝和唐的造像占大多数来推析，福祥寺的初建年代，当在北朝。

北魏到唐，从平城经晋东南到洛阳，从晋阳到邺城，这里都是重要的交通要道，沿途文化遗迹甚丰，县内石窟、寺庙近百处，至今仍存北朝至隋唐石窟、摩崖造像20余处，前几年，县城又出土了大批北朝至隋唐的佛教石造像。这些佛教遗物，均是该县当年佛教活动兴盛的标志，对研究当地的历史文化，尤其对研究北方地区佛教信仰的传播以及佛教艺术的流传演变，都有非常重要的价值。

在山西省的平陆县侯村和上张村、昔阳县的静阳村、武乡县的洪水乡、沁县普照寺、交城县玄中寺、阳曲县洛阴村、汾阳市安固村、灵石县杨家山、永济市普救寺、运城市陈村和百口窑、新绛樊村等地也陆续发现了许多金铜造像与石造像，有数百件。从铭文看，有北魏、东魏、北齐、北周、隋、唐、宋等朝代，其中隋唐的较多，分石质、铜质两种。值得注意的是，其中有不少道教造像。道教造像又分为老君造像和天尊造像，制作年代也是隋唐。其形制仿袭佛教造像，却又体现了道教的特点，如运城安邑镇中陈村发现的唐开元石雕常阳天尊像。石像头戴莲花形冠，面相丰腴，颏下有须髯，双目细长，神态安详，褒衣博带，右手执扇与拂尘，左手凭几而放，汉白玉雕造，由石像、底座、基座三部分组成，通高256.6厘米。底座正面刻天尊像铭并序，左右两侧线刻弟子道士像和供养人姓氏。

别具一格——道教造像

隋唐两代，道教得到统治者支持，特别是唐太宗，自认为是老子李耳之后。道教有了皇帝做靠山，地位马上超越佛、儒，成为唐代第一宗教，蓬勃发展起来。河东（今运城市）西邻关中，境内中条山自古就是道教名山，分布着许多道教宫观，还有洞天福地、七十二福地诸名胜。因此在河东有不少道教遗迹以及遗物，出土过多批道教石造像。道教石造像与佛教石造像结构、布局相近，在最佳位置突出雕刻着供奉对象，在其下方或两侧次要之处，再雕刻供养人以及发愿文。有的供奉对象、供养人和发愿文三者俱全，有的只有供奉对象与发愿文，有的只有供奉对象和供养人姓名等，形式多种多样。雕刻有高浮雕，也有浅浮雕，甚至还有线雕。某些造像纪年明确，品相完美，工艺精湛，令人叹为观止。现择取其中几个加以介绍。

隋代开皇八年（588 年）李洪钦造像碑

青石雕刻而成。芮城县汉渡乡侯丰村出土。该碑通高 1.58 米，身高 1.24 米，宽 0.45 米，厚 0.17 米，座高 0.24 米。圭首方座。雕刻布局继承北朝旧制，上部四面雕凿神龛，龛内各高浮雕造像 3 尊，为老君像及左右侍童。圭首减地浅浮雕帷幕、流苏等，二飞天跳跃翻舞。中部正面减地浅浮雕供养人像 18 个，背面 6 个，两侧各 10 个。碑座正面刻人像 12 个，左侧有线刻人物图。全碑布局主次得当，层次分明，神像突出，庄严慈祥，供养人表情虔诚，衣饰清晰，实在是一件艺术珍品。

这些人物图是当时人物衣饰的真实写照，因此也是研究隋代衣饰和流行风尚的重要资料。

碑下部界以方格，刻铭文："夫玄宗邦湛辽廓，其欲空无至道，冲融飘心于三界，苦空之式非圣容不悟常理，爱念舍生，慈悲普沾。今有都化主李洪钦合邑等，知善可崇，知德可舍，仰得圣旨，远调名师，敬造老君石

图 3-95　隋代李洪钦造像碑

图 3-96　唐代仪凤元年天尊造像

像一躯，今得成就。仰为囗皇帝陛下及法界苍生，所生父母，因缘眷属，俱时成道。开皇八年太岁戊申二月八日造。"

"老君"即太上老君，是古代道教对老子的神化尊称。老子被后世尊奉为道教之祖。

碑刻左侧又刻有"唯咸亨元年岁次庚午……"的题记、线刻供养人跪像及侍人 4 像。服饰造型与隋代有明显区别，隋代人形体较瘦，此处供养人形体趋于丰满，是盛唐时特征。咸亨为唐高宗年号，这部分图像文字，显然是唐朝道教信徒在该碑空白处补刻（图 3-95）。

唐代仪凤元年（676 年）天尊造像

白砂石雕刻而成。芮城县汉渡乡侯丰村出土。通高 32 厘米，底宽 17.5 厘米，厚 6.3~7.5 厘米，座高 8 厘米。舟形背光。该造像布局简单，分上下两部分，上部为天尊神像，天尊盘坐于束腰须弥座上，右手持扇，左手残缺，蓄长须，着道服，宝相庄严。两侧侍立二弟子。下部为发愿文，位于神座正下面，内容是"仪凤元年十二月二十七日，子弟焦客果为亡父母，又为身患，显德除

图 3–97 唐代仪凤三年元始天尊造像

恙，敬造天尊一塔，合家一心供养”（图 3–96）。

天尊是道教对所奉天神中最高贵者的尊称，有玉清元始天尊、上清灵宝天尊和太清道德天尊，简称元始天尊、灵宝天尊和太清道德天尊。三号虽殊，本同为一，都是道的化身，相当于佛教中的佛。佛在佛经中有时也被称为天尊。

唐代仪凤三年（678 年）元始天尊造像

青石质。芮城县汉渡乡侯丰村出土。通高 32 厘米，底宽 18.3 厘米，厚 14.9 厘米。舟形背光，天尊像束发高绾，圆形头光，右手持扇，左手凭几，两侧侍立二弟子，像前拱手跪侍三弟子，像前两侧有二蹲狮。底座正面阴刻铭文：“大唐仪凤三年，岁次戊寅，十月十五日，清信弟子焦蒲洛、安洛兄弟等为亡父母，敬造元始天尊石像一区（躯）。上为天皇天后，又及法界众生，同出苦海，俱登正道。”（图 3–97）由该时期供养人形体看，女子身体并不肥胖，说明还没有走向以肥为美的盛唐时期。

图 3-98　唐代杜君秀道教造像碑

唐代景云二年（711 年）杜君秀道教造像碑

青石质。芮城县学张乡水峪水库出土。该碑通高 83 厘米，底座宽 38.5 ~ 40 厘米，高 20 厘米，厚 23.5 厘米。碑身高 63 厘米，下宽 32.5 厘米，上宽 31.5 厘米，厚 11.7 厘米。碑首为碣形（半圆状），额部刻两飞天，相向飘飞翻舞，周匝刻牡丹纹饰。碑中上部主龛窟为火焰纹形，浮雕一天尊二弟子像，天尊左右两侧有两尊蹲狮。两边窟龛雕二力士。中部开三龛，中龛雕薰炉，左右两龛各雕一供养人，相向作跪状，手捧供品，发髻高耸，体相丰满，神态虔诚。

碑下部刻铭文："夫蓬峤瀛洲，金台琼室，萧□□□之外，迥出六尘之表。粤有道士□□秀，心悟胫蹄，情捐代纲，想白云之可托，高蹈林幽，玩丹霞之驱挹。从倚丘壑，虔构精舍，敬勒尊容尔。其相好分星，灵晖湛月，飞仙控鹤，羽客垂螭，碧落空哥，青溪实相。传芳纪叶，刊石题金，希代传奇，神功无量。上沾法界，下及苍生，同出苦原，咸登正道。景云二年十月一日成。七村施主姓名列后。"

底座也有铭文，施主姓名略，后铭"上骑都尉行同山县、安邑县、射洪

图 3–99　唐代开元二十九年天尊造像

县令关怀智男、知隐三洞道士郭知今、口明观观主张元景，口坐袁道贞，监斋段敬元四十人等”（图 3–98）。

唐代开元二十九年（741 年）天尊造像

青石质。芮城县汉渡乡侯丰村出土。高 34.7 厘米，宽 21.6 厘米，厚 11.3 厘米。尖首方形，天尊盘坐，右手持扇，左手凭几，两侧侍立二弟子，拱手持板，三像底座为荷蕾莲枝。座面中部阴刻发愿文："开元廿九年八月六日，焦嘉令奉为亡祖父及见（现）存家口平安，削石勒铭，敬造天尊一铺同福。"底座正面左右开龛，浮雕男女二供养人跪拜像，其服饰和造型与唐墓中出土的开元人物俑有许多共性，女性身体比较丰腴（图 3–99）。其实此像不一定是真实写照，甚至与供养人的体型、面相差别很大，刻成这个样式，只是追逐以胖为美的时髦。既然是时髦，就一定不长久，果然，以胖为美的时髦很快从历史上消失。

另外在河东博物馆、永济博物馆都收藏有出土的唐代道教造像，因篇幅有限，不再多述。

隋唐遗址

隋唐时期，山西是北御突厥的主要屏障与战略要地，晋阳乃李唐王朝的龙兴之地，蒲州改为河中府，开中都，地位开始突起。这一时期的遗址，主要有蒲州故城遗址、蒲津渡遗址、绛州署衙遗址、黄河古栈道遗迹等，是研究隋唐历史地理、水文环境、黄河治理的珍贵资料。

图 3-100　蒲州故城遗址出土的北周“布泉”币

昔日中都——蒲州故城遗址

蒲州城始筑于元魏之世，魏置河东郡，治蒲阪，又改秦州。北周时秦州设河东郡，改名为蒲州，始有蒲州之名。唐太宗贞观元年（627 年）分天下为十道，蒲州属河东道；唐开元八年（720 年），蒲州与陕、郑、汴、怀、绛并称六大雄城；唐开元九年（721 年）改蒲州为河中府，升中都，与长安、洛阳齐名。金哀宗正大八年（1231 年）九月，元兵攻河中府，金将因兵少力寡，截其半为内城而守。截去的是后来的东关部分，这内城就是元以后的蒲州城。

现存的蒲州故城遗址，东城为夯土城，地上遗存有部分城墙、东北角台；西城为夯土包砖城，地上遗存有城墙、四门瓮城、东北角台及鼓楼。其他城内建筑无存。

2012 年春季至夏季，山西省考古研究所牵头成立考古队，对蒲州故城西城部分作了勘探，寻找重要遗迹的线索，结果探出西城南北护城河、钟楼、蒲津渡下码头等遗迹。

2013 年，考古队在东城东南角布设探沟 5 条，发掘面积 220 平方米，发现唐宋时期的水井、窖穴、房基、灰坑、道路等遗迹，还出土了大量生活用具，典型器物有陶瓮、陶盆、陶罐、陶辟雍砚、瓷碗、瓷盏、瓷壶等，还有石造像、铜铃铛、骨梳、骨色子、围棋子等宗教及娱乐用品。同年，在西城北城楼及东北角楼做清理，发现均有长方形台基及回廊式建筑。

2014 年，在东城墙第一列夯土底部清理北朝时期的灰坑 4 个，坑内出土遗物多为建筑构件，以绳纹瓦为主，还有 1 件卷云纹瓦当、1 件“长乐万岁”瓦当和 2 枚完整的北周“布泉”币（图 3-100）。出土的北周“布泉”币是蒲州故城遗址迄今发现的最早的有明确纪年的遗物。

图 3-101 蒲津渡遗址发掘情景

黄河大桥——蒲津渡遗址

蒲津渡为古代黄河的一大渡口，位于晋南永济市古蒲州城西门外黄河东岸，后因黄河东移，沉没水中。20 世纪 50 年代初，河水从蒲州古城址前流过，据当地老人讲，船靠近蒲津渡遗址，仍可见到水下铁牛的牛角。后来三门峡库区蓄洪，河床淤积，河水又西移，逐渐将铁牛埋入河滩。

自古以来，蒲津渡就是秦晋之交通要冲，有关它的记述由来已久，据《左传》记载，昭公元年，秦公子鍼奔晋，造舟于河。后东魏权臣高欢、西魏丞相宇文泰、隋文帝皆于此造浮桥。唐开元十二年（724 年），为加强对该地区的统治，易笮索为铁链，改木桩为铁牛，同时疏其船间，从建筑材料与技术方面做了较大规模的改进。唐杜佑《通典》云："河东……有蒲津关……大唐开元十二年，河两岸开东西门，各造铁牛四，铁人四。其牛下并铁柱连腹，入地丈余，并前后铁柱十六。"《唐会要》《蒲州府志》《朝邑县志》也均记载了此事。直到金元之际，金元交战，浮桥毁于战火之中，这在《金史》和《永济县志》中皆有明确记载。

1988 年，永济博物馆在县委、县政府的大力支持下，经过一年多的查访、勘探，于次年 8 月发现并出土了唐代蒲津渡系缆绳的铁牛。1990 年 10 月经山西省人民政府同意，1991 年 3 月经国家文物局批准，由山西省考古研究所牵头组织省、地、县联合考古队对蒲津渡遗址做了考古发掘。

这次发掘，由上至下清理出清代蒲津渡渡口、铁牛基座石墙的建筑遗迹、南北大道，明代蒲津渡渡口、码头口、石堤坝、堤坝下柏木桩地基、堤上铁卯榫加固工程遗迹、铁牛周围砖石护围地基、南北方向石块砌成的大路路基、明代正德十六年（1521 年）立《石津记》碑一通（断裂）及碑座，

图 3-102　蒲津渡铁牛、铁人

金元时期建筑遗迹。最醒目的是石堤拱卫码头口的遗迹，石砌路面和积石基础的铁牛、铁人、铁山、铁柱墩围护圈，北斗七星状铁柱护卫，金元遗迹和明正德年碑座遗迹组成的古渡口景象（图 3-101）。

蒲津桥东岸桥梁工程浮桥地锚，重要遗物为唐开元铁牛 4 尊、铁人 4 个、铁山 2 座、铁墩 4 座、七星状铁柱 1 组。出土时这些铁器锈蚀斑驳，面目全非。铁牛每尊重 45~75 吨。牛体大硕壮，形象生动，呈用力后蹲状，长约 3 米，宽约 1.1 米，高约 1.5 米。每牛的后尾部位有一横轴，长 2.2 米（图 3-102 ）。

牛下各有 6 根斜柱，形成完整的铁牛地锚锚柱。每尊铁牛外侧各有牵牛铁人 1 尊，高约 1.9 米，形象各异，“或作先牵，或作回叱。其面目意色，各宛然肖发”。1、2、3 号铁人均袒胸赤膊，下身着围裙。4 号铁人的服饰是典型的唐人服饰，头戴幞头，身穿襕袍。

另有两座铁山、4 个铁柱墩。排列成北斗七星状的 7 根铁柱，5 根单立，两根横连，斗口朝西，斗柄指北（图 3-103）。铁器群总重 300 余吨。

铁器群的出土在冶金史上有着重要的价值，铁牛的铸造工艺代表了唐代低硅灰口铁铸造水平。低硅灰口铁的发明使用是中国古代冶铁史在技术上的又一飞跃，是 17 世纪以前居世界领先地位的十大钢铁技术之一。起地锚作用的铁牛，牛后轴及牛下柱桩的斜撑形式，都表明我国低硅灰口铁冶炼铸造技艺水平运用于工程技术的进步程度，是中华民族的骄傲。

在雕塑铸造、造型艺术上，铁牛等造型既有盛唐时期的雄浑大气，又有雍容富贵之气魄，写实与夸张相结合。

1997 年 3 月，国家文物局批准铁牛等遗物原位升高 12.2 米的保护方案。1999 年 10 月至 2000 年 4 月经过第二次发掘后，对铁器群分别做了平移和原位抬升，改变了铁质文物的生存环境，使铁器群脱离了恶劣的环境。之后又对蒲津渡遗址铁质文物采用工业界流行的电化学阴极保护技术，使这批珍贵文物得以长久保存。

永济蒲津渡遗址是一处具有丰富遗存的大型遗址，也是我国第一次发掘的大型渡口遗址，涉及古代渡口的产生、兴盛、衰落的历史发展过程，展现了我国古代桥梁交通、黄河治理、冶铸技术等方面的科技成就，直观地揭示出黄河泥沙淤积、河水升高、河岸后退的变迁过程，从而为历史地理、水文地质、环境考古以及黄河治理等方面提供了许多珍贵资料。

图 3-103　蒲津渡遗址北斗七星柱

图 3-104 A　绛州署衙遗址唐代砖铺地面

图 3-104 B　绛州署衙遗址唐代造像碑

州城缩影——绛州署衙遗址

2013 年至 2014 年，山西省考古研究所对山西新绛绛州署衙遗址进行了考古发掘。根据文献记载，初唐开始在此设立绛州总管府，后历代州署皆在原址沿袭使用，文化面貌可谓丰富。

从目前的考古发掘情况来看，本次发掘的收获主要是清楚了解了该区域内的建筑布局和遗址文化面貌的组成和延续。首先，通过各个地层出土的遗迹、遗物，确定了该遗址的文化面貌可从近现代一直追溯到唐代或更早；其次，明确了该遗址明清时期的建筑布局，由大堂前的院落与西侧的附属建筑组成。

院落内的地层堆积仅存在一层，为清代晚期之后的堆积，其废弃时间约在清光绪年间。其遗迹的分布早至唐代，晚到明清时期。现在清理出的建筑遗迹以明清时期的居多，包括中轴线上的砖砌月台、甬道、甬道上的建筑基址、砖墙、甬路及院落的砖铺地面等；元代的遗迹有月台、中轴线上的建筑基址及坡道等，均被明清时期的月台和甬道叠压、包裹；宋代时期的遗迹有月台、地面等，又被元代的月台包裹和叠压。另在宋代月台的夯土层下发现了一片砖铺地面，地面以方砖铺就，砖面下的基础似有夯筑痕迹，从层位关系上来说，应是唐代的遗迹。

院落西侧的发掘区域，因各时期的屡次建设，遗迹分布零乱无章。在该区域北侧发现水井遗迹，其中一个，填土与唐代窖藏内填土类似，均为灰绿色，目前发现的遗物多为砖、瓦等建筑构件，其性质不明，年代似属唐代。另清理出一层条砖铺就的地面，砖背面为绳纹，其下为高约 1 米左右的夯土台，夯土的范围不清楚，其作用不辨，时代也似唐代（图 3-104 A、B）。

古道悠长——黄河古栈道遗迹

黄河是中华文明的母亲河，流经山西 20 个县市，由内蒙古自治区进入山西的第一个县是偏关，离别山西的最后一个县是垣曲。在 20 个县市的黄河沿岸，时断时续，残存许多古代栈道遗迹。栈道不是为了走人，而是为了黄河中的行船和货运，遇到山陡水急之处，仅靠船夫撑船难以通过，需要许多纤夫在两岸挽船。栈道就是为这些纤夫修建的道路，因此也可以说，栈道见证了古代黄河运输的兴衰，对研究古代黄河漕运史、交通史、工程技术史等，均有重要价值（图 3-105）。

1997 年起，配合黄河小浪底水库建设工程，山西省的考古工作者对三门峡以东的黄河北岸做了详细的考古勘查，在山西平陆、夏县、垣曲三县沿河 100 余里的地段内，发现古代黄河栈道遗迹 40 处，累计长 5000 余米。栈道依山傍河，气势雄伟。栈道上残存壁孔、底孔、桥槽、历代题记与立式转筒等遗迹，类型繁多，

图 3-105　黄河古栈道勘察工作画面

图 3-106 A　黄河古栈道远眺

图 3-106 B　黄河古栈道远眺

数量丰富。

调查发现的 40 处黄河栈道遗迹，由西向东，依次散布在平陆县五一石膏厂、关窑、杜家庄、大祁、西寨、东寨、粮宿、老庄、冯家底、西河头渡口、老鸦石，夏县的任家堆、小堆、大堆，垣曲县的鲁家圪塔、五福涧、安窝、马蹄窝等，共 18 个村庄厂矿的范围内。

栈道大多先依山腰向内开凿成“[”形通道，然后在通道岩石上开凿方形壁孔、牛鼻孔、底孔等，再插以木梁，梁上铺板，形成完整的栈道。但在现存栈道上，所有木构件已荡然无存，只有各种壁孔和底孔残留于通道岩石上（图 3-106 A、B）。

残存栈道顶部略呈弧形，距路面高约 2.5~3 米。栈道外（南）侧临水，少数临河滩，河滩或宽或窄；内（北）侧为凿修平整的岩壁。在部分地段的岩壁上，还可见到排列整齐、自上而下的斜向凿痕。栈道路面宽窄不一，保存较好的，宽度达 2.5 米多；坍塌严重的，仅残存数厘米或完全塌毁。还有少部分栈道凿修在河边礁石上，在这些礁石上，还残留着底孔和桥槽。

由于年代久远，栈道上的木构件已经荡然无存，但是壁孔和牛鼻孔还存在，对于认识栈道原貌起着重要作用。在残存栈道上，共发现大小方形或长方形壁孔 1000 余个（统称方形壁孔），牛鼻形壁孔 600 余个。方形壁孔的作用在于固定横列在栈道路面上的木梁，故开凿在贴近路面处的岩壁上。其因尺寸不同而有大小之别，宽高大多在 12 ~ 36 厘米之间，深度因保存好坏而不等。在一些地段，只有一种壁孔，而在一些地段，则是大小两种都有，反映出开凿时代的差异（图 3-107）。

在方形壁孔上方的栈道岩壁上，凿刻有间距基本相同的牛鼻形壁孔，一般由左右排列的两小孔组成，两小孔内里相通，外部中间以一竖梁相隔，因形似牛鼻，故称牛鼻形壁孔，简称牛鼻孔，用途是在牛鼻孔之间系上绳索，形成横亘在一定高度的绳栏，供纤夫挽船时手拉助力使用，也起着保护纤夫安全的作用。另外，漕船在河中停下时，可将缆绳系于牛鼻孔上，以保证安全。

牛鼻孔又分几种：第一种，两孔左右排列；第二种，两孔为上下排列，鼻梁为横形；第三种，两鼻梁左右排列三孔；第四种，两牛鼻孔左右排列，紧紧相连；第五种，两牛鼻孔上下排列，紧紧相连。以上几种牛鼻孔，以第一种最常见，数量也最多，占总数 90％以上。牛鼻孔一般开凿在距地面 0.7~1.3 米的内侧岩壁上，

图 3-107　黄河古栈道壁上的方形壁孔和牛鼻孔

图 3-108　黄河古栈道栈桥底孔

图 3-109　黄河古栈道拐角处立式转筒遗迹

但在特殊地段，如栈道修在礁石上的地段，没有岩壁，在这种情况下，牛鼻孔就凿在礁石上路旁较高的岩石角缘上。

在栈道路面上，开凿有大小不同的方形或圆形底孔，方形底孔的边长一般在 5~16 厘米之间，圆形底孔的直径在 5~39 厘米之间。底孔或是用来支撑和固定路面横向木梁的，或是用来固定路面纵向木梁的，也有可能是某种栏杆孔。

栈道上遇岩石久已断裂、人无法跨越处，在两端路面上存有一种尺寸较大的长方形槽孔，共发现 60 余个，均为两长边平直，且与岩壁平行，长边一般在 25~50 厘米之间，宽度约 16~20 厘米，这便是桥槽。其作用是安放纵向木梁，然后再在梁上铺板，搭成连接两端的栈桥（唐代也称“栈梁”）。桥槽底部中间，往往又套凿一个小的方形或圆形底孔，其用途是安装木楔以固定桥梁（图 3-108）。

栈道上还有一种特殊遗迹，即立式转筒遗迹。河水弯曲前行，河水转弯处，栈道也随之拐弯。在山崖凸出的栈道拐弯处，内侧岩壁上都有数道深浅不一的绳磨槽痕，有的深达 30 多厘米，系纤夫挽船时绳磨所致。在绳槽最多的位置，往往保存着一种特殊的遗迹，由上、中、下三部分组成。上部是在离路面 1.5 米左右的岩壁上，有一个或大或小的方形壁孔。下部是在与此壁孔垂直相应的地面岩石上，有一个圆形底盘，底盘中间又凿有一个或两个浅圆窝，呈锅底形，且被磨得非常光滑。此外，在方形壁孔和路面圆形盘之间紧贴路面的岩壁上，有一个半圆柱形的壁槽。将这上、中、下三部分现象综合起来观察，可见在壁孔、底盘和半圆柱壁槽之中，原当有一种立式转筒状的机械装置，以避免纤绳直接磨在岩壁上。据现存遗迹表现的形状和用途，暂定名为立式转筒。这种工程技术遗迹共发现 20 余处。它的发现，对研究黄河漕运设施与古代科技皆有重要意义（图 3-109）。

栈道壁上还残存历代题记和石刻线图，共发现 40 余处，分布在垣曲、夏县和平陆三县的栈道岩壁上，题记多者 200 余字，少者只有 1 个字。字体有篆、隶、楷三种，大小不等。题记中有不少年号，如建武、熙平、贞观、垂拱、总章、大和、绍圣、大定、崇祯、道光、宣统等，朝代为东汉、北魏、唐、宋、金、明、清。这是历代重视黄河交通和栈道的证明，也是栈道使用年代的重要依据。

如垣曲县五福涧村栈道岩壁上的东汉建武十一年（35 年）题记，分上下两段，上段为竖刻，两行，内容为“建武十一年□月□日官造□遣匠师专治□□（积临水）水□”。下段位于上段右下方 20 厘米处，也为竖刻两行，内容为“时遣石匠□（赤）□ 知石师千人”（图 3-110 A、B）。两段字迹一样，同为隶书，当出于一人之手。

栈道岩壁上还有北魏造像和题记（图 3-111），年久日远，造像已经不存在，但是题记却遗留下来。如“□宋清□□军主熙平元年正月十一赵

图 3-110 A 黄河古栈道岩壁上的汉代题记

图 3-110 B 黄河古栈道岩壁上的汉代题记

图 3-111 黄河古栈道岩壁上的北魏题记

金龙佛弟子公阿黑□婆阿弟□□□□□”。

唐代题记较多，如“大唐贞观十六年”“大唐总章三年正月十五日太子供奉人刘君琮奉敕开凿三门河道用功不可记典令史丁道树”（图 3-112 A、B）。

这些题记的内容都与修治栈道有关，结合遗迹和有关史书记载，可以说，黄河栈道与漕运的盛衰是同步的，具体说，西汉是开创期，东汉是推广期，唐代是最盛期，唐以后走向式微。

黄河漕运是古代连接我国东西部地区的重要经济命脉，历代统治者出于政治、经济、军事诸方面的考虑，无论定都长安还是定都洛阳、开封，不得不利用漕运保证东西部地区粮食、物资的交流，尤其在西汉和唐代，漕运对稳定京师、救灾备荒、巩固统治等，都起到积极的作用。

栈道勘察结束，考虑到小浪底水库建成后，库水将淹没栈道，为保护栈道题记，我们把汉代、唐代等重要题记切割，搬迁至垣曲县博物馆陈列展示。

图3-112 A　黄河古栈道岩壁上的唐代题记

图3-112 B　黄河古栈道岩壁上的唐代题记

遗珍赏析

隋唐时期，经济繁荣，文化灿烂，中外交流频繁，各种艺术丰富多彩，汇聚一堂，“唐三彩”、西域乐舞、佛教及道教等盛极一时。山西地位显赫，不乏精雕细琢、精美绝伦之珍品，不仅显示了隋唐之奢华，也为研究隋唐时期的文化、艺术、工艺、丝绸之路交流等提供了不可多得的实物资料。

隋唐陶瓷

隋代瓷器在墓葬中屡见出土，最精致者当属汾阳隋代梅渊墓出土的几件。梅渊墓位于汾阳北关村西北约 2 公里处，1989 年冬，在施工中发现此墓，汾阳县博物馆的同志闻讯赶到，做了清理。出土器物中，青瓷有龙柄壶、鼓腹罐、高烛台、矮烛台、唾壶、高足盘等。

龙柄壶 1 件。盘口，束颈，卵形腹，平底。在肩部与盘口一侧置柄，上端作变形龙首衔盘口。龙圆目，双卷鼻，有耳有冠，上唇在盘口内，下唇在盘口外，柄下端用三个圆饼形的假铆钉加固。与柄相对的一侧和左右两侧的肩部置三个泥条盘成的复系，系下端仍饰圆饼形假铆钉。壶内外施青釉，釉色晶莹温润，外腹釉不到底，灰白胎。通高 45.6 厘米，口径 12 厘米，底径 13.8 厘米（图 3–113）。

鼓腹罐 2 件。大小、形制相同。敛口，束颈，鼓腹，有盖，盖中间有宝珠形捉手，与罐口扣合。罐内外施青釉，通高 30 厘米，口径 15.5 厘米（图 3–114）。

高足盘 2 件。大小、形制相似。盘壁外侈，唇较尖圆，外底下接喇叭形高圈足。盘内印有四瓣花纹。盘内外施青釉，圈足内外无釉。通高 10.8

图3–113　梅渊墓龙柄壶

图3–114　梅渊墓鼓腹罐

图3–115　梅渊墓高足盘

厘米，口径 31 厘米，底径 17 厘米（图 3–115）。

唾壶 1 件。盘口，束颈，斜肩，垂腹，平底，实足。盖中间有宝珠形捉手，壶颈与上腹部有阴线双弦纹三周，内外施青釉。通高 14 厘米，口径 8.6 厘米（图 3–116）。

高烛台 2 件。大小相同，由灯盘和灯座两部分组成。灯盘壁微外侈，盘心平坦，有蜡烛形插柱，柱顶端中空。盘外底下连圆柱形短柄，下端作尖锥形，插入灯座柄内。灯座底为平板方形，上为倒喇叭形高柄，柄上部中空，与盘底插柄套合。盘心插柱、灯座和灯柄上均有阴线弦纹装饰。通体施青釉，盘底短柄与灯座底部无釉。通高 42 厘米，盘径 12 厘米（图 3–117）。另一件灯盘底部短柄末端为方形榫卯，与灯座柄套合。

矮烛台 1 件。盘壁外撇，内底平坦，中间有中空的烛形插柱。圈足呈喇叭形，底边向上起棱。灯盘与插柱施青釉，柄与足无釉。通高 8.1 厘米，盘径 14 厘米（图 3–118）。

之前山西省在北齐厍狄迴洛墓和徐显秀墓中出土过矮烛台，但是没有出土过高烛台。仔细观察梅渊墓所出灯台，已结合了造型美和使用功能齐备的特点，比较完善。我国使用蜡烛始于魏晋南北朝时期，唐代时蜡烛已经流行，进入千家万户，王建的“秋夜床前蜡烛微，铜壶滴尽晓钟迟”，

图 3–116　梅渊墓唾壶

图 3–117　梅渊墓高烛台

图 3–118　梅渊墓矮烛台

图3-119 李度墓唐三彩抱鸭壶女俑

杜牧的“多情却似总无情，唯觉尊前笑不成。蜡烛有心还惜别，替人垂泪到天明”，李商隐的“春蚕到死丝方尽，蜡炬成灰泪始干”“蜡烛啼红怨天曙”，诗句提到的“蜡”就是证明。不仅蜡烛逐渐广泛使用，烛台也越做越精致。

值得注意的是，这批青瓷代表了隋代北方的制瓷水平，时代特征明显。隋代瓷器胎质细腻，内外施釉，外腹施釉不到底，釉为青色，有透明玻璃质感，光泽鲜亮，有流釉现象。但是这批瓷器流釉现象不明显，釉色相似，因此说它们可能是产自北方最好的瓷窑——安阳窑。

此外，隋唐陶器桂冠非唐三彩莫属，所谓唐三彩，是中国古代陶瓷烧制的珍品，即唐代最流行的低温彩釉陶器，釉色主要为黄、绿、白三种，故称“唐三彩”。山西晋南、晋东南唐墓出土过不少唐三彩，不乏精品，如出土于长治西郊唐李度墓的一件三彩抱鸭壶女俑，高 34 厘米，为一个天真烂漫的少女，辫发后盘，内穿短袖衫，外着半臂襦裙，黄绿色搭配，青春焕发，腰束带，右腿盘屈，左腿下垂，坐在凳上，怀里抱一个彩色鸭形壶，就像怀抱一个心爱的玩具，怡然之情表现得淋漓尽致（图 3-119 ）。该俑用色别出心裁，少女头部为素胎，身上及鸭形壶上有朱红、赭石、淡黄、淡绿色釉，色泽鲜艳莹润，题材、造型、色彩，每一环节都出人意料，又合情合理，不能不钦佩作者的艺术创新能力。

珍贵墓志

浩喆墓志

出土于襄垣县隋代浩喆墓，该墓志的特点是墓志藏于石龟内。石龟为青石雕刻，作匍匐行走状，头前伸略昂，四爪有力地撑在一石板上，龟背正中又载着一个似龙非龙的异兽（图 3-120）。初看，石龟似为一体，细观，龟背盖与龟体可以分开，揭开龟盖，龟体腔内被凿成一个又宽又深的长方形凹槽，内藏墓志两块，志面上下相合，平放于槽内。石龟连头带尾通长 1 米，通高 55 厘米，以盖分为上下两部分，龟背（带异兽）高 25 厘米，盖以下高 30 厘米。龟背上所负异兽有角，浑身有鳞片，尾巴细长，卷曲在左侧，蛰伏状，四蹄各有三爪（图 3-121）。

在龟背小异兽两侧，从前到后，各刻 6 个篆文，每字约 7 厘米见方，文为“隋故魏郡太守浩府君墓志铭”，巧妙地利用龟背作为墓志盖。

两块墓志各长约 56.5 厘米，宽 44 厘米，厚 5 厘米，青石质，志面光滑，背面粗糙，正面先刻满边长约 2.1 厘米的小格，再在格子中间刻字，每块墓志上纵刻 25 字，横刻 20 字，两块墓志共约 1000 字。字体是半楷半隶，

图 3-120、图 3-121　浩喆墓志顶部异兽

图 3-122 A　浩喆墓志志文

图 3-122 B　浩喆墓志志文

夹杂着不少篆字，记载了墓主人的生平、家世和下葬时间、地点等（图 3-122 A、B）。根据志文，我们知道墓主人姓浩名喆，官至隋魏郡太守等，隋仁寿四年（604 年）逝世，大业三年（607 年）葬于襄垣县万寿乡。

这种龟形墓志全国已发现三块，时代最早的一块是民国时期发现于洛阳的北魏元显儁墓志，中间的即隋代浩喆墓志，第三块是 20 世纪 70 年代发现于西安的唐代李寿墓志。仔细观察三块墓志，又各不相同，结构各有特点。元显儁墓志与李寿墓志是揭开龟背（志盖）就可以看到墓志，龟身上面取平，刻着志文。浩喆墓志是揭开龟背，龟身是空的，内放两块上下扣住的墓志，需要取出来，拼在一起，才可以阅读墓志铭。为何采用龟形，目前有几种说法，有的说与远古灵龟崇拜有关，有的认为与龟寿长久有关，有的认为是传统神龟负碑的艺术创新。

虞弘墓志

1999 年出土于虞弘墓，尽管形制普通，甚至残缺，但内容特别重要，对研究入华粟特人很有意义。

虞弘墓志为细砂石质，有志有盖，志盖为盝斗形，长、宽均约 73 厘米，厚约 8 厘米，四周带刹，志盖顶中部先阳刻出 9 个边长约 11 厘米的方格，再由左至右，由上至下，阳刻“大隋故仪同虞公墓志”9 个篆字。四刹上阳刻着忍冬和带叶莲花饰，盖侧四边另有细线刻的蔓草纹饰（图 3–123）。

虞弘墓志长、宽均约 73 厘米，厚约 7.5 厘米，右下缺一角，志面上先阴刻小方格，每格内又阴刻一字，共 25 行，每行 26 字，除右下角缺 25 字外，还存字 625 个（包括左边上部残缺严重的铭文），分志与铭两部分，志文基本为隶书，铭文为楷书，志文由右至左竖写（图 3–124）。

图 3–123　虞弘墓志志盖拓片

图 3–124　虞弘墓志拓片

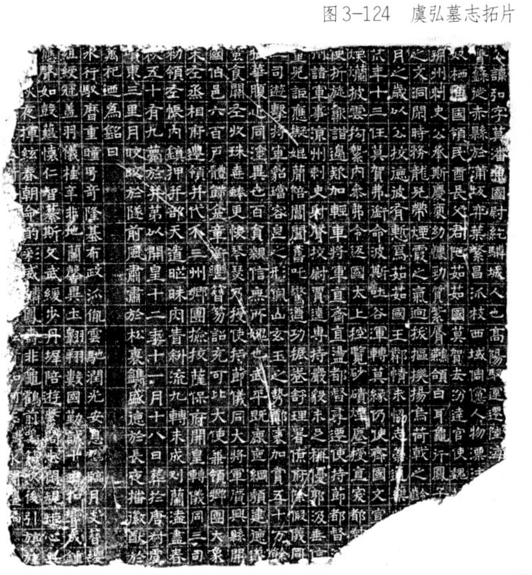

据墓志，男主人姓虞名弘，字莫潘，鱼国尉纥驎城人，一生经历复杂，出使多国，曾奉茹茹国王之命，出使波斯、吐谷浑和安息、月支等国故地，后出使北齐，随后在北齐、北周和隋为官，曾一度“检校萨保府”，卒于开皇十二年（592年）。此墓志包含的入华中亚人的信息格外重要，首次确定了并、代、介三州存在萨保府，也说明了入华中亚人和萨保府的关系，是研究丝绸之路政治、文化的重要资料。

曹怡墓志

2007年10月出土于汾阳城外西北角原来的农修厂，质地为红砂石，长约45厘米，宽约43厘米，厚约18厘米。这是一合较标准的墓志，分志盖和志身两块。志盖作盝顶形，四刹素面，内有4个篆文，即“曹君墓志”，每字约12厘米见方。墓志大小与志盖一样，志文排列是由上到下，由右至左，楷书，每字约2厘米见方，总共219字（图3-125）。

通览墓志，概述了墓主曹怡的家世演变，突出其祖父曹贵、父亲曹遵以及墓主曹怡的官职与卒年，虽只有寥寥数语，却蕴涵着不见于史书的多方面信息。

曹怡父亲曹遵一度担任“皇朝介州萨宝府车骑骑都尉”。萨宝府即萨保府，是中国古代以梵文读音设置的官府，是北朝至唐代针对大量入华胡人特设的官府。为便于管理入华胡人及其事务，萨宝府官员，高至萨宝，低到属员，一般都由入华胡人任职。因此从曹遵有资格出任“介州萨宝府

图 3-125　曹怡墓志

车骑骑都尉”一职推测，他家可能是入华九姓胡。由此推析，墓主曹家来自遥远的西域曹国。曹国地望在今乌兹别克斯坦的撒马尔罕西北和东北，属于汉唐粟特地区。

分析墓志，还可以得到如下认识：一是证明介州的确有萨宝府，除墓志本身记载清楚，可作信据外，还有太原出土的隋代虞弘墓志作为旁证。虞弘墓志记载，虞弘“大象末，左丞相府，兼领并、代、介三州乡团，检校萨保府”。这段话表明，虞弘在北周大象年间，一度在左丞相府管辖下，既兼领并州、代州和介州三州的乡团，也兼领三州的萨宝府。两块墓志互为补充，就像是一本书的上下篇，可证北周、隋唐在并州、代州和介州都设有萨宝府，这些萨宝府至少从北周大象年间延续至唐朝。反过来说，萨宝府的存在，表明在北朝至隋唐时并、代、介三州居住着大量胡人。

丝路漫漫

大漠商驼

山西隋唐墓葬中，常出土一种陶质骆驼，有上色的，也有素色的，是古代丝绸之路中西商贸频繁交流的缩影。从中西亚通过丝路来到中国，不仅路途遥远，而且沿途风险甚多，穿大漠，走荒地，苦不堪言。而最有能力穿越大漠风沙、克服种种困难者，就是骆驼。骆驼的最大特性就是耐饥耐渴，可以骑乘、驮运。长期行走大漠，不能没有骆驼。骆驼分双峰驼和单峰驼两种，双峰驼有两个驼峰，是适合寒冷气候的动物，四肢粗短，更适合在沙砾和雪地上行走；单峰驼只有一个驼峰，更适于酷热沙漠，在沙漠中可以飞跑。

图3-126 A　长治唐墓陶骑驼俑

图3-126 B　长治唐墓三彩骑驼俑

北魏墓葬出土的陶骆驼主要是双峰立驼，卧驼极少，东魏、北齐时卧驼数量显著增加，北齐时又出现了载人骆驼，隋唐时骆驼形态更为丰富，艺术手法也更高一筹。长治唐代墓葬出土过许多灰陶加彩骆驼，造型奇特，其中一件骆驼形体高大，昂首，立于方板上，骑者深目高鼻，眉须浓密，头戴尖顶帽，上身穿翻领皮毛褊衣，腰间束带，系一小囊，下穿紧腿裤，足蹬长靿靴，坐在驼背大行囊上，怀中有小猴，旁边还有水壶和小狗（图3-126 A、B、C），形象写实，生动地表现了一个西域胡商的形象。

山西隋唐时期具有代表性的骆驼，应该是斛律彻墓出土的载人骆驼，特别是那个在驼背上啃吃胡饼的胡商骑驼俑，一个胡商坐在驼背高高的货物囊袋上，目视前方，边行边吃，再现了漫长丝路的艰苦生活（图3-127）。胡商的各种服饰，反映出他们来自不同的国度，与史书记载正相吻合，对研究丝路文化及交流很有价值。

图3-126 C　黎城唐墓陶骑驼俑

图3-127　太原隋斛律彻墓胡商骑驼俑

胡腾舞图案

胡腾舞是北朝至唐代最有名的舞蹈之一，是由丝绸之路传入的一种中亚男性舞蹈，传入年代当在北朝。

这种舞蹈以往仅见于文献，如唐代刘言史的《王中丞宅夜观舞胡腾》："石国胡儿人见少，蹲舞尊前急如鸟。织成蕃帽虚顶尖，细氎胡衫双袖小。手中抛下蒲萄盏，西顾忽思乡路远。跳身转毂宝带鸣，弄脚缤纷锦靴软。四座无言皆瞪目，横笛琵琶遍头促。乱腾新毯雪朱毛，傍拂轻花下红烛。酒阑舞罢丝管绝，木槿花西见残月。"

又如唐代李端的《胡腾儿》："胡腾身是凉州儿，肌肤如玉鼻如锥。桐布轻衫前后卷，葡萄长带一边垂。帐前跪作本音语，拾襟搅袖为君舞。安西旧牧收泪看，洛下词人抄曲与。扬眉动目踏花毡，红汗交流珠帽偏。醉却东倾又西倒，双靴柔弱满灯前。环行急蹴皆应节，反手叉腰如却月。丝桐忽奏一曲终，呜呜画角城头发。胡腾儿，胡腾儿，故乡路断知不知。"

两首诗描写的都是盛唐流行的胡腾舞，然而这种舞蹈的形式以前一直不被人认识。虞弘墓发掘后，在石椁第五块壁上有一幅男性舞蹈图，在左右乐者中间有一大片空地，一个男子正在舞蹈，舞蹈者脚下铺小圆毡，深

图 3-128　虞弘墓石椁第五块壁上的胡腾舞

图3-129 虞弘墓石椁后壁彩绘胡腾舞

图3-130 太原北汉墓胡腾舞壁画

图3-131 平顺大云寺五代后周石塔壶门图案中的胡腾舞

目高鼻，长发甩后，上着半袖衫，下着紧身裤，赤着足，肩披一条极长的帔帛，腰系一长软带，左足着地，右足后翘，两臂一上一下，来回翻动，身首扭转，帔带左右飞扬，正在急速地跳着一种舞蹈。在他两侧，尚有6个手持琵琶、筚篥、铜钹、腰鼓、箜篌、横笛的乐者。经考证，图中男子所跳舞蹈就是著名的胡腾舞（图3–128）。在虞弘石椁底座彩绘中，也有这种胡腾舞（图3–129）。在晋阳唐、五代、北汉壁画墓中，也有胡腾舞（图3–130）。这种舞蹈，在中原流传甚广，直到五代后期仍盛行不衰，如平顺大云寺五代后周修建的石塔下部壶门图案中也有胡腾舞（图3–131）。

胡腾舞有几个特点，一是来源于粟特；二是以男子为主；三是从诗中描述舞蹈者表演时“手中抛下蒲萄盏”“醉却东倾又西倒”之句看，胡腾舞与酒直接有关，这和文献中称之为“醉胡腾”的记载恰恰吻合[1]；四是舞蹈者的舞姿与“腾跃”有很大关系。

胡腾舞与胡旋舞的差别是前者以男子为主，后者以女子为主；前者要借酒起兴，后者不借助酒；前者以刚性“腾跳”为主，后者以柔性“旋转”为主。需要说明的是，男子也有跳胡旋舞的，如安禄山，因太肥胖，不便“腾跳”，改跳胡旋舞。胡腾舞的认定，使我们对丝绸之路传来的乐舞及其流传有了更清楚的认识。

〔1〕《宋史》卷一四二《乐十七·教坊条》：“队舞之制，其名各十……四曰醉胡腾队，衣红锦襦，系银鞊鞢，戴毡帽。”

图 3-132　太原唐墓出土的东罗马金币

罗马金币

2001 年 6 月到 9 月，为配合太祁高速公路的建设，山西省考古研究所、太原市文物考古研究所组成考古工作队，于晋源区段取土场抢救性发掘清理了战国、两汉、北朝、唐、宋时期的墓葬数百座，汉唐墓葬居多，其中第 552 号墓为唐代壁画墓。该墓被严重破坏，随葬器物遗失殆尽，但是考古工作者在清理过程中，意外地在棺床东北角发现 1 枚东罗马金币（图 3-132）和 2 枚开元通宝。

此枚东罗马金币呈不规则圆形，直径 2.3~2.4 厘米，重 3.3 克。正面有一大一小两个半身人像，均身披甲袍，头戴“十”字形王冠。左侧人像较大，颏下有须；右侧人像较小，无须。在两人王冠的空隙处有一“十”字纹。上部有铭文。近边缘处有一圈联珠纹组成的突棱。背面中央为一顶端呈“丁”字形的十字架，立于一个四阶的底座之上。十字架左右两侧各有五瓣梅花点，周缘有铭文一周。近边缘处有一圈联珠纹组成的突棱。

经考证对比，金币正面两人像中，颏下有须的是希拉克略本人；人像较小、颏下无须的是他的儿子希拉克第二君士坦丁。相同的金币在辽宁朝阳和陕西西安唐代墓葬也曾出土过，由此可以断定，这枚金币为拜占庭帝国（东罗马帝国）希拉克略王朝（610—641 年）铸造。

太原唐墓以前出土过波斯银币，东罗马金币在太原地区为首次发现，这枚金币极有可能是胡商带入大唐，为研究唐北都晋阳与中西方交通和贸易提供了极其珍贵的实物资料。

石雕造像

南涅水造像

发现于沁县城北 25 公里的南涅水村古寺洪教院遗址内，1959 年由山西省文物工作委员会考古队发掘清理，先后出土各类石刻造像 800 余件，为山西省重点文物保护单位。1984 年春开始筹建南涅水石刻陈列馆，五年后建成并陈列展出，这批湮没无闻千余年的民族文化瑰宝终于重放异彩。这批石刻造像，据有确切纪年的题记记载，始凿于北魏永平元年（508 年），一直延续到北宋天圣九年（1031 年），其间跨越北魏、东魏、北齐、隋、唐、宋等历史朝代，历时近六个世纪。其造型在继承前代传统的基础上又有了新意和突破，雕刻技艺精湛，风格流派多样，表现了浓郁的民间特色。这批石刻造像以砂岩雕凿而成，内容上集中表现了佛像、佛传故事、佛教文化艺术及崇奉佛法的佛事活动等；形式上可分为塔形造像、个体造像、文字造像碑及刻像石四大类型；特点是数量、品类繁多，刻制时代延续长久，可组合，可移动。石塔造像形制为云冈石窟中塔柱形式。

图 3–133 A　南涅水出土的唐代菩萨头像

图 3–133 B　南涅水出土的唐代佛教造像

目前陈列展出的造像塔，每座塔由几节数量不等的造像石组装而成，以四方柱体或四方锥形的石块为料，叠垒成石塔，中间有屋檐形式格挡，自下而上逐层收分递缩，下大上小，呈梯形状，以塔刹形石块作顶。塔体最高者近 4 米。每层石块四面均雕刻圆拱形、火焰形、古建屋顶形佛龛，每龛内所雕图像不一，造型各异，还有诸多刻画佛传故事的画面。单体造像雕像或赤足站立于莲台之上，或结跏趺坐于莲台，或正立正坐，或侧身站立，或讲经说法，或静目沉思，尊尊雕像体态端庄，神姿安详，各具个性，栩栩如生。

这批造像中，有一批特色鲜明的唐代造像，有佛像、菩萨头像、造像碑等（图 3-133 A、B、C、D）。随着这一时期东都洛阳与北都太原的密切往来，尤其是唐高宗、武周时期的崇佛造像，洛阳龙门石窟、太原天龙山等石窟建造的进一步完善，这一时期南涅水的造像也迎来了一个创作高潮，南来北往的工匠为石刻造像开辟了崭新的特色，尤其是单体造像，优美大气，造像技艺水平高超，线条流畅，造型雍容华贵，尽管有所残缺，但是仍然可以看出制作得非常精美细腻，表现出盛唐时期的风貌。有的造像还带有题记，文字有长有短，年号有龙朔、咸通等，龙朔年题记记着“龙朔三年八月日，佛弟子□师德男云□为父造阿弥陀像一区……”

图 3-133 C　南涅水出土的唐代佛教造像碑

图 3-133 D　南涅水出土的唐代佛造像

金银器皿

金棺银椁

太山龙泉寺位于太原西南20公里的风峪沟内，始建于唐景云元年（710年）。2008年5月7日，太原市文物局太山文物保管所在修建消防蓄水池时，意外发现了石条、石门等遗物，太山文管所工作人员高度重视，迅速向太原市文物局汇报了这一情况。次日，太原市文物考古研究所就派出专业人员前往现场展开调查，确认此处为一个塔的建筑基址。

现存塔基上部已毁，残留塔基呈长方形，在塔基中部发现一个地宫，由过道、石门和地宫组成，在石门两侧各发现力士像一个。地宫内出土有一座石函，石函由函盖、函身扣合而成。函身为砂石雕凿，前宽47.2厘米，后宽46.4厘米，长57.5厘米，高31.2厘米。石函内套装鎏金铜饰木椁、木胎鎏金铜椁、木胎银椁、金棺。鎏金铜饰木椁、木胎鎏金铜椁、木胎银椁的装饰构件非常相似，只是型号、尺寸依次增大。这三套椁由椁盖、椁身和椁座三部分组成。盖顶四角有四个铺首衔环。椁身前挡装饰有门额、门框、门扇及铺首样式，顶部饰有朱雀。后挡顶部饰有玄武，正中装饰佛足一对。椁身四角有卷草纹护栏。左侧为仙人驭龙纹饰，右侧为仙人驭虎纹饰。木胎银椁长15厘米，高10厘米。鎏金铜饰木椁已残损，全部为成形的木板，四周装饰有鎏金铜饰件。最里面的金棺长9厘米，用丝带捆扎2周，上打蝴蝶结（图3-134 A、B、C、D）。金棺至今尚未开启，经X光射线检测，内有聚成堆的颗粒状物体，据推测应为舍利。专家认为，从地宫形制和石函内部结构看，该塔基当建于唐武周时期（公元700年前后）；出土石函等遗物的建筑当为塔基地宫，是目前经过科学发掘较早的塔基地宫遗存；鎏金铜棺造型精美，具有很高的历史、艺术、文化和科研价值。

1960年，在长治宝雨寺也曾出土过金棺和银棺等金银器。金棺高1.5厘米，长3.6厘米，宽2.1厘米。银棺高3.5厘米，长6.3厘米，宽2.1厘米。正面门上有简单的门钉装饰，侧面是素面，与太山龙泉寺出土的金棺银椁相比，稍微逊色。

唐代银器

1990年5月，山西省繁峙县金山铺乡上浪涧村一村民在挖地基时发现一批唐代银器，埋藏于直径1米左右的圆形窖藏坑内，出土器物近40件，被文物贩子买走近20件。当时本村有人抄录了一件大盘底的文字："咸通十三季文思院造一尺二寸银白成圆合盘一具，重壹拾斤，展计壹佰陆实两贯，打造小都知臣陈景夫，判官高品臣刘虔诣，副使高品臣高师厚，使臣弘悫。"据说被卖掉的几件大器物上均錾刻文字。繁峙县公安局将剩余的22件全部收缴，现择其中几件介绍如下：

图3-134 A、B、C、D 太山龙泉寺唐代塔基地宫出土的金棺银椁

龟形银茶盒1件。分体钣金，焊接成形。盒呈龟状，昂首回视，曲尾，四足内缩，龟背甲作盖，内腹、龟首及四足中空，龟背甲与龟腹由子母口套接。龟背捶击八卦图，脖子有鳞纹、肌肉等，腿部饰龟鳞甲，腹底錾刻锦纹。形象逼真，栩栩如生，动感极强。通高18厘米，纵长18厘米，横宽11厘米（图3-135 A、B）。

摩羯纹双层莲瓣鎏金盏托1件。平底浅托，宽平沿，五曲覆莲形圈足。平沿外形呈五边形，平沿内外沿有平行的两条突弦纹，盏外沿錾刻成双层仰莲瓣形，里沿刻联珠纹一周。盏内底为摩羯鱼纹，间刻水珠纹，外沿阴刻六曲莲瓣线纹。通体鎏金，托盘光素。通高4.3厘米，圈足高2.3厘米，托深1厘米，盏高2厘米，盏口径7.3厘米，托盘最大径16.8厘米，沿宽1.9厘米（图3-136）。

鸳鸯纹涂金提梁罐1件。直口，溜肩，腹下收，平底。肩两侧有铺首痕迹，提梁与铺首均已佚。肩上部及口沿处一侧有固定罐盖的合页，另一侧有固定罐盖的双系，系座为团花形。罐腹部饰4组花纹，两组用阔叶折枝团花和一对鸳鸯装饰，另两组为阔叶折枝团花，余填以单株折枝团花。盖面凸鼓，中置菌形钮，钮座为团花，紧围钮座錾刻8株阔叶折枝团花，阔叶间饰流云纹，盖立沿处饰以花边二方连续图案。钣金成型，纹饰平錾，花纹涂金。

图 3-135 A　繁峙出土的唐代龟形银茶盒正侧面

图 3-135 B　繁峙出土的唐代龟形银茶盒后侧面

通高 24 厘米，口径 14 厘米，底径 12 厘米，腹最大径 22.2 厘米（图 3-137）。

摩羯纹团花银碗 1 件。敞口，深腹，圈足已佚，外观呈仰莲形，钣金成型，摩羯模冲，纹饰平錾，花纹涂金。碗身等分为四曲莲瓣，每瓣正中内外平錾一折枝扁团花。碗底中饰模冲摩羯纹一对，衬以水波纹，莲瓣围成圆周。碗口内上沿饰一周单向莲瓣组成的二方连续图案。碗外底錾刻“大彭”二字。碗外上沿錾刻“诸道盐铁转运等使臣高骈进”12 字。高 8 厘米，口径 23 厘米（图 3-138）。

五曲银杯 1 件。外观呈五曲莲瓣形，圈足已佚，底有圈足痕迹。钣金成型，通体素面。高 4.6 厘米，口径 11.9 厘米（图 3-139）。

繁峙县地处山西省北中部偏东，是滹沱河的发源地。上浪涧村位于县城东北约 40 公里，南临滹沱河，唐代交通古道由村南通过，向北经平型关

图 3-137　繁峙出土的唐代鸳鸯纹涂金提梁罐

图 3-136　繁峙出土的唐代摩羯纹双层莲瓣鎏金盏托

抵大同，向东经马头关可到河北石家庄，地势平坦、交通发达，自然条件十分有利。

繁峙县出土的这批银质器皿，据錾刻铭文所记，最早为“咸通十三年（872年）”，还有“甲午年造（咸通十五年，即公元874年）”，最晚是高骈授封“诸道盐铁转运等使”。据《旧唐书》所载，高骈授封是在乾符五年（878年）。繁峙县这批银质器皿与法门寺塔地宫出土的金银器皿属同一时期的产品。

从錾文资料考察，这批银器主要是唐长安文思院和以江苏为主的江南地区制造的。文思院是唐代后期设置的一个制作机构，专为皇室制作金银器，是当时工艺水平最高的金银器作坊。

这批银质器皿等级高，錾文内容丰富，注明了打造机构、器物名称、时间、重量，还有监造官员、进献使臣等。就其造型和花纹装饰而言，工艺精湛，清素典雅，可作为晚唐金银器鉴定的标准器。

图 3-138　繁峙出土的唐代摩羯纹团花银碗

图 3-139　繁峙出土的唐代五曲银杯

参考资料：

1. 大同市考古研究所、刘俊喜：《大同雁北师院北魏墓群》，文物出版社，2008 年。
2. 山西省考古研究所、大同市考古研究所：《大同市北魏宋绍祖墓发掘简报》，《文物》，2001 年第 7 期。
3. 王银田、刘俊喜：《大同智家堡北魏墓石椁壁画》，《文物》，2001 年第 7 期。
4. 王银田、曹臣明、韩生存：《山西大同市北魏平城明堂遗址 1995 年的发掘》，《考古》，2001 年第 3 期。
5. 山西省大同市博物馆、山西省文物工作委员会：《山西大同石家寨北魏司马金龙墓》，《文物》，1972 年第 3 期。
6. 大同市博物馆、马玉基：《大同市小站村花圪塔台北魏墓清理简报》，《文物》，1983 年第 8 期。
7. 山西省考古研究所、大同市博物馆：《大同南郊北魏墓群发掘简报》，《文物》，1992 年第 8 期。
8. 山西大学历史文化学院、山西省考古研究所、大同市博物馆：《大同南郊北魏墓群》，科学出版社，2005 年。
9. 刘俊喜、高峰：《大同智家堡北魏墓棺板画》，《文物》，2004 年第 12 期。
10. 大同市考古研究所：《山西大同沙岭北魏壁画墓发掘简报》，《文物》，2006 年第 10 期。
11. 大同市博物馆、山西省文物工作委员会：《大同方山北魏永固陵》，《文物》，1978 年第 7 期。
12. 大同市博物馆：《大同东郊北魏元淑墓》，《文物》，1989 年第 8 期。
13. 山西省考古研究所、大同市考古研究所、大同市博物馆、山西大学考古系：《大同操场城北魏建筑遗址发掘报告》，《考古学报》，2005 年第 4 期。
14. 大同市考古研究所：《大同湖东北魏一号墓》，《文物》，2004 年第 12 期。
15. 王银田、宋建忠、殷宪：《山西大同北魏西册田制陶遗址调查简报》，《文物》，2010 年第 5 期。
16. 大同市考古研究所：《山西大同七里村北魏墓群发掘简报》，《文物》，2006 年第 10 期。

17. 山西省考古研究所、大同市考古研究所：《山西大同市大同县陈庄北魏墓发掘简报》，《文物》，2011 年第 12 期。
18. 大同市考古研究所：《山西大同迎宾大道北魏墓群》，《文物》，2006 年第 10 期。
19. 王太明：《榆社县发现一批石棺》，《山西省考古学会论文集（三）》，山西古籍出版社，2000 年。
20. 刘俊喜、张志忠：《北魏明堂辟雍遗址南门发掘简报》，《山西省考古学会论文集（三）》，山西古籍出版社，2000 年。
21. 张庆捷：《北魏平城波斯银币与丝绸之路的几个问题》，《民族汇聚与文明互动——北朝社会的考古学观察》，商务印书馆，2010 年。
22. 王银田：《北朝时期丝绸之路输入的西方器物》，《4-6 世纪的北中国与欧亚大陆》，科学出版社，2006 年。
23. 张庆捷、李彪：《山西灵丘北魏文成帝“南巡碑”》，《文物》，1997 年第 12 期。
24. 山西省考古研究所：《山西“十二五”重要考古发现出土文物》，山西人民出版社，2017 年 11 月。
25. 王仲荦：《魏晋南北朝史》，上海人民出版社，1980 年。
26. 朱大渭、刘驰、梁满仓、陈勇：《魏晋南北朝社会生活史》，中国社会科学出版社，2005 年。
27. 张庆捷：《民族汇聚与文明互动——北朝社会的考古学观察》，商务印书馆，2010 年。
28. 汤用彤：《汉魏两晋南北朝佛教史》，昆仑出版社，2006 年。
29. 方立天：《魏晋南北朝佛教》，中国人民大学出版社，2006 年。
30. 山西省考古研究所、太原市文物考古研究所：《北齐东安王娄睿墓》，文物出版社，2006 年。
31. 山西省考古研究所、太原市文物考古研究所、晋源区文物旅游局：《晋阳古城一号建筑基址》，科学出版社，2016 年。
32. 山西省考古研究所：《太原沙沟隋代斛律彻墓》，科学出版社，2017 年。
33. 山西省考古研究所、太原市文物考古研究所、太原市晋源区文物旅游局：《太原隋虞弘墓》，文物出版社，2005 年。
34. 襄垣县文物局、山西省考古研究所：《山西襄垣隋代浩喆墓》，《文物》，2004 年第 10 期。
35. 山西省考古研究所：《太原市南郊唐代壁画墓清理简报》，《文物》，1988 年第 12 期。
36. 襄垣县文物局、山西省考古研究所：《襄垣唐代墓清理简报》，《文物》，2004 年第 10 期。
37. 长治市博物馆：《山西长治唐代王惠墓》，《文物》，2003 年第 8 期。
38. 山西省考古研究所：《唐代薛儆墓发掘报告》，科学出版社，2000 年。
39. 山西省考古研究所：《山西考古四十年》，山西人民出版社，1994 年。
40. 山西省考古研究所、山西大学考古专业、运城市文物工作站：《黄河漕运遗迹——山西段》，科学技术文献出版社，2004 年。

图书在版编目（CIP）数据

走向大唐：山西北朝文明源流 / 山西省文物局编；张庆捷，张喜斌，王普军著．—太原：三晋出版社，2019.7（2024.7 重印）
（山西文物精华丛书）
ISBN 978-7-5457-1447-0

Ⅰ．①走… Ⅱ．①山… ②张… ③张… ④王… Ⅲ．①文化史—研究—中国—北朝时代 Ⅳ．① K871.43

中国版本图书馆 CIP 数据核字（2016）第 323014 号

走向大唐——山西北朝文明源流

编　　者：山西省文物局
著　　者：张庆捷　张喜斌　王普军
责任编辑：秦艳兰
责任印制：李佳音

出 版 者：山西出版传媒集团・三晋出版社
地　　址：太原市建设南路 21 号
电　　话：0351－4956036（总编室）
　　　　　0351－4922203（印制部）
网　　址：http://www.sjcbs.cn

经 销 者：新华书店
承 印 者：山西新华印业有限公司

开　　本：787mm × 1092mm　1/16
印　　张：18
字　　数：250 千字
版　　次：2019 年 7 月　第 1 版
印　　次：2024 年 7 月　第 3 次印刷
书　　号：ISBN 978-7-5457-1447-0
定　　价：108.00 元

如有印装质量问题，请与本社发行部联系　电话：0351-4922268